「言論統制」の近代を問いなおす

検閲が文学と出版にもたらしたもの

金ヨンロン
尾崎名津子
十重田裕一 編

花鳥社

「言論統制」の近代を問いなおす

目次

はじめに——私たちは「残骸の向こう側」を見ている

尾崎名津子・金ヨンロン・十重田裕一

言論統制、あるいは検閲という言葉には、様々な場や状況を喚起する力がある。おそらく一般的に想起されるのは、権力を持つ者にとって不都合な言葉を封じるというイメージだろう。たしかにそうしたアプローチもあるが、「より良い方向へ人びとを導く」という建前、あるいは「善良な」意図に基づく「指導」が、実質的には統制として機能する例もある。共通するのは特定の場における共同性のありようや、その場の中で絶えず生まれ、翻弄され、あるいは場を攪乱する言葉の位置が示されることである。封殺と善導という一見アンビバレントな統制のそれぞれが何を実現し、いかなる場を作り上げていたのだろうか。

よく知られているように、近世の日本にも禁書はあった。それゆえ、と言うべきか、言論統制は近代日本の幕開けと共に、むしろ近代国家の形成のために必須の作業として積極的にシステム化された。実際に検閲を行う機関について、はじめは所掌が流動的であったが、一八九四年に内務省警保局図書課が業務を請け負った時に、近代日本の言論統制は制度としての安定を見た。そして、敗戦を機に内務省は解体されたが、占領期（一九四五―一九五二年）のうち一九四九年までは、GHQ／SCAPの中に置かれたCCD（民間検閲局）が引き続き統制を行った。あらゆる出版物は検閲を受け、「問題ない」とされねばならなかった。

これを文学と接続してみよう。言うまでもなく、日本近現代文学を支える基盤のうちにこの統制のシステムは組み込まれていたし、読者がいてはじめて「作品」となるのであれば、日本近現代文学は不可避的にこのシステムと向き合ってこなければならなかった。ゆえに言論統制とは、文学が置かれる場の問題でもある。

言論統制と文学をめぐる研究は二〇〇〇年代以降のこの約二〇年間で、各種一次資料の発見により多様な展開を見せてきた。発見の内実も様々である。たとえば、「内務省委託本」のようにこれまで「ある」と認識されていなかった資料が見出されたこともあれば、プランゲ文庫のように「ある」とは知られていたもののアクセスしにくかった資料に近づきやすくなったこともある。

そうであるとはいえ、こうした資料体を元手に、今後いかなる論点を設定することが可能だろうか――本書の構想の基底にあるこうした方法論に関わる問題意識は、論者ごとに少しずつ形を変えながら底流している。ここに一度、この悩ましくも魅力的なテーマと向き合ってみようというアイディアのもとに、本書は編まれている。以下に、本書に収めた各論の概要を示すことにする。

牧義之「戦前・戦中期の出版警察体制から図書館への影響――県立長野図書館、静岡県立中央図書館の事務文書に見る検閲制度運用の一側面」は、戦前期に実施された検閲が、出版物だけでなく日本各地の公共図書館へも影響を与えていたことを、実証的に解明した。長野と静岡の県立図書館に残されている事務文書を丹念に読み解くことによって、検閲処分に関する情報がどのように図書館にもたらされていたのか、また、その情報を受けて図書館員がどのように対応したかが明らかになっている。具体的な検証の対象となった事務文書は、戦前期の検閲制度の運用実態を示すものであり、空襲や敗戦直後の時期に焼却されることを免れた点で大変貴重なものである。また、今後全国各地の公共図書館で類似した文書が発掘される可能性もゼロではない。更なる展開が期待される領域である。

村山龍「大衆の〈国民〉化に影響を与えた戦時下の児童文化統制――佐伯郁郎と「児童読物改善ニ関スル指示要綱」」

は、一九三八年一〇月に内務省警保局図書課から各出版社に対して通達された、「児童読物改善ニ関スル指示要綱」の成立過程を明らかにしている。その際に参照しているのが、要綱の作成者であった内務省の検閲官・佐伯郁郎の元に残された各種資料である。村山氏の調査により発見されたもので、これにより要綱が四度の修正を経ていることや、要綱の作成に複数の児童文学者が関わっていたことが明確になった。本論はいわゆる思想善導の具体的な様相に関わるものであり、内務省検閲という制度そのものとは少し離れた地点から言論統制のありようを問うたものである。

尾崎名津子「岩波文庫に対する検閲処分」では、岩波文庫が被ったとされる検閲処分に関して、これまでに積み上げられてきた様々な言説の再検討を行っている。その際に、言説を言説で再検討するのではなく、文庫本それ自体を見ることにした。とりわけ、内務省側の一次資料からは論証することが難しい「次版改訂」処分と「削除」処分に関わる特定の文庫四タイトルについて、刷数に伴う変化を検討した。可能な限り継続的に版を重ねるという、文庫の出版方法の独自性に着目し、処分の実態の究明を試みたものである。その結果、検閲処分よりもむしろ書き手も含めた出版側の判断に基づく改変の多くが明らかになった。

以上の三本が、**戦前・戦中期の検閲**に関する論考である。牧論、村山論は新出資料の発掘に基づく論究を行っている。それぞれで紹介される資料は、戦前期の図書館の役割や中央から「思想善導」を行う際の具体的な手続きを明らかにするものである。両論とも、内務省検閲そのものとは異なる角度からなされる言論統制を示している。尾崎論については、入手しやすい文庫本という形態の出版物を資料として新たに見直すものである。

これらに続いて、**占領期のGHQ／SCAP検閲**を考察の対象とした二本の論考が収められている。

金ヨンロン「占領期における検閲主体の読書行為——東京裁判言説の検閲内容をめぐって」は、これまであまり研究されてこなかった作家・中山義秀に注目し、小説「迷路」が検閲されていくプロセスを追っている。小説全体のなかで東京裁判に言及した一部が削除処分を受ける過程を検討することで、検閲者が占領する側の提示した規範（プレスコードやキーログ）を内面化し、適用するという検閲行為への理解を再考する。占領の目的を遂行すべく規範を解釈し、その中身を埋めていくプロセスとして検閲主体の読みを捉え、占領する側と占領される側との間を行き来しながら行われる読書の特徴と意味とを議論する。

逆井聡人「在日朝鮮人文学と自己検閲――GHQ検閲と在日朝鮮人コミュニティーの狭間にいる「編集者・金達寿《キム・ダルス》」の葛藤を考える」は、在日朝鮮人作家である金達寿を通して「自己検閲」という問題を検討している。金達寿の作品には自ら削除改稿している跡がみえる。検閲制度のもとで行われる「自己検閲」とは、表現を持続するための抵抗者の武器なのか、ただ規範を内面化した被抑圧者の自主規制なのか。このような二項対立におさまらない、複層的な「自己検閲」の内容が、作家であり編集者でもあった金達寿を通して議論される。同時に在日朝鮮人の内部分裂、それぞれの陣営からの内部圧力といったコンテクストが検閲という制度の研究を超えて考えるべき問題として浮上する。

ＧＨＱ／ＳＣＡＰ検閲を対象にしている金論と逆井論は、検閲制度やそれらを示す資料それ自体はもちろんのことではあるが、特定の人物（検閲官や金達寿）をそれらの結節点と見て、彼らの内側でどのような係争が生じていたかを問題化している。

以上、それぞれにアプローチが異なる五つの各論の後に、執筆者五人によるラウンド・テーブル「見えざる〈統制〉に近づくために」を収めた。ここでは、各自が各論を構想、執筆する過程で改めて自覚した問題意識や、これまで検閲と文学との関係を考える中で重ねてきた考察をふまえつつ、今後考えうる研究の視角について議論を行った。

なお、本書の構想の発端となったのは、二〇一八年一月二六日に行われた早稲田大学【ＳＧＵ国際日本学拠点】「国際検閲ワークショップ」であった。以下、このワークショップの概要を示すことにする。この催しはスーパーグローバル大学創成支援事業「早稲田大学国際日本学拠点」の主催、早稲田大学総合人文科学研究センターと角田柳作記念国際日本学研究所の共催で行われ、学内外からの研究者、教員、学生を始め、のべ一〇〇名超の参加を得た。また、当日は第一部の基調講演と第二部の「《若手研究者によるラウンド・テーブル》検閲と文学研究の現在」の二部構成を採った。本書の各論の執筆者は、この第二部の登壇者である。

本書のはじめに、このうち第一部の基調講演について振り返ってみたい。

ロバート キャンベル氏の基調講演「Popcorn on the Ginza——占領期における日本の都市表象と文学」では、木村伊兵衛の写真、多感な一〇代前半の時期を占領下の東京で過ごしたアメリカ人男性のオーラルヒストリー、ルーシー・ハーンデン・クロケット（Lucy Herndon Crockett、一九一四—二〇〇二）の著書『ポップコーン・オン・ザ・ギンザ』（*Popcorn on the Ginza : An Informal Portrait of Postwar Japan*, V. Gollancz, 一九四九）、恩地孝四郎の版画という、異なる四つのテクストにおいて占領期の銀座がどのように描かれたかということが示された。

四つのテクストが共通して描写しているのは、ＴＯＫＹＯ ＰＸ（現・和光ならびに松屋銀座。以下「ＰＸ」と表記。）であるという。しかしながら、ＰＸによって「表象」されるものは、共通点を含み込みつつも大きく異なる。その中でもとりわけ、写真撮影も自由には行えなかった占領期の東京において、発表するあてもないまま銀座の写真を撮り続けた木村伊兵衛の営為が印象に残る。木村はＰＸ（現・和光）の向かい側にある、当時はほぼ廃墟となっていた銀座三越の窓にもレンズを向けていた。そこには、第二二回衆議院議員総選挙（投票日は一九四六年四月一〇日）に向けた各政党や候補者等のチラシが、ＰＸと向き合うように貼られていた。占領と戦後の民主化という二つの画が向き合う空間、それが占領期の銀座だったのではないか。そして、そのなかで人びとはたしかに

「残骸の向こう側」を見ていた。

キャンベル氏は、一次資料から占領を考えることには、少なくとも二つの方向があり、それを対比させることが有効であると指摘した。まず、検閲を受けたものを見てみることは必要であろう。しかし、それだけではなく、検閲を受けていない、すなわち公表／発売／頒布されなかったはずのマテリアル（写真、映像、証言を含む諸言説）も検証、考察の対象にすると、占領／被占領の様相がより立体的に浮かび上がるであろうということが示唆された。

続いて基調講演を行った宗像和重氏は、「近代文学の「検閲」をめぐって」と題し、占領期の検閲研究に携わってきた自らの経験を回想しながら、検閲研究史そのものを振り返った。

一九八〇年代、主にアメリカにおける資料公開にともなって検閲研究は芽生えはじめたが、本格化するのは、プランゲ文庫からの資料がデータベース化される二〇〇〇年代初頭であった。文学研究の領域でも検閲によって埋もれていた作品が新たに発見され、報告が続いた。このような蓄積によって近代文学の研究は、それまで個々の事例として考えてきたものが、制度として新たに捉え返されるようになってきたのである。

外的制度から文学を研究することの重要性が確認されたわけだが、しかし、それは検閲を外的制度として捉えることを意味するのではない、と宗像氏は強調する。四〇〇字詰原稿用紙のマスのように、日本語表現、ひいてはものを意識する根底を規定しながらそれが制度であることすら隠すようなもの。強力であればあるほど自然に見えてしまう制度に気づかねばならない。このような指摘は、検閲研究が持つ意味を現代の問題として問うことの重要性を示していた。

他にも戦前の内務省検閲から戦後のＧＨＱ／ＳＣＡＰ検閲へ、それらを連続したものとして考える視座が必要であるという指摘がなされた。検閲研究を歴史化することではじめて、今後の課題が明らかになったといえる。

以上のように、二つの基調講演を通してこの数十年の検閲研究によってもたらされた知見が再確認されると同時に、今後この分野においていかなる視座を設定することが可能かといった点が問われたのであったが、振り返ってみると、二講演のこうした共通点は、検閲研究という領域自体が新たに問い直される時期にあることを示唆するものだったように見えてくる。

ワークショップ第二部の「《若手研究者によるラウンド・テーブル》検閲と文学研究の現在」で行われた研究報告は、本書の各論の基礎になったものである。各報告に共通していたのが、検閲に関わる新資料か、これまで検閲に関わる資料と見做されにくかった資料体を用いた報告だったことである。それらに対して、講演者であったロバート キャンベル氏と宗像和重氏にデイヴィッド ルーリー氏（コロンビア大学）を加えた三人のコメンテーターからコメントが述べられた。検閲制度だけではなく、規制を内面化するという〈検閲的なもの〉をどのように捉えるか、文学をよく理解する検閲官の存在をどのように考えていくのかなど、今後の検閲研究を展望する上で重要な意見の数々がもたらされた。キャンベル氏、宗像氏、ルーリー氏、また、当日参加された方々から、多くの貴重なご教示をいただいたことに感謝申し上げる。本書に収録された各論はこの際に受けたコメントや、その後継続的に行ってきた五人での共同研究会における議論を踏まえ、ワークショップ時の研究報告を発展させたものである。また、巻末に収めた各論の英文要旨は、ジョシュア リー ソロモン氏（弘前大学）によるものである。ソロモン氏のお力添えに感謝申し上げる。

些か勇み足にすぎる部分もあると思われる。しかしながら、検閲に関する研究環境が劇的に変化し始めてからおおよそ二〇年が過ぎようとしている現在、資料を前にして少し立ち止まり、自分たちの位置を確認してもよいのではないかという思いがあった。検閲について考えるとは、畢竟何を思考することなのか。自らが撮影した写真を発表するあてがなくても、木村伊兵衛は「残骸の向こう側」を見ていた敗戦直後の人びとの姿をレンズを通して捉え続けた。その営みは、検閲を論じる／話題にする／対象化する人間にも通じることなのではないか。

〔付記1〕本稿はワークショップ当日の報告「【SGU国際日本学拠点】国際検閲ワークショップ―報告―」(https://www.waseda.jp/inst/sgu/news/2018/04/13/3347/)を参照しつつ執筆した。

早稲田大学【SGU国際日本学拠点】「国際検閲ワークショップ」

第一部　基調講演　ロバート キャンベル(国文学研究資料館長)

基調講演　宗像和重(早稲田大学教授)

第二部《若手研究者によるラウンド・テーブル》検閲と文学研究の現在

報告　牧義之(長野県短期大学助教)

報告　尾崎名津子(弘前大学講師)

報告　村山龍(慶應義塾大学非常勤講師)

報告　金ヨンロン(早稲田大学研究院客員助教)

報告　逆井聡人(東京外国語大学特任講師)

コメンテーター:ロバート キャンベル、デイヴィッド ルーリー(コロンビア大学准教授)、宗像和重

(※登壇者の所属はワークショップ開催時のものである。――編者)

〔付記2〕本研究はJSPS科研費JP18K00333の助成を受けたものである。

「言論統制」の近代を問いなおす

1

戦前・戦中期の出版警察体制から図書館への影響
——県立長野図書館、静岡県立中央図書館の事務文書に見る検閲制度運用の一側面

牧　義之

一　警察によって差し押さえられた出版物

戦前・戦中期の日本には、内務省の検閲制度を軸とした国家機関による出版警察体制が施行され、出版物は内容や体裁のチェックを経て市場へ流通し、読者の手に渡っていた。

出版警察と、一般的な意味での読者との関係を考えた場合、権力の介入がいつ、どこで、どのように行われるのかによって、読者が出版物を手に入れられる可能性は変わってくる。例えば、ある出版物が発売頒布禁止処分を受けた場合には、書店の店先で警察に押収される前に購入できた者がいた一方で、時間的、あるいは地域的な差により、すでに押収された後で入手できなかった者もいた。極端な事例としては、永井荷風の『ふらんす物語』（一九〇九年三月、博文館）や『中野重治詩集』（一九三一年一〇月、ナップ出版部）のように、完成品が書店に並ぶ以前の、製本の段階で刷本《すりほん》が押収されれば、一般読者の数はほぼゼロに等しく、その内容は制作に携わった者にしか知ら

れない。

削除処分を受けた後に、特定のページを切り取って再発行する分割還付が許可された際には、発行者が流通先へ出向いて商品を回収するが、禁止処分の場合は、各地域の警察署員が、内務省などから送られてきた情報（通知）を基にして差し押さえを行なった。各地の警察へは、検閲に関する情報が中央から伝達されるのに加えて、それぞれの地域においても、納本された新聞・雑誌などを検閲し、内務省へ結果を通知した上で、問題がある出版物の押収を行なっていた。

アメリカ議会図書館には、占領期に各所から接収した戦前・戦中期の出版警察に関する資料が多数保管されており、それらは国立国会図書館憲政資料室所蔵のマイクロフィルムで閲覧できる。この中には、地方での出版物の処分に関する通知やリストなども確認される。例えば、京都府警察部が作成した『出版物発売頒布禁止書綴』（一九三一年）[1]は、管轄の警察署長に送られた通知文の綴りである。「高秘」の文書番号と日付、処分の内容と処分日、対象の出版物名と発行者の情報が記されている。また、一九三五年に鳥取県米子署が作成した『新聞紙出版物差押（以下、判読不詳）』[2]は、出版物の処分を書きとめたリストであるが、「手配受理月日」「新聞紙出版物名」「日付号数」「発行所及発行人／著者氏名」「差押記事削除記事頁数」「執行有無及部数」「書店手配受理印」「取扱者」「発信者」といった、差し押さえに必要な情報がまとめられ、誰が差し押さえに出向いたのか、その結果はどうであったのかまで記されている。これは、回収した部数などを内務省へ報告する際のデータとしても使われたと推察される。これよりも古い資料としては、中里村（現・三重県いなべ市）駐在所が作成した『大正九年七月／出版物差押題号簿』（筆者架蔵。**図1・2**）がある。これは、大泉原警察署長名で各駐在所宛に送られた、ガリ版刷りリスト

（1）特高警察関係資料（国立国会図書館憲政資料室所蔵マイクロフィルム、リール番号MJ144-Reel51-6-6）

（2）鳥取県警察署文書（国立国会図書館憲政資料室所蔵マイクロフィルム、リール番号MOJ5-Reel3-25）

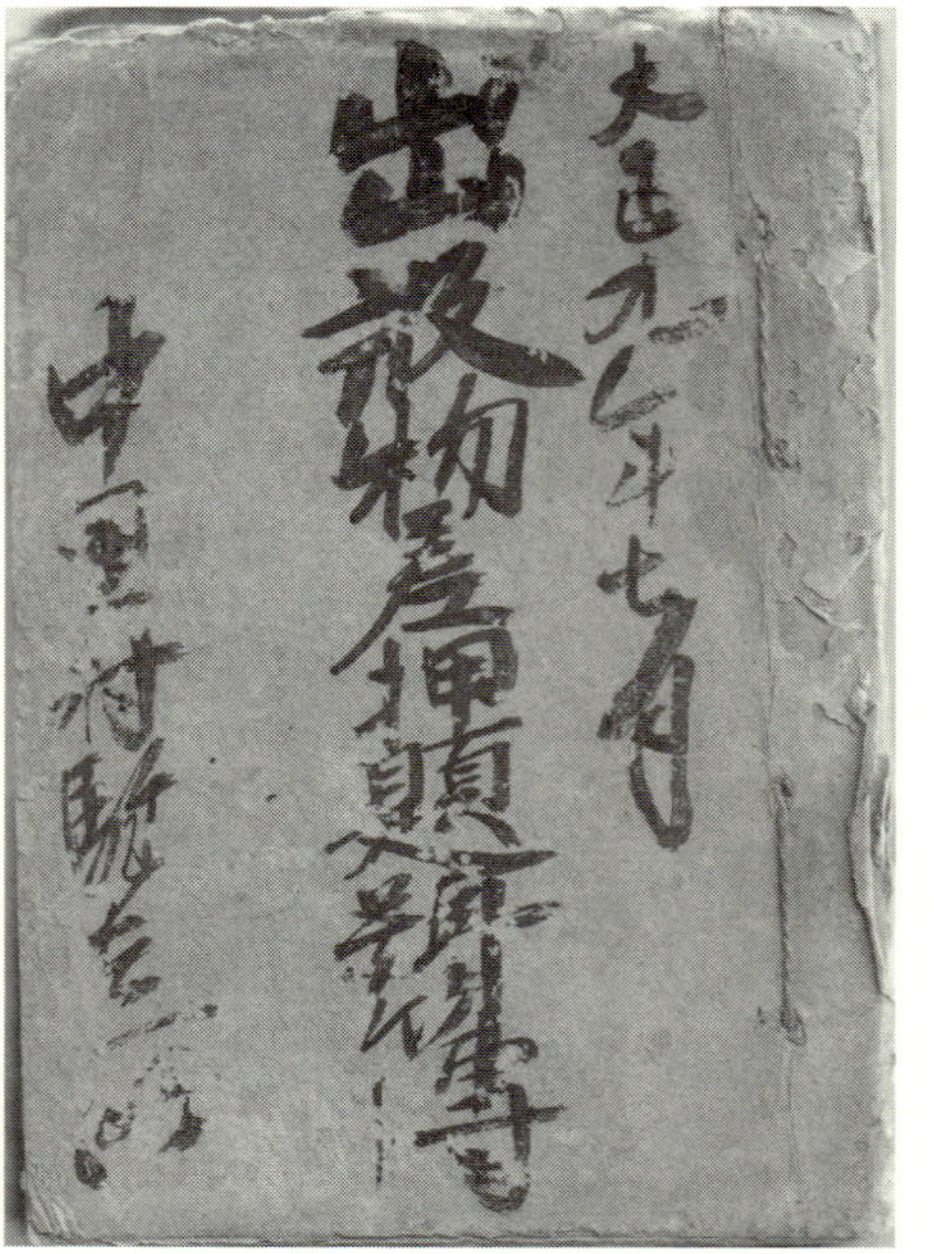

図1　出版物差押題号簿（表紙）

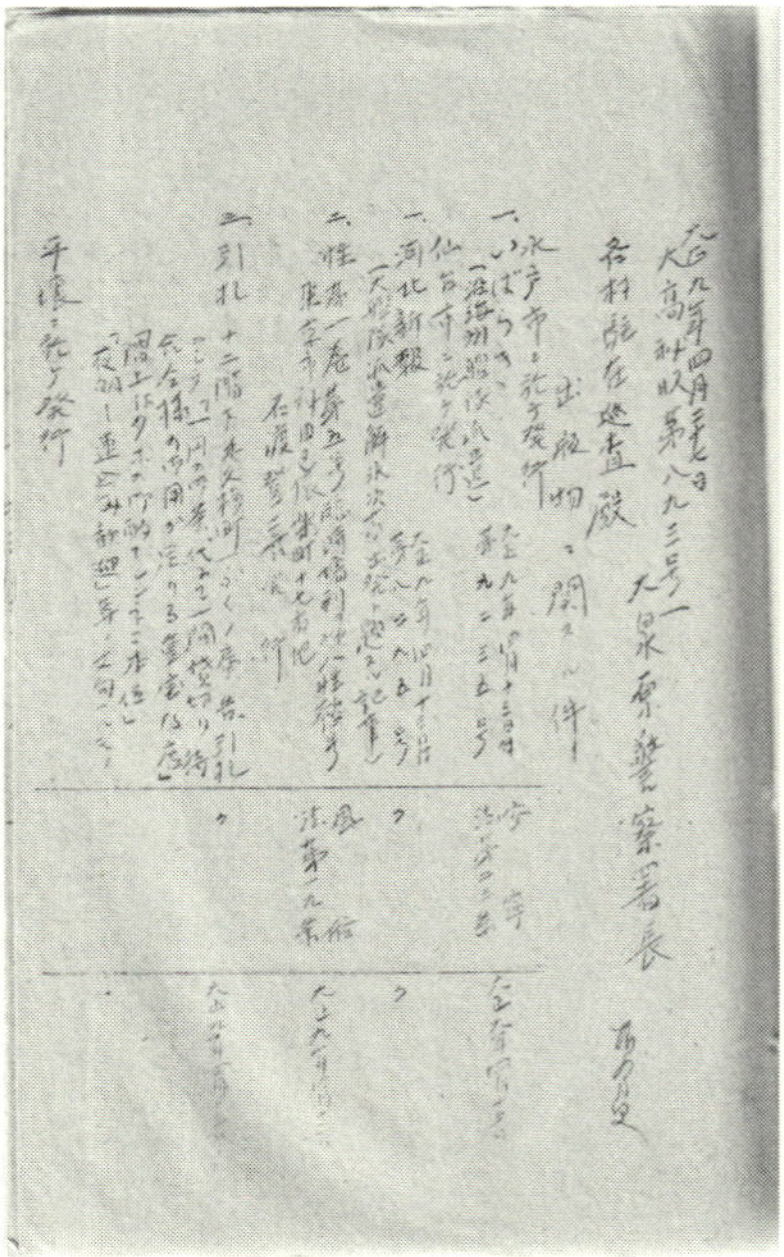

図2　出版物差押題号簿（一部）

の綴りである。図2にある一例をあげると、水戸市で発行された『いばらき』（現・『茨城新聞』）一九二〇年四月一三日付、第九二三五号は、「沿海州艦隊派遣」の記事が新聞紙法第二三条・安寧秩序を紊乱するものとされ、差し押さえの対象となっている。このような、実際的な差し押さえ業務を目的として作成された通知書は、保存することを前提としていないため、ごく断片的にしか残っておらず、各地域での処分執行の実態は、非常に見えにくいのが実情である。

検閲制度に関する研究には、どのような出版物のどこが問題になったのか、時代状況と関連した言説の内容に関する分析や考察がある。文学研究と検閲制度研究が結びつくのは、この点である。その一方で、どのような流れで出版警察体制が運用されたのか、その実態や法制面からの考察も行われてきた。制度運用の実態に関しては、近年、関連資料の発掘が進んでおり、徐々に明らかになりつつある。これから紹介・

図3　県立長野図書館・展示風景（筆者撮影）

言及する諸資料は、地方での出版警察体制の一端を示すものであるが、ごく近年にその存在が確認された、公共図書館の事務文書類である。公にされていないために、これまでほとんど着目されてこなかった資料であるが、戦前期の図書館が検閲制度とどのように対峙していたのかを、主に長野県と静岡県の中央図書館の文書から読み解いてみよう。

二　書庫に忘れられた事務文書（県立長野図書館）

二〇一五年八月一日から九月一三日にかけて、長野県の県立長野図書館（長野市若里）で企画展「発禁1925–1944戦時体制下の図書館と知る自由」が開催された（**図3**）。同館が所蔵する削除処分を受けた図書・雑誌を解説とともに並べ、戦前期において言論の自由がいかに制限されていたのかを考えさせる内容であった。この中に、展示の数ヶ月前に館職員が偶然書庫で発見した、戦前期の検閲に関係する文書が複数冊置かれていた。『新聞紙出版物発禁差押に関する警察よりの通報』（以下、『通報』）『出版物差押通知接受簿』（以下、『接受簿』）『発禁図書名』『発禁閲禁図書目録』の四点九冊である。これらのうち、『接受簿』と『発禁閲禁図書目録』は『県立長野図書館三十年史』[3]で文書名が挙げられており、『発禁図書名』は蔵書登録もされているが、いずれもこれまでに研究などで活用されたことはなく、その存在や内容については、展示が行われるまで知られてはいなかった。『県立長野図書館三十年史』の編纂後、特別な管理・整理などもされてこなかったようだ。五〇年以上忘れられていた文書であったが、戦後七〇年の企画展でその存在を公にしたものである。

まずは、それぞれの文書の概略を見てみよう。

『通報』は、一九三三年五月二〇日から翌三四年一二月二七日までの間に、警察から電話で伝えられた処分の通知を、図書館が作成した様式に職員が書き留めたもので、二冊確認されている。「接受者」の印とともに、当時の図書館長・乙部《おとべ》泉三郎《せんざぶろう》の印もあるので、館長が逐次通知に目を通していたことが分かる。

『接受簿』は、一九三三年五月二〇日から四四年二月一四日までにもたらされた処分の情報をリスト化したもので、一九四〇年四月から四一年一〇月までは欠けているものの、五冊が確認されている。ここには、「接受」の日付と時間も記録されているので、内務省の処分決定からどのくらいの間隔で図書館へ情報が来たのかが分かる。『接受簿』の三冊目（一九三六年四月一日から三八年八月一五日分）には、『中央公論』一九三八年三月号について記された箇所がある（**図4**）。該当号には、石川達三の筆禍小説「生きてゐる兵隊」が掲載されていた。『接受簿』には、二つの記載があるが、一つは禁止処分（二月一九日午前九時四〇分）で、もう一つは分割還付（二二日午後二時五〇分）の通報である。当時の関係者の証言や資料から推察すると、禁止の通達は一八日、分割還付の許可は二一日（同日夜には削除版が書店に並んでいた）であるので、どちらの決定に対しても、同日か翌日には図書館へ通報が来ていた。中央との時間的な間隔は、ほぼなかったといえる。

『通知』および『接受簿』から読みとられるのは、中央から地方への、処分情報の伝達過程である（**図5参照**）。納本後に内務省で決定された処分は、地元の警察（長野県では長野県警）を通して、逐次、各道府県の中央図書館へ通知された。通知は、閲覧制限を目的として達せられたはずだが、全ての結果が図書館に反映されたわ

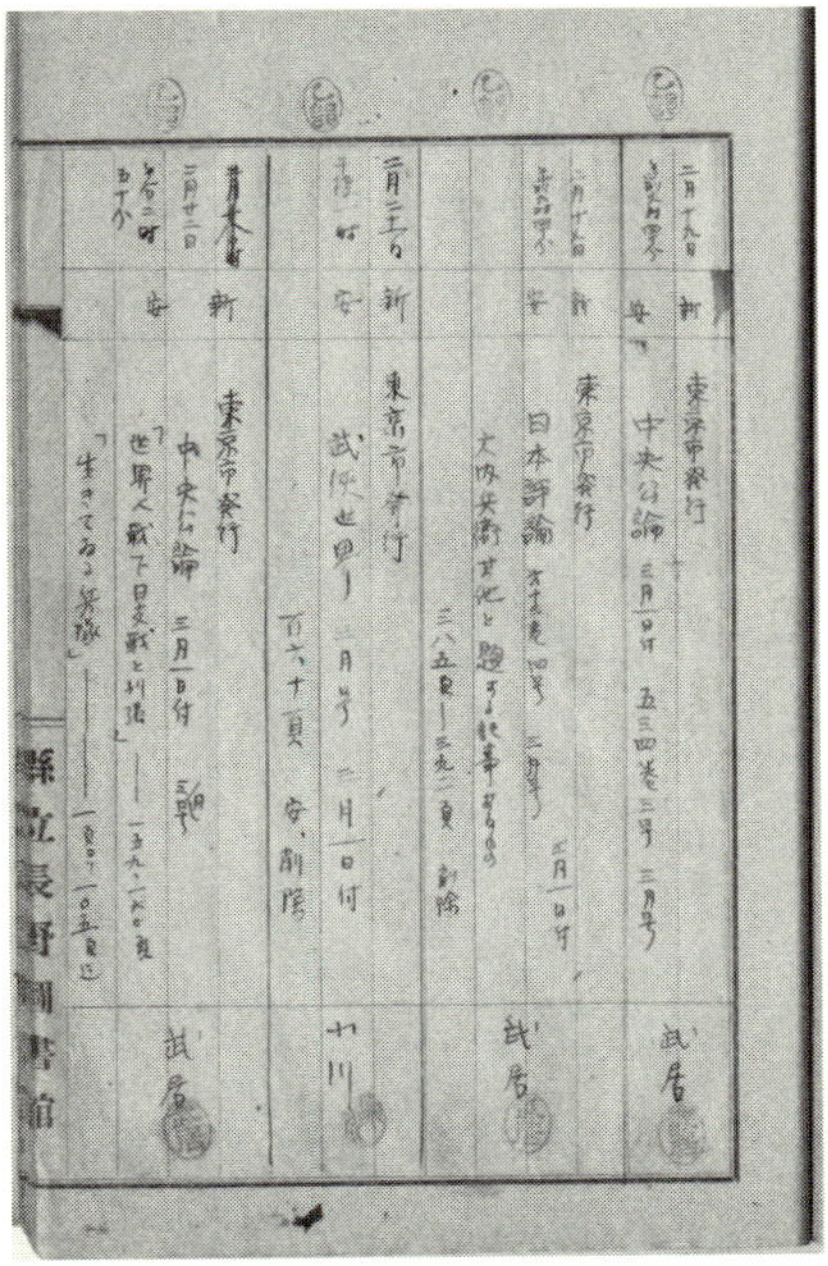

図4　『接受簿』（3冊目）

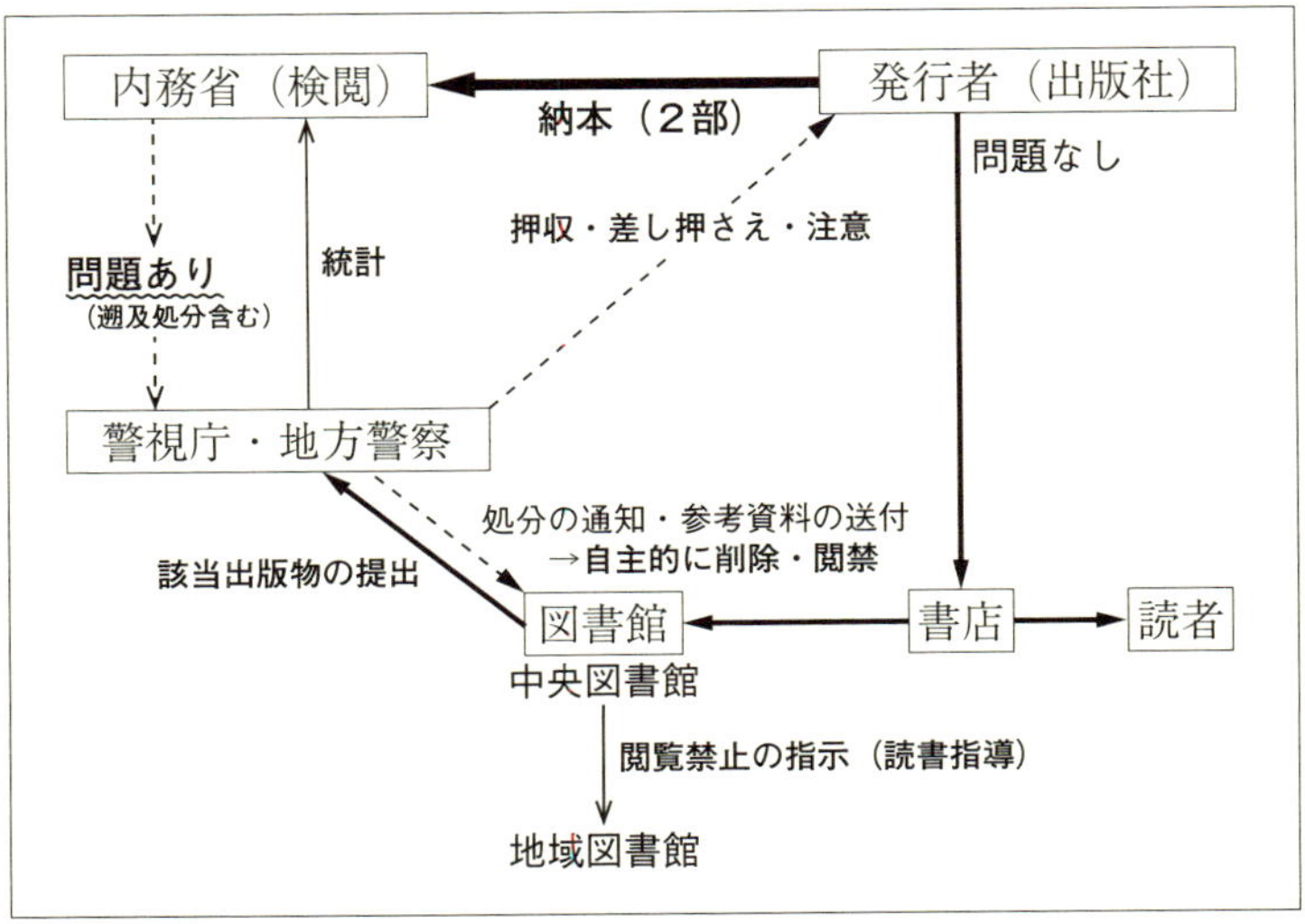

図5　出版法を軸にした出版警察の概念図

（3）　県立長野図書館、一九五九年、一五八頁。ちなみに、『県立長野図書館五十年史』（一九八一年）では、文書への言及はみられない。

けではなかった。例えば、『中央公論』一九三五年八月号は、「陸軍の分派と動向」という記事によって削除処分を受けた（七月二〇日決定）。これは『通報』にも記載されているので、館職員はこの情報を知っていたはずである。しかし、県立長野図書館の蔵本を見ると、該当ページは削除されていない。通知の内容を実際に反映するかどうかは、（時期にもよるが）基本的に館職員の自主的な判断によって行われたようだ。法律上、購入された出版物に対して処分の効力は及ばないため、警察官が強制的にページを切り取ることはない。しかし、後に触れる左翼的な内容の出版物が遡って禁止処分にされた際には、警察官が半ば強制的に差し押さえを行なっていた。

『通知』と『接受簿』が警察からの処分通知であるのに対して、『発禁図書名』と『発禁閲禁図書目録』（それぞれ一冊のみ）は、問題があるとみなされた蔵書の措置に関する記録である。

『発禁図書名』は、一九二五年から三四年にかけての禁止図書リストである。記載には幾度かの段階があり、一九二五年から三二年までは「県立長野図書館」の用紙に記入されており、その筆跡から見て一度にまとめて記載されたものと思われる。続く一九三三年一月から一一月の一部までは、「乙部泉三郎」の原稿用紙（**図6**）が用いられ、その後は再び図書館の用紙に記されている。用紙の変更を挟んで、少なくとも三回に分けてリストが作られたようだが、「乙部」用紙部分の記載は、乙部館長による書き入れと思われる(4)。一部の欄外には、『書物展望』に掲載された情報を参照して作成した旨の書き込みがあるが、このリストはおそらく、乙部の指示によってまとめられたものと考えられる。運営上の必要があって、一九三四年九月までの禁書リストが作られ、閲覧制限などの事務の参考に用いられたのだろう。

『発禁閲禁図書目録』は、時期としては『発禁図書名』に続く一九三五年二月から四四年七月までの処分に関する情報が記載されているが、中央での決定事項を羅列したものではなく、図書館がいつ、どのような出版物を書架から引き抜いて閲覧の制限を行なったのか、実際的な措置に関する記録である。内容は二部に分かれており、前半は「警察渡発禁図書雑誌」として九七冊の図書（一部に雑誌を含む）、二四冊の雑誌、四点の新聞が並び、後半は「閲覧禁止図書」として四三九冊の図書名が記されている。「警察渡発禁図書雑誌」に挙げられた九七冊の図書は、一九三五年二月一日以降、都合一一回に亘って警察へ引き渡された出版物の一覧であるが、滝川幸辰『刑法読本』や美濃部達吉『憲法撮要』といった、言論弾圧を受けた代表的な学術書名も見られる。最も多いのは一九四一年四月九日の六六冊であるが、これは後述する二回目の左翼出版物一斉禁止の際に引き抜かれたものである。九七冊のうち、一七冊には戦後の一九四六年に返還されたことを示すマークが付けられている（一冊のみ、押収から二か月後の一九三五年四月一〇日に返還）。ごく僅かな冊数ではあるが、警察に押収された出版物の戦後の動きが見られる珍しい記録である(5)。二四冊の雑誌は、一九三四年一〇月以前に発行されたものであるが、九冊は雑誌本体の「冊数」が記されており、その他は処分を受けた記

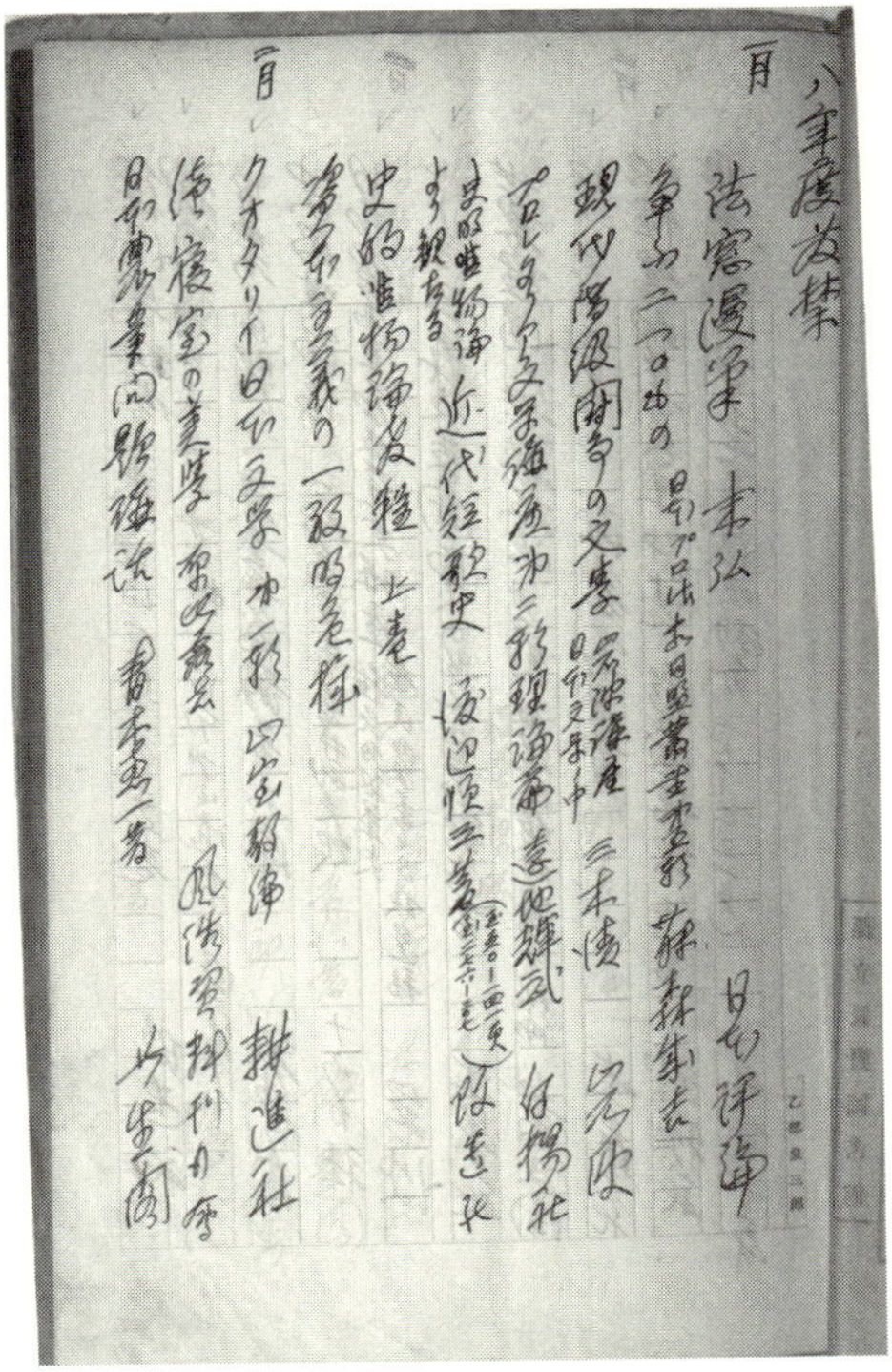

図6　『発禁図書名』乙部用紙の箇所

（4）乙部の草稿『町村図書館の経営指導（要領）』（県立長野図書館所蔵、一九四〇年執筆）の文字から判断した。『発禁図書名』の表紙タイトルも、乙部によるものと思われる。

（5）返還のマークがある図書を点検したが、警察の印などが捺されていることはなかった。

事と「枚数」が書かれている。これは、削除したページのみを抽出したものと考えられるが、それぞれの「異動先」も明記されている。『中央公論』一九三一年一一月号、『経済往来』三二年一一月号、『外交時報』四四年二月一五日号の三冊は「警察」、その他は「館長室」（その前には「書庫四階消毒室」）へ「異動」されている。四点の新聞は題号と日付のみで、記事名や異動先の記載はない。

後半の「閲覧禁止図書」は、一九三三年三月一〇日から四四年七月二八日まで、都合一四回行われた閲覧禁止措置のリストである。中江兆民『一年有半』や幸徳伝次郎『平民主義』、木下尚江『良人の自白』など、県立長野図書館が開館する一九二九年以前の刊行物も含まれているが、これらは前身の信濃図書館から引き継がれたものか、あるいは開館後に寄贈されたものと思われる。含まれるジャンルとしては、マルクス関係の社会科学図書と、プロレタリア関係の文芸書が目立つ。一四回の措置の中で最も多量なのは、一九四一年五月八日の一七七冊で、全体の約四割を占めている。先の、警察への引き渡しが最も多かった同年四月九日と合わせると、一ヶ月の間に二四三冊の出版物が書架から消えたことになる。「閲覧禁止図書」の異動先は記されていないが、おそらく館内の特定の場所にまとめて置かれたものと想像される。

以上が、県立長野図書館で発見された事務文書の概略である。戦前期の出版警察に関する文書は、県立長野以外の図書館からも発見されている。それらを繋ぎ合わせながら、図書館と出版警察体制との間にはいかなる結びつきがあったのか、また、当時の館職員は検閲に対してどのように反応していたのかを、次に描出してみよう。

三　廃棄予定だった事務文書（静岡県立中央図書館）

ここからは、県立長野図書館の文書に近似する書類が発見された静岡県立中央図書館の事例を見るが、それに先立ち、関係する一九四〇年以降に行われた、左翼系出版物の遡及的な発売頒布禁止処分について、概略を記しておこう。

明治時代から、個人の資産所有を否定する社会主義や無政府主義、マルクス主義など左翼的言説に対する弾圧は、繰り返し行われてきた。それでも内容によっては検閲をパスしたものが少なからずあったが、一九四〇年以降、既刊図書が内務省で「再検討」され、多量の禁止処分が出された。内務省警保局図書課が作成した当時の官憲資料『出版警察報』では、その処分が次のように説明されている。

既に聖戦下四年我国肇国の理想の顕現に萬民翼賛の誠を致しつゝある戦時体制下の国内に於て国家の存立目的と絶対に相容れざる共産主義の宣伝昂揚に亘るが如き出版物が例へ既往に於て公刊を許されてゐたとは云へ、現時局に広く一般に頒布せられ居る以上は現行の取締方針に基き之が再検討を行ひ処分の要否を決すべきは取締当局当然の責務である。(6)

「再検討」の結果、一九四〇年七月に二〇三点の図書が禁止処分になった。このような形での処分は過去に例がないため、内務省では定例の「出版懇話会」（七月一七日開催）の際に、出版業者への説明を行なった。そこでは、「大正の末期から支那事変前にかけて出版された既刊本が相当数」あり、絶版になったものも含まれるが、「発売頒布禁止処分となつてゐない為に尚書店に於て販売されてをり、之を購読する学生青年等をして誤らしめてゐる事例が少くない」として、過去に発行された図書を禁止することに意味があることが説明されている。(7)　一般的

（6）『出版警察報』第一二九号（一九四〇年七月）三三―三四頁
（7）注6に同じ、四四頁

に検閲とは、新しい情報や文脈がその時の社会情勢に反していた場合に処分が決定されるものである。その際に、流通ルートで止めるべき重要な地点は、出版元の倉庫と、読者が商品を手に取る書店であり、警察はある限りの現物を差し押さえることが最大の目的となる。これが既刊の刊行物に対して行われるとすれば、多くは既に新刊を扱う書店には並んでいないため、やや事情が異なる。二〇三点の一覧を見ると、最も古いものは一九二一年発行のマルクス『賃労働と資本』（河上肇編、同人社書店）で、最も新しいものは一九三七年発行の早川二郎『日本歴史論』（白揚社）である。処分の一〇年前（一九三〇年）までに発行されたものは七九点あり、全体の約四割にのぼる。二〇三点のうちの半数近くは、既に新刊書としては扱われていなかった。では、止めるべき地点（＝読者が出版物と出会う場所）はどこかといえば、古書店と図書館である。特に、「学生青年等」が集まる図書館が、重要なポイントとされた。取り締まりのため、内務省は処分の内容を「予報」[8]するという手筈も整え、各地域の警察や図書館に対して迅速な対応を求めた。

左翼系図書への遡及的処分は、一九四〇年七月を第一回として、四一年三月、四二年八月と実施され[9]、最後は敗戦間際の四五年七月にも行われた[10]。その都度、各図書館では蔵書を点検して該当図書を抜き出し、一括して閲覧禁止の措置をとった。先の県立長野図書館『発禁閲禁図書目録』に記載された情報の八割以上は、一九四〇年以降のものである。『発禁図書名』がいつの時点でまとめられたのかは明らかでないが、「通報」や「接受簿」の傍らで、過去の禁止処分リストがまとめられたことの意義を考えると、乙部が長野県の中央図書館長として県内各図書館の蔵書指導[11]に当たる際の参考資料として活用したことに加えて、左翼系図書の処分に対して相当敏感になっていたことが考えられる。後にも触れるが、遡及的処分が発令された際には、警察署員によって図書が押収されるケースが全国的にかなりあったことが記録から分かる。しかし、一部の図書館では、職員が抵抗して引き渡さなかった事例もあった。県立長野図書館の場合は、乙部が時局に即した図書館の運営に対してかなり積極的であったことが大きな要因だろうが、警察への抵抗の痕跡は（今のところ）見られず、指示通りに警察へ図書の引き渡しを行なっていたようだ。

県立長野図書館と同様に、戦前・戦中期の出版警察に関連する事務文書の存在が近年明らかになったのが、静岡県立中央図書館（旧・県立葵文庫、静岡市駿河区）である。元職員の山口博氏が、廃棄処分になりかけた文書を引き取り、その内容を講演で紹介したことがきっかけで存在が知られた。[12] 文書は『大正十四年　発売頒布禁止図書関係綴』『出版禁止図書通牒綴』（二冊）『昭和十五年度　文書綴　甲』『昭和十五年九月　閲覧禁止図書目録』『昭和十六年二月以降　出版関係機密綴』の五点六冊であるが、これらは山口氏から図書館へ返還され、現在は地域史料として保管されている。以下に、文書の内容を摘出しながら概観してみよう。

『大正十四年　発売頒布禁止図書関係綴』と『出版禁止図書通牒綴』は、県立長野図書館の『接受簿』に近い

（8）　注6に同じ、四二頁

（9）　小黒浩司「戦前期図書館統制の研究：上田市図書館『日誌』を読む」（『図書館界』六一巻三号、二〇〇九年三月）及び「明治大学図書館蔵『検閲週報』について」（『図書の譜：明治大学図書館紀要』第一四号、二〇一〇年三月）に詳しい。

（10）　『豊橋市立図書館50年の歩み』（豊橋市教育委員会、一九六二年）四四頁、および『一宮市立図書館50年史』（一宮市教育委員会、一九六六年）三八頁には、ともに「最後の没収」として記されている。

（11）　読書運動を中心とした中央図書館から中小、青年会図書館への指導の実態については、山梨あや『近代日本における読書と社会教育』（法政大学出版局、二〇一一年）の第四章「戦時下における読書指導の展開――長野県を中心として」に詳しい。

（12）　二〇一六年一一月三日開催、静岡県立中央図書館貴重書講座「静岡県立中央図書館蔵 戦前・戦中の閲覧禁止図書、削除・切取図書について」於静岡県立中央図書館。

もので、警察部高等警察課（のちに特別高等課）から紙媒体でもたらされた通知文書が綴じられた簿冊である。一九二五年一〇月から二九年一一月までの通牒であるが、一部に欠けている期間があり、これ以降の通牒は確認されない。日付、発行地、出版物名（記事を明記したものもある）、巻号、受領印、館長印、司書印、書記印、主印、裏に風俗又は安寧の別、処分日が記され、一部には赤字で所蔵の有無、「禁止扱」にした旨の書き込みもある（**図7**）。通牒を受けて、図書館での蔵書点検・閲覧禁止措置が行われたのだろう。これらの通牒は、まとまって届けられたわけではなく、その都度受領していたようだ。

『昭和十五年度　文書綴　甲』は、文部省主催の中央図書館長講習会、扶養・決算・予算に関する書類などが綴じられたものであるが、中には、中央図書館から静岡県内の各図書館へ送られた閲覧禁止図書に関する文書案とリストが含まれている。先に見た一九四〇年の遡及的処分を受けて、一か月後の八月九日に一九冊の蔵書を閲覧禁止にした旨が、県立葵文庫から特高課へ報告されている。また、県内の各図書館へは次のような文書を作成し、リストともに送付していた（引用文中の傍線、振り仮名は筆者による）。

葵文秘第八二号

昭和十五年八月十四日

静岡県中央図書館長　加藤忠雄

図書ノ閲覧禁止取扱ニ関スル件

新東亜建設ノ進展ニ伴ヒ国内体制ノ一新セラレントスル今日ニ有之既往ノ出版物ニシテ我国体ト相容レザルモノ及現在ノ我国情ニ合致セザルモノ等貴館蔵書中有之候《これありそうろう》場合ニハ左記御参考ノ上之ヲ除却シ閲覧セシメ

ザル様御取計ヒヲ相成度《あいなりたく》此段及御通知候也
猶此際読物ヲ通ジテ一層時局認識ノ深化徹底ト国民資質ノ向上トヲ図ルハ最モ急務ト存ゼラレ候ニ付此方面ノ良書閲読方特ニ御配慮相煩度候《あいわずらわせたくそうろう》

記

一、マルクス。エンゲルス。レーニン。トロツキー。スターリン。ブハーリン。カウツキー。ブレハノフ。デボーリン。クロポトキン等の著述及其訳本

二、大杉栄。荒畑寒村。山川均。堺利彦。河上肇。高畠素之。佐野学。西雅雄。山田清太郎。渡辺政之輔。大山郁夫。猪俣津南雄。大森義太郎。森戸辰男。福本一夫。山本宣治。久保寺三郎。等ノ著述

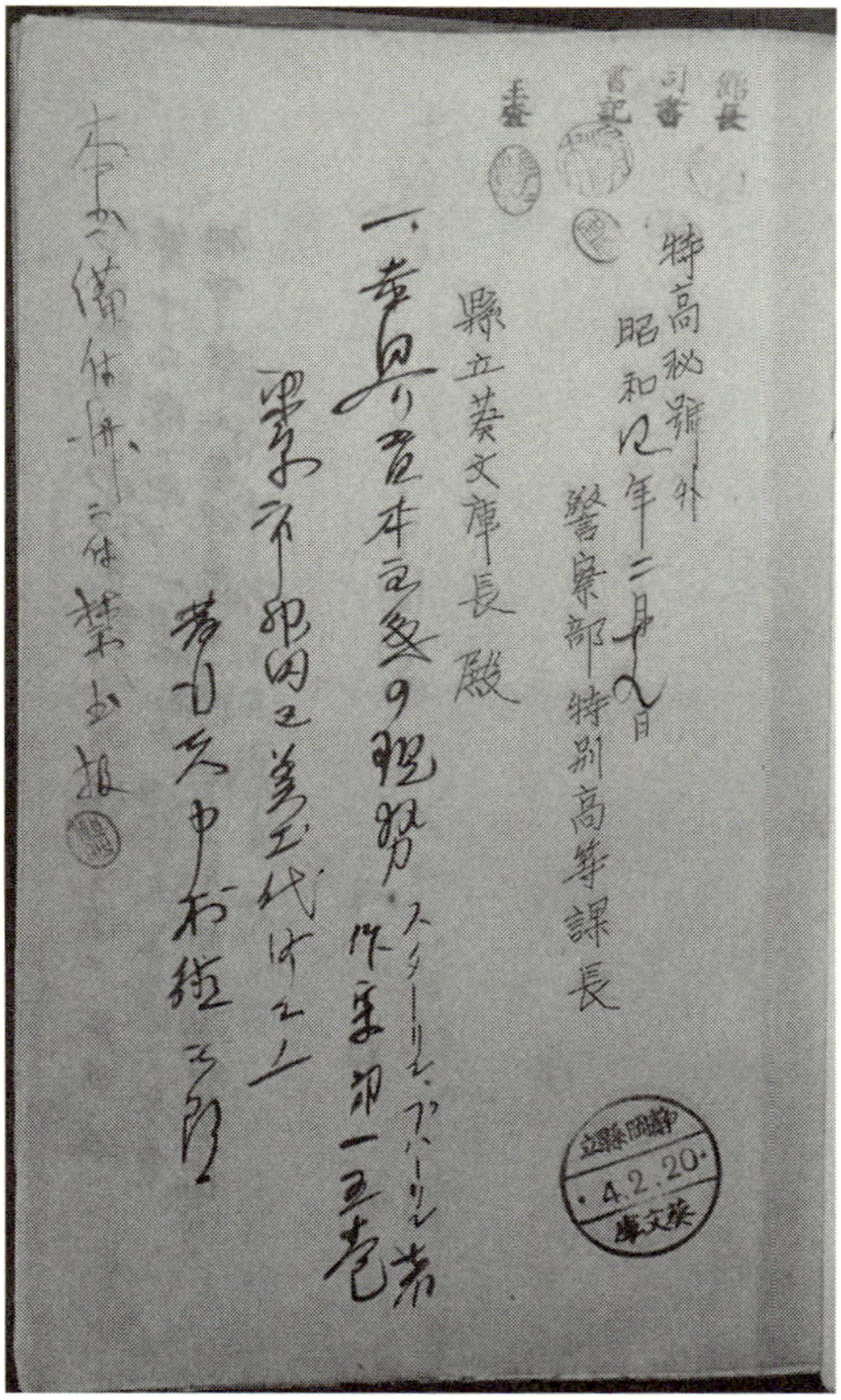

図7　出版禁止図書通牒

三、美濃部達吉。河合栄治郎。青野季吉。安部磯雄。矢内原忠雄。北沢新次郎。石川三四郎。トルストイ。バートランドラッセル。サンガー夫人等ノ著述中前記ノ趣意ニ反スルモノ
四、マルクスノ主義学説ヲ解説セルモノ
五、共産主義、無政府主義、社会主義、民主主義、自由主義等ヲ賞揚讃仰セルモノ
六、階級対立ヲ示唆セルモノ
七、非戦論　反戦論　ヲ鼓吹セルモノ
八、防諜上不適当ト認メラル、モノ
九、其他我国体ト相容レザルモノ及現時ノ我国情ト合致セザルモノ。

中央図書館での閲覧禁止措置を完了した上で、県内の図書館に対しては該当図書の著者名や内容を摘記し、それらを「除去」して「閲覧セジメザル」ように、との指導を行なっている。この文書からは、当時の中央図書館制度における図書館間の指導のあり方が見えてくる。静岡県では当時、県立葵文庫が中央図書館の役割を担っていた。内務省の方針に基づいて、閲覧を禁止すべき図書を選定しリスト化して、県内の他の図書館へそのリストを送ることで、時局下での読書指導を行なっていた。すなわち、中央から地方の末端図書館への情報伝達に関する実態が見えてくる文書といえる。

『昭和十五年九月　閲覧禁止図書目録』は、一九四〇・四一年の左翼出版物処分に関する目録を主とした綴りである。「本目録記載ノ図書ハ書庫二階々段寄リノ書棚上ニ一頁分宛新聞紙ニテ包装シテ排列シアリ」「昭和十六年四月十日、三月七日ニ禁止分ヲ此内ヨリ抽出シタリ」「昭和十五年七月十日禁止分モ別包トナシタリ」と、目録の一頁分単位でまとめて包装した上で、別置していたことが記されている（**図8**）。目録は図書館が作成したも

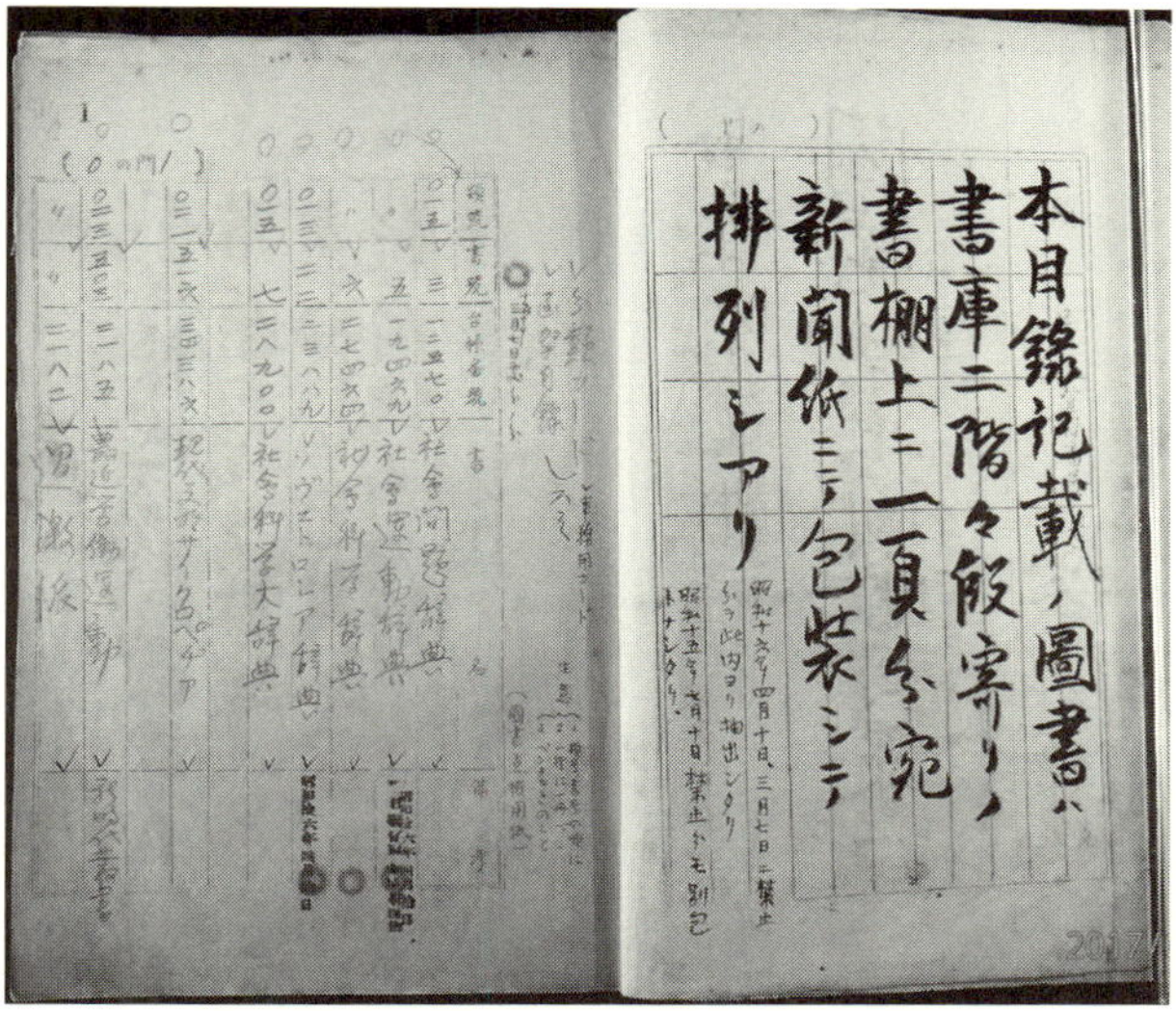

図8　昭和十五年九月閲覧禁止図書目録

ので、『マルクス・エンゲルス全集』『レーニン著作集』『文明協会ニューズ』（一九二八―三〇年）、美濃部達吉『憲法講話』、羽太鋭治『産児制限と避妊』など、全五一五冊が並んでいる。四〇年と四一年の処分を合わせて書きとめたものと思われるが、この他にも、「昭和十六年四月十五日自粛禁止図書目録」と題された三一冊のリストもある（**図9**）。処分を受けて、類する蔵書を自発的に抽出し、閲覧禁止にしたものであろう。同様の事例としては、長野県の上伊那図書館が、一九四〇年七月一〇日に警察官が禁止図書を没収に来た際に、『支那問題講和』ほか六冊の図書を「自発的ニ提供」している。[13] 警察の指示を補完するような措置を、図書の内容に詳しい職員がとったのだろう。「自粛禁止図書目録」も、出版警察体制を内面化した館職員の行動（館内での「再検討」）によるものであり、当時の図書館のあり方を特徴的に示すものである。これはまさしく、「思想善導」という任務を負わせた図書館の、中央機関が期待した様態であった。この綴りには、閲覧カードの取り扱い

(13)　『上伊那図書館三十年史』上伊那図書館、一九六〇年、二四四頁

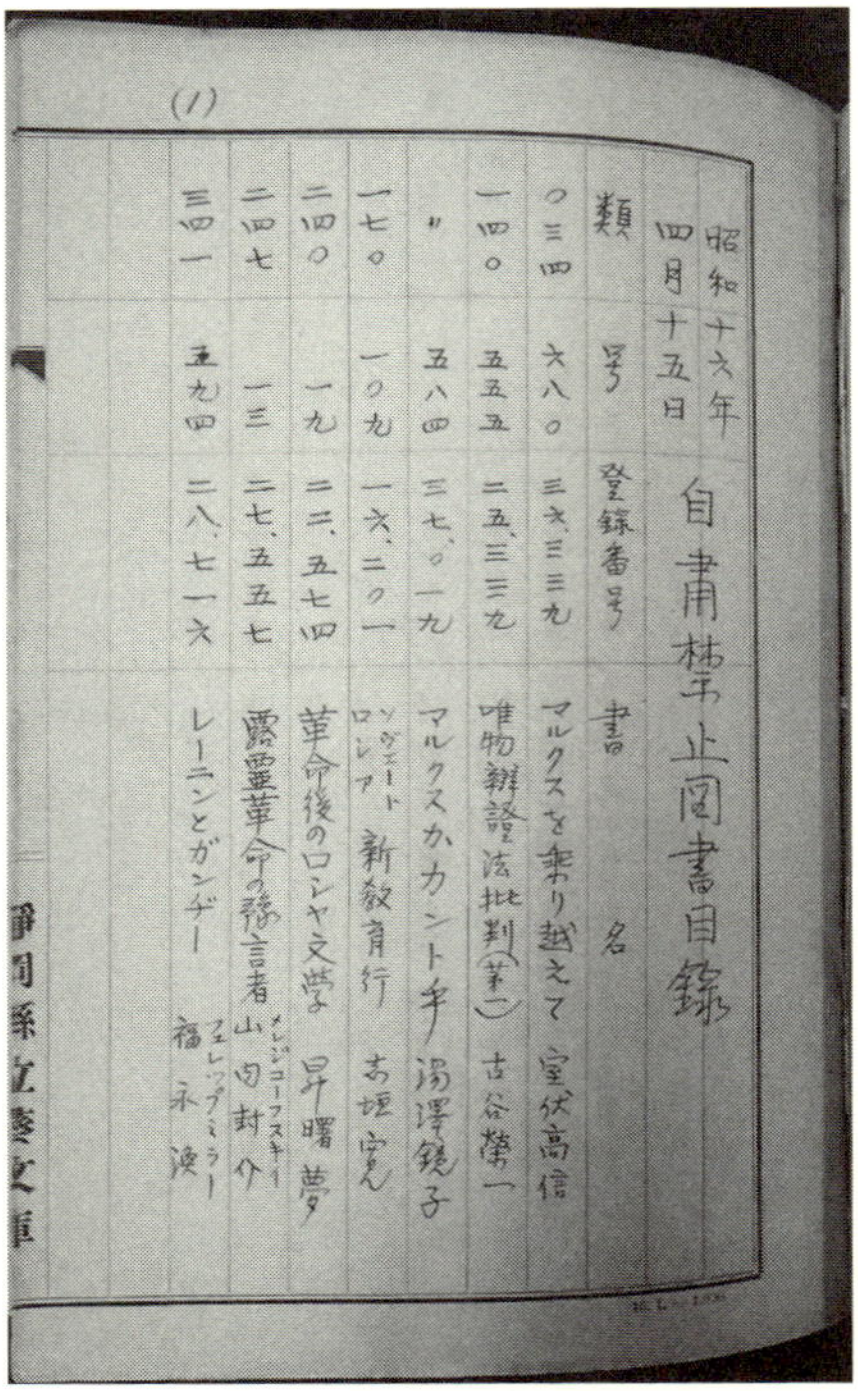

図9　自粛禁止図書目録

方に関するメモも添えられており、図書とともに閲覧カードを撤去するよう指示されている。カードの抽出によって、図書は文字通り、閲覧者から見えない存在になってしまった。

最後の『昭和十六年二月以降　出版関係機密綴』は、禁止処分の通知文のほか、静岡県警察部特別高等課が作成した月ごとの「出版警察概況」や「出版警察統計表」が綴り込まれている。これらは、県内での処分出版物の差し押さえ状況などがまとめられたもので、内務省が作成した『出版警察報』『出版警察概観』へ掲載された、全国の統計の基になったデータと考えられる。そのデータが、中央図書館である県立葵文庫へも、業務の参考資料として送られていた。これは、国家権力が直接介入しにくい図書館へ、間接的に介入しようとする動きともとれる。警察が作成した同じような統計書は、警視庁検閲課が作成した『昭和八年（自一月至十二月）出版警察統計表』が国立公文書館に所蔵されている[14]。これは一年間のデータをまとめたものであるが、静岡県警察部の統計は月ごとに作成されている。同様の文書は、現在のところ他の地域では発見されていないが、おそらくは、道府県ごとに作成されていたはずである。しかし、それらの多くは敗戦直後、戦時資料として焼却処分された可能性が高い。

四　図書館史、文書資料を繋ぎ合わせて見えてくること

県立長野図書館、静岡県立中央図書館の文書は、残るべくして残ったというよりも、偶然に残ってしまったものである。各地の歴史ある図書館では、様々なタイミングで「年史（誌）」が編まれているが、編纂の際に重要視されるのが、館職員らによって作成された事務文書であることは言を俟たない。しかし、戦災や敗戦直後の文書焼却(15)、あるいは戦後の建て替えに伴う移転の際などに処分されることが多く、確認されるものは僅かである。静岡県立中央図書館の文書は、山口氏が引き取らなければ、永久に失われたはずである。そのような資料の保存・扱い方をめぐる事情があったため、館史を編む際には次のような制約を強いられることになる。

(14) レファレンスコード：A06030072200、請求番号：返青19004000

(15) 敗戦後の焼却についての詳しい記録は無いが、長野県庁の文書焼却に関しては、関係者の証言により実態が一部明らかになっている（「昭和史の空白」『信濃毎日新聞』一九八七年八月一日―一五日）。それによれば、一九四五年八月二〇日ごろから、県庁をはじめとした各所の判断により書類の選別の上運搬され、旧県庁裏の裾花川の河原で一週間ほどかけて焼却が行われたようだ。場所は県立長野図書館があった場所（現・長野市立図書館）から一キロほどの地点であるため、県立長野図書館の事務文書もそこで焼かれた可能性はある。『接受簿』の期間に欠があるのはそのためではなかろうか。同様の例として、『山形県立図書館五十周年略年譜』（山形県立図書館、一九六二年）には、四五年八月二〇日から「終戦となり秘密の漏えいを防ぐため、知事の命によつて国勢・県勢に関するいつさいの資料を1週間にわたり焼却」したとの記述がある（一一頁）。また、岩手県立図書館『30年のあゆみ』（一九五三年）では、「戦事図書」と判断された蔵書二―三万冊を「焚書の刑」に処した可能性があることに言及している（六八―六九頁）。

すべて歴史編さんの成否は資料の多寡にかかる。方法は二の次だ。ところが本館は開館いらい8回にわたって館舎を移し、この間に空襲罹災の厄にもあっているので、まともな資料は皆無に等しい。僅かに数年次の往復文書綴があるのみ。数字的資料のほとんどは町会・市会の議決録から得た有様であった。したがって、資料としては些か危険ではあるが、旧職員・一般有識者からの伝承に頼り、これを比較吟味して正確を期せざるを得なかった。(16)

また、館職員の日誌については、次のような記述が『八戸市立図書館百年史』に見られる。

戦時中どこの図書館でも、「館務日誌」という自館の動静を記録し続けてた日誌があった。それらの記録は、戦災によって灰にされた図書館もあれば、敗戦後の占領期にその図書館によっては苦難の歴史をＧＨＱの調査、命令によって、〝戦犯図書〟ともども消去しなければならないところもあった。

八戸市立図書館の場合、敗戦前後の占領軍による干渉は詳らかでないが、戦時中の「館務日誌」が、唯一冊残っている。

日誌の表紙は、そんなにくたびれてはいない。八戸市立図書館の名前が印刷された縦罫紙Ｂ４版を、Ｂ５版に折り、綴ったものである。(17)

理由は不明であるが、八戸市立図書館では日誌が一冊だけ残っていたため、一九四四年の動向だけは詳細に記述されている。図書館で作成される日誌には、閲覧者数や来客、出張、文書の往来などについて記録した通常の業務日誌の他に、宿直日誌や講堂日誌などがある。日誌を活用して編まれた館史としては、『八戸市立図書館百年史』の他に、『成田図書館周甲記録』[18]『昭和二十年の前橋市立図書館』[19]『埼玉県立浦和図書館50年誌』[20]『千代田図書館八十年史』[21]『豊橋市立図書館100年のあゆみ』[22]『中之島百年――大阪府立図書館のあゆみ』[23]『加治屋哲回顧録』[24]などが、本文中ではっきりとその存在に言及している。その他にも、出典としては明記されていないが、年表の作成にあたって日誌を参照した例として『上伊那図書館三十年史』などがある。このうち、日誌を公開しているのは区立千代田図書館のみであるが、他に静岡県立中央図書館、旧上伊那図書館（現・伊那市創造館）[26]、市立小諸図書館、埼玉県立図書館（熊谷図書館埼玉資料室）[25]では、現在までに筆者が現物を確認することができた。

館史編纂に利用されたとしても、その後に行方不明になった資料もある。『小田原図書館五十年史』では「図書館日誌」への言及や戦後の没収図書通牒の画像（本文での言及はなし、九六頁）も掲載されているが、これらにつ

(16)『一宮市立図書館50年史』あとがき、一〇五頁
(17) 八戸市立図書館、一九七四年、三八三頁
(18) 成田図書館、一九六一年
(19) 前橋市立図書館、二〇〇二年。館長日誌を翻刻したもの。
(20) 埼玉県立浦和図書館、一九七二年
(21) 千代田区、一九六八年
(22) 豊橋市図書館、二〇一四年
(23) 大阪府立中之島図書館百周年記念事業実行委員会、二〇〇四年
(24) 加治屋哲回顧録刊行会、一九六七年。敗戦を挟んで鹿児島県立図書館長を務めた人物の日誌を翻刻したもの。
(25)『千代田図書館所蔵「一橋・駿河台図書館業務資料」関係資料集』（区立千代田図書館、二〇一七年）として概略がまとめられ、デジタル化された資料はインターネットで公開されている。
(26) 二〇一八年三月二八日、ＮＨＫニュース「おはよう日本　関東甲信越」で、伊那市創造館が所蔵する日誌についてのリポートが放映された。

いて同館へ問い合わせたところ、現在所在不明との回答を得た。本稿で紹介した県立長野図書館の文書類も、長くその存在が忘れられていたものである。現在は公文書保存に対する意識が高まってきているが、戦前期の図書館文書類を適正に管理し活用している機関は、先述した区立千代田図書館のほか、早稲田大学大学史資料センターなど、ごく僅かにすぎない。

しかし、地方における出版警察体制の運用実態を具体的に示してくれるは、図書館に残された文書類しかないのではないかと思われる。静岡県立中央図書館の資料には県特高課作成の参考文書が多数含まれるが、このような文書は真っ先に焼却対象となるものであり、警察や中央省庁で残される可能性は、個人によって持ち出されたものや、GHQに接収されたものを除けば、ほぼ皆無である。図書館であるが故に文書が残る可能性はある。このような文書類をさらに発掘し、繋ぎ合わせることで、戦前・戦中期の出版警察と図書館との関係性は、より具体的に見えてくるだろう。

奥泉和久編著『近代日本公共図書館年表』(27)は現在のところ、戦前・戦中期の図書館の動向を最も広く俯瞰的に眺められる文献である。各館史の記述を摘出して年表にしたものであるが、これを参考にしつつ、さらに関連する新聞記事などの資料や、館史の記述で典拠とされた日誌などを点検することで、さらに実態的な把握が可能になる。一例として、上伊那図書館での出版物差し押さえについて見てみよう。

各館史から、警察による蔵書差し押さえに関する記述を拾ってみると、一九三四年八月二三日に「中央公論9月号発売禁止処分となり岸和田警察署に没収される。／24日、大森義太郎「憂日漫筆」等3ヶ所P233～235切取り戻され(28)」た岸和田図書館の事例が最も古いようである。しかし、上伊那図書館ではそれよりも早く警察に差し押さえが行われた事例がある。

伊那警察署では八日早朝から高等係丸山警部補、岩井刑事、林巡査等上伊那図書館に至り同館の書棚につき書籍調査を行つた右は特高課の取締方針として先づ非合法出版物の潜入調査をしたものだが上伊那図書館から数冊を押収した右は二・四事件の中心人物坂井喜夫等の寄付に依るもので市内書籍店、絵画店等からも十数冊づゝ押収した之と同時に村落の青年図書館をも調査するが仮令合法出版物でも極左意識を盛つたものは任意提供の形式に依り提出せしむると(29)

一九三三年二月、長野県では共産主義思想者らが治安維持法違反により大量検挙された「二・四事件」があり、特に教員が多数を占めていたことが問題となっていた(30)。右の記事はその中で行われた図書館蔵書の点検、差し押さえであるが、これは何らかの法規に基づく執行ではなく、刑事らの感覚による不穏図書の選別行為であった。しかし、この差し押さえは『上伊那図書館三十年史』には記載されておらず、館史からは見えない事例である。これが、同じ上伊那図書館の次の事例では、執行の理由が異なる。

伊那警察署ヨリ、係官出張、図書調査ノ結果「マルクスエンゲルス全集」外31冊没収。検閲ノ結果新ニ発売

---

(27)　日本図書館協会、二〇〇九年

(28)　『岸和田市図書館年報』第二号・一九七八年度、岸和田市立図書館、一九七九年、五六頁。この事例は、『近代日本公共図書館年表』には記載されていない。

(29)　「図書館、書店から赤本の狩立て　合法モノでも提供させる方針」『信濃毎日新聞』一九三三年一二月九日、朝刊七頁

(30)　特に、文中にある「村落の青年図書館」の蔵書も問題視され、県立長野図書館長の乙部が時局に即した図書館運営の指導に県内各地を駆け回っていた。

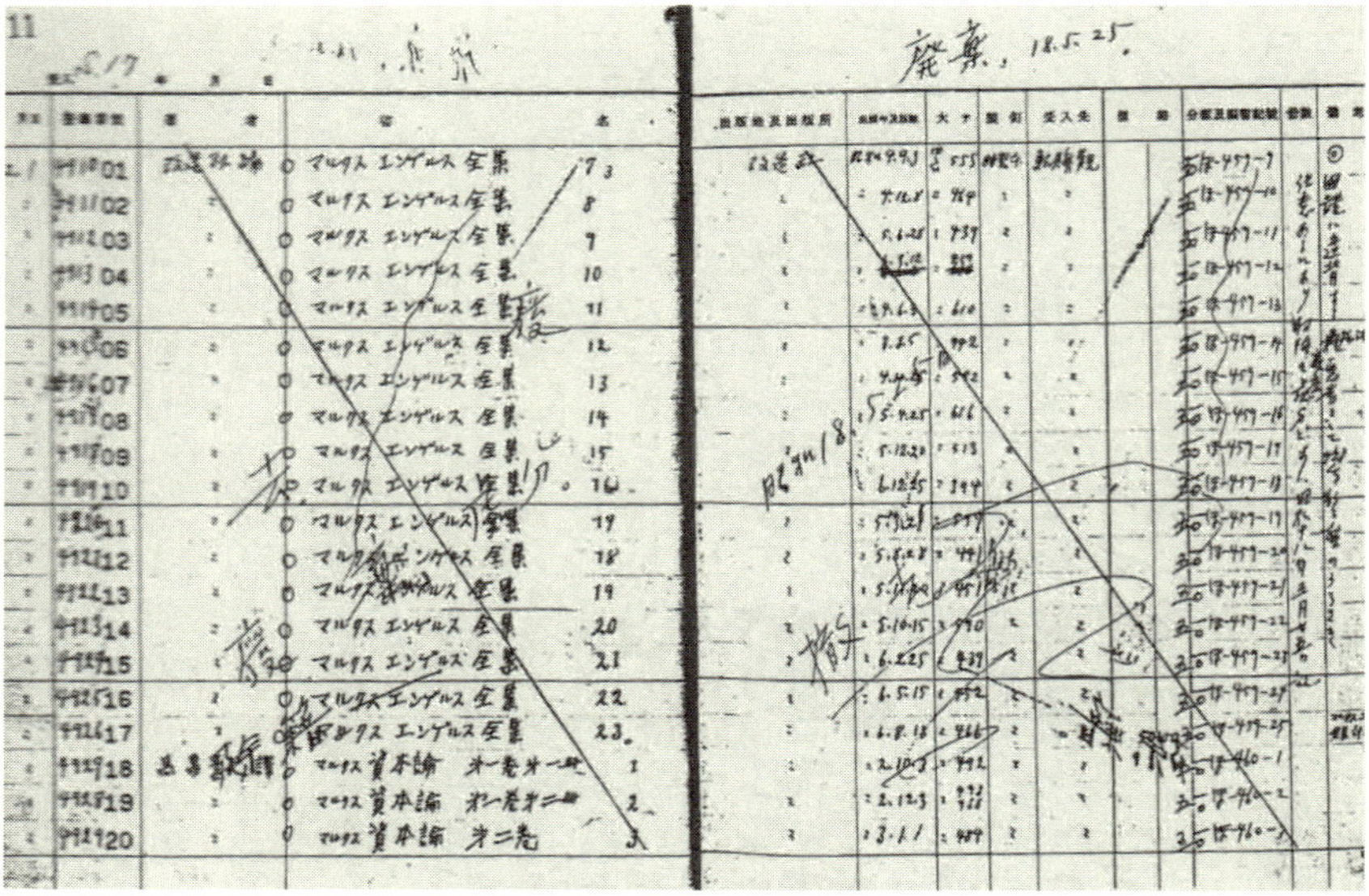

図10　気仙沼図書館の台帳（『図書館80年のあゆみ』より）

禁止ニナリタルニヨルモノナリ[31]。

同じ伊那警察署員による行為であるが、これは二度目の左翼出版物一斉禁止によるものであり、執行には根拠があった。しかし、先にも記した通り、図書館の蔵書は法の効力外であるため、「没収」するかどうかは、出向いた署員の独断に拠るものだった。そのため、別の地域では、ある意図のもとに、警察に対して蔵書の差し押さえに抵抗した図書館職員も存在した。

戦時下でも菅野は図書館というものは時代の風潮に関わらず名著は名著として扱い、閲覧の自由を持つべきものと考え、マルクス主義文献も書架に公開していたが、しばしば警察署より注意をうけ、廃棄または提出を求められた。図書台帳には、「国体に違反する極悪書として特高警察のうるさき注意あるにより取除き処分とす、昭和18年5月25日」と菅野の憤懣やるかたなき赤インクの字を以て、『マルクス・エンゲルス全集』『資本論』ら30冊に廃棄の×

印が記されている。しかしこれは密かに保存され、終戦後日の目をみることになる。戦時下の、現在のように「図書館の自由」が保障されていない時代に勇気と信念をもってこのような図書館人としての意気を貫いた人物は少なかろうと思う。しかもこの精神は、敗戦後、占領軍司令部の軍国主義図書提出命においても堅持されるのである。(32)

気仙沼図書館の嘱託職員であった菅野青顔《せいがん》は、警察からの提出要請には応じず、台帳から書名を消すことによって蔵書を守った（**図10**）。戦後のGHQによる図書没収に対しては、集められた場所へ行き、「夜陰に乗じてその中から主なる図書を持ち出して密かに保存した」(33)こともあった。東京大学図書館では一九四〇年七月の左翼図書禁止に際して、内務省へ問い合わせて「警察署より禁止図書引渡請求があった場合には、内務省は了解済であることを告げ、拒絶しても差し支えない」ことを確認し、「禁止処分図書を引き渡す法律上の義務は存在せず。本学としては学術資料保持及び後世のため文化資料保存の見地より禁止図書といえども適当の処置を施したる上、違法ならざる限り引渡しを避くべきものと思料せらる」との文言が入れられた「禁止図書の取扱」を作成している。(34)法政大学でも四三年四月二〇日総長宛、浅見麹町警察署長からの文書で禁止図書の「取締方針トシテ図書館ニ於ケル保管ヲ全面的ニ警察当局ニ提出セシムル根本方針」を指示されたが、館長の意向で現物は提出しないことに決めた。(35)他にも、一九四一年から堺市市立図書館に勤務していた田島清は、『日本地理風俗体系』（改造

(31)『上伊那図書館三十年史』上伊那図書館、一九六〇年、二四七頁。一九四一年四月六日の記述。
(32)『図書館80年のあゆみ』気仙沼市図書館、一九九六年、一〇頁
(33) 注32に同じ、一一頁
(34) 薄久代『色のない地球儀』同時代社、一九八七年、一〇三―一〇六頁

社）を押収しようとする憲兵に対して「申出を拒否して、図書館の文献を防諜上公開してはならぬなどといった問題は一憲兵の云々すべきことにあらず、必要とあらば陸軍大臣と文部大臣の間で交渉の上決すべきものである、当方としては文部大臣の指令がないかぎり貴官の命に服することはできぬと主張した(36)」。戦後の図書没収命令に対する抵抗としては、一宮市立図書館が没収前に「学校職員・市内在住文化人などに呼びかけ、該当本を希望者に無償配布した(37)」ことや、鹿児島県立図書館長に就任したばかりの椋鳩十（本名・久保田彦穂）が進駐軍からの未焼却の注意に対して「県立図書館だから、焼きすてないのだ。なぜなら、公共図書館は、国民が、調査、研究し、知り、考えることを目的としているものである。戦前の日本政府が、どのような考えを持っていたか。それを、どのようにして、国民に、植えつけていったか。そのために、日本国民は、どのような目にあったのか。そういうことを知り、考え、将来どのようにしていったらよいかを知るためにも、戦時中に、出版されたものを、研究することが大事だからだ(38)」と抵抗している。

これらは、時局に合わせて図書館の蔵書を変えるのではなく、歴史的資料として後世へ残すために尽力した人々の記録であるが、その一方で、頻繁に蔵書の点検を受けて出版警察体制が内面化された館職員は、積極的に図書を焼却したり、提出に応じている。特に、敗戦直後、ＧＨＱの没収命令に接する以前に、職員の判断で過去の禁止図書、軍国主義図書の除去がかなり広く行われていたことが各館史から読み解ける。

・昭和二〇年一二月「禁止図書410余冊廃棄(39)」

・本館に於いても大いに自粛自戒して該当書籍は一切閲覧者目録から削除し、現物は或いは焼却廃棄し或いは文字通り高閣高架に束ねて退蔵し、これ等の大部分は一般に決して手を触れぬこととした。そのまま、今に

及んでいるものもある。(40)

・間断ない没収指令は、具体的に関係図書リストを添付したもので、当初図書館での扱いが拡大解釈され、必要以上の自己規制を生じさせる結果となった。本館では5月30日関係図書の除去作業に着手した旨記録があるが、うち該当回数は11回で、69点81冊中47冊が没収されている。その第1号は徳富蘇峰「宣戦の大詔謹解」であった。また以後の没収を予想して準没収図書として1、449冊がリストアップされている。(41)

この他に、山口図書館では「図書の整理廃棄に関する目標」を作成し「一万四千三十四冊を処理した」とされ、(42)佐賀図書館では「戦記ものや武術、刀剣に関する図書、約3、000冊を戦没図書として書架から抜き出し、別置して閲覧禁止とした。一時この本を焼き捨てる計画があったが、館長の努力などでくいとめられた」(43)と記録されている。一九四〇年以降の左翼図書一斉禁止にしても、敗戦直後のGHQによる図書没収命令にしても、時局

(35)『法政大学図書館100年史』二〇〇六年、一三七頁
(36)田島清『回想のなかの図書館』広文堂、一九七五年、一八四頁
(37)『一宮市立図書館50年史』三八頁
(38)『椋鳩十の本　第二五巻　心に炎を』理論社、一九八三年、二五七―二五八頁
(39)『水沢市立図書館のあゆみ―市民とともに40年』水沢市図書館、一九八一年、年表二七頁
(40)『成田図書館周甲記録』成田図書館、一九六一年、一七七―一七八頁。軍国主義図書に関する記述。
(41)『埼玉県立浦和図書館50年誌』埼玉県立浦和図書館、一九七二年、三一―三二頁
(42)『山口図書館五拾年略史』山口県立山口図書館、一九五三年、一七三―一七四頁
(43)『佐賀県立図書館60年のあゆみ』佐賀県立図書館、一九七三年、四七頁

の変化に伴い蔵書の構成に対して度重なる再検討を強いられた館職員にしてみれば、組織としての図書館を守るために積極的に与せざるを得なかった、というのが実態であろう。そこでは、戦後の「図書館の自由宣言」のような、利用者を第一にする心情を持ちにくいのは当然である。当時の職員の行動、戦前・戦中期の図書館の功罪を問うことは簡単であるが、むしろそれぞれの図書館が時局をどう乗り越えようとしたのかを、各館史や資料を繋ぎ合わせることで見るべきである。それはまさしく、日本における図書館界の見えにくい正史であったはずだ。

五　記録を読み、活用すること

ここまで、図書館と出版警察との関係について、県立長野、静岡県立中央の二図書館の文書類を軸にして、各館史の記録なども参照しながら考察してきた。図書館の事務文書は一般の蔵書とは異なるため、ＯＰＡＣや冊子体目録などには記載されていない。文書そのものが、「あるかどうかよく分からない史料」といえる。このような、未整理で活用されてこなかった文書類をいかに発掘し、活用していくかが課題である。今後の展望としては、「内務省委託本」コレクションを所蔵する区立千代田図書館など、資料の活用を積極的に行なっている機関と連携をして、戦前からの歴史がある図書館が保管する資料の発掘・調査をさらに行い、例えば共同の展示会などを通じての成果の公表、データベース構築による情報や問題の共有を図ることで、地方における出版警察体制の実態解明を行えるものと筆者は考えている。

文書類は、言論弾圧に対してある面では与し、ある面では抵抗した図書館界の細部を見せてくれる重要な資料である。ただし、その結果を単に「図書館は戦争協力に積極的であったか否か」という単純な結論に結びつけるのは問題である。ここで主な考察対象としてきた一九四〇―四五年にかけての、図書館職員を取り巻いていた環境は、実態として次のようなものであったからだ。

敗戦をはさんだ前後の期間、空襲にあわなかった官公庁文書の相当部分が、焼却され散逸した。図書の場合には、敗戦による「価値観」の転換によって、「没収」措置をうける以前に、関係者の自己検閲によって燃料になってしまったケースも非常に多かった。

例の当館の『出納日誌』にもあったように、すきっ腹をかかえて、やっとの思いで働いていた公共図書館の第一線職員にとって、書庫から没収図書をさがし出し、その目録を作り、現物を中央図書館まで運搬するという作業は、苦痛以外のなにものでもなかった。それをやるよりも、「無いこと」にしたり、館内限りで戦時中当局から訓練されつづけてきた「保留」、いいかえれば適当に処分をしてしまった方が楽であることはいうまでもない(44)。

ここに表れている、当時の図書館職員の「苦痛」にも心を寄せつつ、我々は記録を読み進め、歴史的事象を考える必要があるのだ。

(44)『千代田図書館八十年史』二三九頁

2

大衆の〈国民〉化に影響を与えた戦時下の児童文化統制
――佐伯郁郎と「児童読物改善ニ関スル指示要綱」

村山　龍

一　大衆から〈国民〉へ

大衆の成立

大正から昭和にかけて、人びとの間に「大衆」という概念が生じた。明治期に西洋から移入された個人や国民という概念を、漠然とした理解しかできないまま突入した日清・日露戦争を通じて人びとに共有された戦争の記憶は、大日本帝国という国家の成員としての国民を意識させると同時に、その集団性を人びとに自覚させていった。この認識を背景に、社会参加の意識を強めていった結果が、民本主義や大正デモクラシーといった現象だったといえよう。

こうした一九一〇年前後から一九三〇年代初頭にかけての時代を、広い意味での「大正」と定義し、大衆による「騒擾」の時代として着目したのは成田龍一である。(1) 成田は〈帝国〉としての日本が外部に拡張する時期に、〈帝国〉の内側で多種多様な主張を持ち出す大衆が登場したことを指摘し、デモクラシーのなかから生じたものがデモクラシーを崩していったとした。

また、子安宣邦(2)は一九七〇年代の大正デモクラシー論——子安はこれを「戦後民主主義の社会的定着」から逆算された評価だと位置づける——には「白々しい視線をしか向けなかった」とした上で、戦時期を除外して「大正」と戦後をつなぐ発想を批判し、大衆の時代であった「大正」が戦争の時代としての戦前昭和を誘発したのだと捉え直そうとした。それは先の成田の論に触発された、「もし「大正に「大衆社会」の早期的成立を認めるならば、日本という近代国家社会は市民的国民の形成を見届けることなく、大衆《マス》的国民の時代に奔流のごとく入っていったことを意味するだろう。「大正」とはそういう時代であったのではないか」という問題の提示であった。

成田や子安が「大正」を通じて論じようとしたのは、大衆の成立が近代日本社会に何をもたらしたのかということだ。彼らはその結果として、戦前昭和の協力内閣や軍部の台頭、そして戦時動員を見据えているのだが、ここに疑問を一つ加えてみたい。多種多様な主張を持ちえた大衆が、戦時動員による単一的価値観へと統合された——あるいは統合を許した——理由は何だったのかという疑問だ。子安は国民の統合を生むものとして、大衆に共有される熱狂の感情、すなわち「大衆的喝采」の存在を指摘している。だが、そもそも大勢の人間が共に「喝采」を叫ぶことのできる感性あるいは認識は、どのように共有されていたのだろうか。

〈国民〉への再編成

まず、大衆の成立と国民意識の醸成との関連について、考えてみよう。佐藤卓己(3)は、一九二四年一二月（一九

（1）成田龍一『大正デモクラシー』岩波書店、二〇〇七年

（2）子安宣邦『「大正」を読み直す』藤原書店、二〇一六年

図1　雑誌記事における「大衆」と「国民」という語の使用状況（1903-1945）

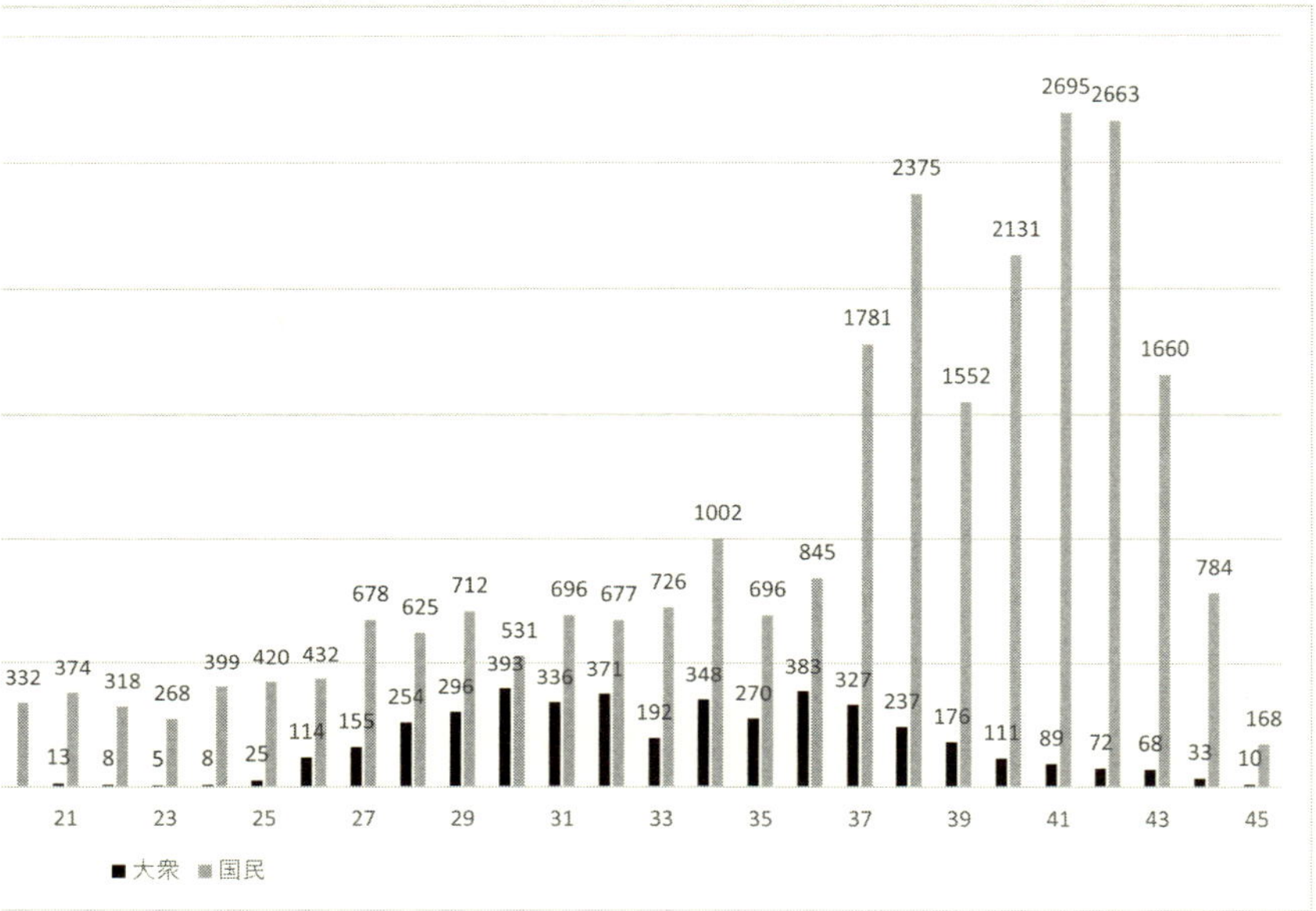

二五年新年号）に創刊された講談社の大衆雑誌『キング』のような雑誌の登場によって、大衆が公共圏――他人や社会と相互に関わりをもつ空間――へと誘われ、国家への参加意識を共有する国民を誕生させたとするどく指摘している。たとえば、**図1**に示したグラフは一九〇三年から一九四五年までの大衆と国民という語が雑誌記事の表題に用いられた件数を図示したもの（「雑誌記事索引集成データベース」（皓星社）参照、二〇一八年二月五日閲覧・作成）だが、これを見ると、国民という語が一般的に登場してくるのは一九〇四年頃だということになる。日露戦争開戦が一九〇四年なので、この語の登場はナショナリズムの台頭と連動しているといえよう。

　その後、明治から大正への改元と第一次世界大戦の影響と思われる微増と微減をくり返しながら継続して用いられるのだが、一九三七年の国民精神総動員運動を背景に再び急激な使用件数の上昇を見せている。この一九三七年以後の爆発的な使用増加は、とりもなおさず、人びとが国民という語とその意味

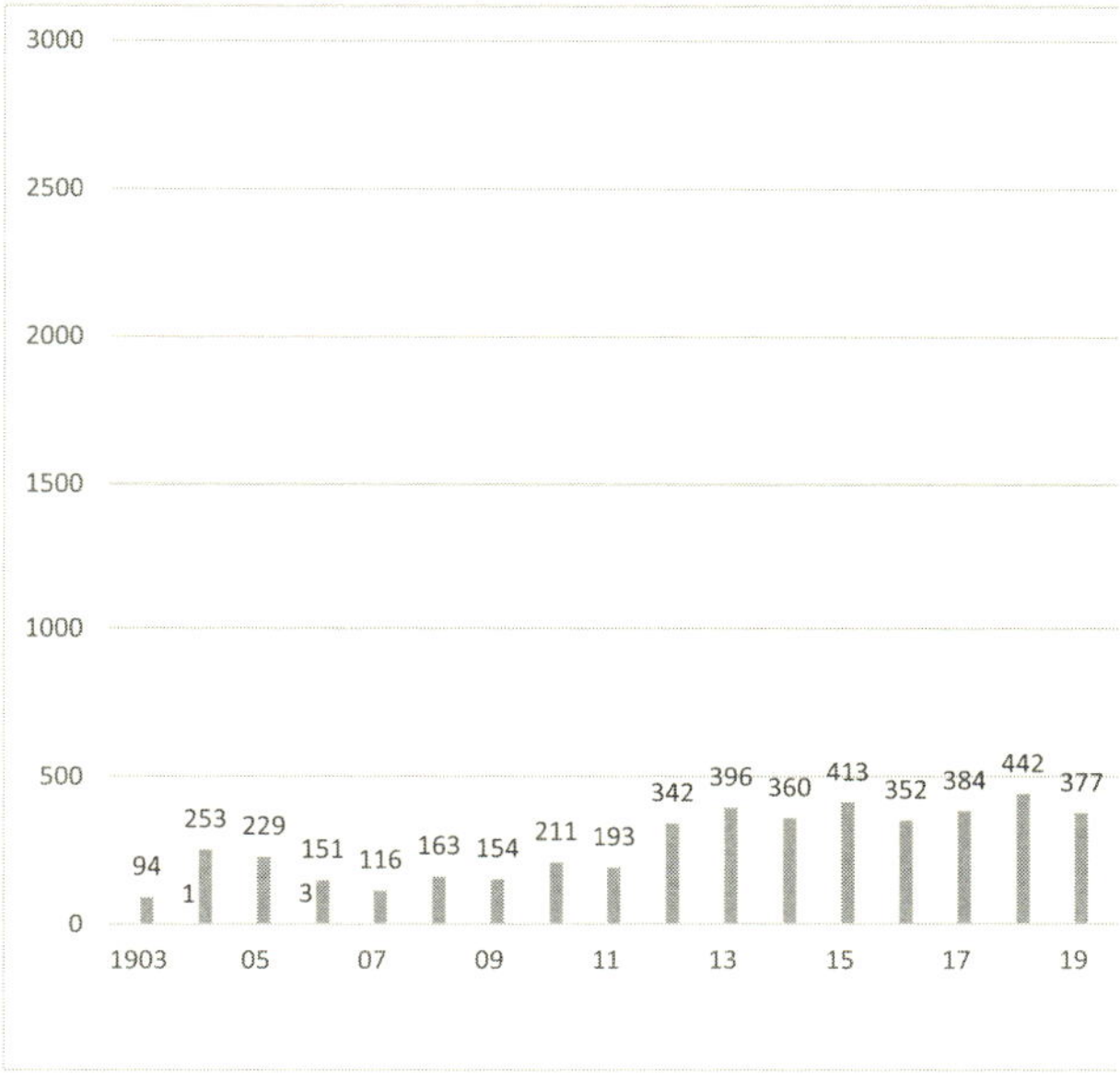

するところを積極的に受け入れたということも示していると考えられる。その背景には、日清・日露戦争以後、人びとが国家の成員の一人としての自覚をもち、個々の存在がそれぞれ緩やかに連帯して、数的な大きさをもった集団＝大衆を形成したことが挙げられるだろう。公共圏の獲得によって強化された横並びの意識を基盤にして、そうした人びとが国家主義的に再統合されたことで、戦時下の〈国民〉へと昇華されたと考えられるのだ。この〈国民〉こそが、子安のいう「大衆《マス》的国民」であったと考えられる。

〈国民〉をつなぐ「創られた伝統」

公共圏を獲得して芽生えた共同体意識をさらに強化する上で、もっとも使いやすく、強力なツールが「伝統」である。ホブズボウムは編著『創られた伝統』のなかで、一九世紀の産業革命期以後の国家の中心的な性格が「経済発展の基本単位」であったことに注目し、経済発展を遂行するために「国家的規模の政治」が必要になったとする。そして、国家・国民・社会が一体化しつつ

(3)　佐藤卓己『『キング』の時代　国民大衆雑誌の公共性』岩波書店、二〇〇二年

拡大していった結果、国家が「自身の正統性をいかに維持し、確立するかという問題」につきあたり、「創られた伝統」の利用が始まったと指摘している。(4) そうした役割を果たした「創られた伝統」のもつ性格は、次の三つに分類される。

(a)集団、つまり本当のないし人工的共同体の社会的結合ないし帰属意識を確立するか、象徴するもの。(b)権威の制度ないし地位、権威の関係を確立するか正統化するもの。(c)社会化、つまり信仰や価値体系や行為の因襲性などを説諭するのを主な目的とするもの。(5)

これらの性格によって、「創られた伝統」は国家の〈正統性〉を維持し、国民に国家への帰属意識を与えることに成功した。ホブズボウムらはイギリスとヨーロッパ諸国をモデルに「創られた伝統」の成立と機能について論じているが、それは西洋諸国と同じ近代国家を目指した日本においても当てはまるものと考えられる。国民が信じるに足る〈大日本帝国〉という国家の〈正統性〉は、アジアで唯一西洋に対抗可能な発展を遂げた国家である日本にこそアジアの盟主の座が与えられるべきだ、という認識をもとに、「神国日本」という排外的ナショナリズムとなって成立した。こうした一連の認識は一九三〇年代に急速に整えられ、人びとはその〈正統性〉を維持するための〈国民〉へと再統合される。(6) そしてその結果、天皇を中心にした「権威の制度」の正統化と〈大東亜共栄圏〉という「人工的共同体の社会的結合」が果たされ、〈国民〉は第二次世界大戦へと突入していく。「創られた伝統」は〈国民〉=「大衆《マス》的国民」を方向付けるための装置となり、人びとを「大衆的喝采」=戦争の渦のなかへと飛び込ませていったと考えられるのだ。

児童文化と〈国民〉の関係への問い

では、大衆を〈国民〉化した、戦時下の日本における「創られた伝統」とは具体的に何だったのか。ここでは、

（4）エリック・ホブズボウム「伝統の大量生産―ヨーロッパ、一八七〇―一九一四」（エリック・ホブズボウム、テレンス・レンジャー編『創られた伝統』（前川啓治・梶原景昭他訳）紀伊國屋書店、一九九二年、四〇九〜四一〇頁）Edited by Eric Hobsbawm and Terence Ranger, "*The Invention of Tradition*", 1983

（5）エリック・ホブズボウム「序論―伝統は創り出される」（エリック・ホブズボウム、テレンス・レンジャー編、前掲書、二〇頁）

（6）この時期に言論界で流布した「日本的なもの」をめぐる議論は、まさに日本の〈正統性〉を整備するものだった。萩原朔太郎『日本への回帰』（白水社、一九三八年）では「日本の世界的新文化を建設」するためにも、「伝統の日本人」が自らの血の中に眠る「祖先二千余年の歴史」を回復する「日本への回帰」が求められたが、こうした「伝統」的な「日本」の姿を自己肯定の文脈で用いるのが、「日本的なもの」への希求の典型的な表現である。この他にも、松本学を中心に佐藤春夫や中河與一らが呼びかけて誕生した文化団体「新日本文化の会」があるが、その機関誌『新日本』一巻一号（一九三八年一月）に掲載された佐藤春夫「創刊の言葉」には次のように記されている。

　日本をいつまで外国植民地にして置かなければならないのか。自分の国を自分の国らしくしたい。自分の国の文化を高くしさへすれば国内の外国風はみな流れ出して行つてしまふであらう。新しい日本が生れなければならない。狩衣の晴れ衣装はもういいかげんに返さうではないか。かういふ民衆の自覚に促され励まされて我等は立つた。

こうした主張を展開する新日本文化の会について、内務省警保局図書課企画係『現代文学の基礎常識』（内務省内部資料、一九三八年七月、二ノ九〜二ノ十頁）では、次のように説明している。

　日本の文化伝統の優秀性を信じ、民族と伝統を重んじ、新日本主義文化の樹立を期する流派である。この派の結成は日なほ浅く、雑誌「新日本」を発刊する以外に自覚した活動はしてゐないが、意図が純真である限り、最も未来性に富んでゐるといふことができる

これらの文章を通じて、「日本的なもの」が民族の「優秀性」を裏打ちすることで〈国民〉の共同体意識の強化に寄与する役割を果たしていたことがわかる。

その一つとして児童文化の問題を指摘する。大正期の『赤い鳥』からはじまり戦時下の少国民文化にいたるまで、児童文化は国民形成の一端を――望むと望まざるとにかかわらず――担ってきたからだ。一八七二年の学制公布以後、子供は近代国家の建設と維持・運営を担うべき次代の国民として認識され、そのための教育を受けることが制度として定められていた。その子供の成育に関わるものとして児童文化は成立当初から意識されていた。(7)すなわち、児童文化が近代国家の子供に対して果たす役割は、国民に国家との「社会的結合」や「帰属意識」を強め、その「価値体系や行為の因襲性など」を再生産することだといえる。

こうした状況下で形成されてきた戦前の児童文化に、最も大きなインパクトを与えたのが「児童読物改善ニ関スル指示要綱」であった。「俗悪」なものが溢れる児童読物を「浄化」することを目的としたこの指導方針の生成過程と指示内容とを分析することによって、大衆を〈国民〉へと再統合していく同時代の統制の在り方を明らかにしていこう。

二　佐伯郁郎という人物

検閲官・佐伯郁郎の誕生

さて、「児童読物改善ニ関スル指示要綱」(以後、「指示要綱」と略す)について考えようとするならば、その作成に大きく関与した内務省の検閲官であった佐伯郁郎《さえきいくろう》のことを押さえる必要がある(図2)。この人物の面白さは、検閲官であるだけでなく詩人でもあったということだ。検閲する側とされる側、双方の立場を知っていたこの人物について、まずは知らねばなるまい。

佐伯郁郎(本名・慎一)は一九〇一年、岩手県江刺郡人首《ひとかべ》村(現・奥州市江刺区)に生まれた。一九二二年四月に盛岡中学を卒業すると、早稲田大学文学部仏文学専攻に進学した。仏文学専攻に在学していたころは、西條八十と吉江喬松《よしえたかまつ》に師事し、彼らから薫陶を受けていた。また同学年には後に劇作家となる三好十郎が英文学専攻にいて、郁郎とは卒業後も文学仲間として友情が続いていたようだ。

大学時代を通して郁郎は文学を愛し、とくに師である吉江から数多くのことを学んでいた。一九二四年には吉江とともに農民文芸研究会に参加し、『農民文藝十六講』（春陽堂、一九二六年一〇月）に評論を寄稿したり雑誌『農民』に詩を寄稿したりしていた。このころ、「佐伯郁郎」というペンネームを使った活動がスタートしたのだ。

一九二五年三月に早稲田大学を卒業すると、日本女子高等学院でフランス語の講師として採用された。ただし、郁郎は結果として一九二六年一二月に内務省に転職するので、教職に就いていた期間は二年に満たない。以後、郁郎の、詩人と検閲官の二足のわらじを履いた生活がはじまっていく。(8)

知人の紹介によって内務省警保局図書課に嘱託として採用された郁郎は、そこで「現代」の文学の検閲を担当させられていた。このことは次の郁郎自身の回想から明らかだ。

佐伯　私は、一九二六年（大正一五年）一二月に内務省に入ったんです。それにはこういういきさつがあるんです。

(7)　たとえば、是澤博昭『教育玩具の近代　教育対象としての子どもの誕生』（世織書房、二〇〇九年）は子供向けの玩具が、近代以後の児童教育、とくに就学前後の子供の知育に寄与するものとして整備されてきたことを論じている。こうした点からも児童文化が近代的教育との連関を密にしながら成立していたといえよう。

(8)　郁郎の詩人／検閲官としてのあり方とその問題については、拙論「〈検閲官・佐伯郁郎〉を通してみる文化統制」（『Intelligence』19号、二〇一九年三月）を参照されたい。

図2　○で囲った人物が佐伯郁郎（内務省屋上で撮影、時期不明）

私が盛岡の中学のとき、当時は親許を離れて来ている者は副保証人というのをつけなければいけなかったんです。その副保証人になった人の三男が、旧制一高から東大の法科を出た内務官僚なんですよ。私はたまたま彼の所に遊びに行ったんです。そうしたら「君、いま何してるんだ」というわけ。

［中略］

佐伯　検閲課《ママ》には、文科を出たのが二人いたんです。私の前に東大の英文科を出たのがいて、続いて私が入ったんですね。その前は、警察学校の優秀な連中が来て検閲をやっていたんですが、当時、菊池寛、久米正雄、山本有三というような人たちが威勢のいい時代で、内務省の検閲はけしからん、どんなやつが検閲しているんだと、図書課長がネジ込まれたんですね。

——それは、内務省警保局の図書課ですか。

佐伯　そう。

――図書課のなかに検閲係というのがあったんですか。検閲課ですか。

佐伯　いや、戦時中に検閲課となったので、その前は図書課だったんです。そこで警察学校の優秀な連中が検閲にあたっていたのが、けしからんじゃないかとネジ込まれて、文科を出たのを二人採用して、私が「現代」の担当、東大を出たのが「クラシック」ということで文学の方を担当させたんですね。ところが二年ぐらいしたら、われわれは二人とも検閲係から調査係へ回されたんです。文科を出たやつを採ってはみたけど、ここは何も文学を鑑賞したり理解したりするところじゃない、というんだ。(9)

「文学を鑑賞したり理解したり」していた郁郎が調査係に回されたのは、一九二八年八月のことだった。郁郎は出版傾向調査を担当することになるのだが、異動先の調査係とは、一九三三年五月一五日付で作成された勅令一〇二号「内務省官制中ヲ改正ス」（国立公文書館蔵）を参照すると、「内国出版物ノ傾向調査」、「輸入出版物ノ傾向調査」、「輸入出版物ニ関スル統計」、「調査報告ノ作製」、「出版警察報ノ編纂」を目的としており、そこで郁郎は「内国出版物（左翼文藝誌）ノ傾向調査、出版警察報の編輯、外国図書ニ関スル資料ノ蒐集整理並ニ調査係ノ庶務」（一九三三年一月末日時）を行っていたとされている。ただし、一九三八年一〇月二七日の「子供雑誌の浄化へ（上）　眼に余る俗悪な漫画　内務省の取締方針を聴く」（『東京朝日新聞』）という記事には「指示要綱」通達の意図を語る郁郎の談話が掲載されているのだが、そこに書かれた郁郎の所属は「図書課企画係」となっている。右の「内務省官制中ヲ改正ス」には企画係という部署は記されておらず、おそらくこの頃に新たに設置されたものと思われる。(10)企画係の内実については、その後の郁郎が企画係（一九四一年一月一五日から情報局属第四部一課を兼任）

(9)　滑川道夫『体験的児童文化史』国土社、一九九三年、九九～一〇二頁

に所属して「児童読物改善ニ関スル指示要綱」以後の児童文化政策の当局側の担当となったり、日本文学報国会詩部会に関係していたりしたことを考慮すると、国家の積極的な文化政策を立案・遂行するための部署であったのではないかと考えられる。

詩人でもあった佐伯郁郎

さて、一九三〇年から一九三一年にかけての時期は、以上のような内務省の仕事だけでなく、もう一つの顔である詩人としての活動も旺盛であった。まずは詩誌『詩洋』を主宰していた友人・前田鐵之助が仕事の関係でシンガポールに赴任した後、『詩洋』の主編を引き継ぎ、刊行を続けたことが挙げられる。さらにこれまで発表してきた詩をまとめ、第一詩集『北の貌』（平凡社、一九三一年五月）を刊行することにもなった。『北の貌』の出版記念会は神田ブラジル会館で開かれ、詩人仲間の神原泰や村野四郎、田中令三のほかに小説家の宇野浩二や岩手出身のバリトン歌手・照井栄三も来席する盛況ぶりであった。郁郎はこの時期に詩人「佐伯郁郎」として大きな一歩を踏み出したといえるだろう。

検閲官と詩人という二つの貌が、郁郎にとって一つの意味を持ち始めた最初の事件が、発禁本となった能登秀夫『都会の眼』（文学表現社、一九三三年七月）をめぐる出来事だ。この本を出版した文学表現社とは郁郎が主宰する同人雑誌『文学表現』の発行母体であった。能登と郁郎はそこから詩集を出版しようとしたのだが、それが差し止められた。このことについて、秋山清が能登自身から寄せられた次のような回顧を紹介している。

その頃、私は東京の同人誌『文学表現』の同人、その代表者の佐伯郁郎氏は内務省図書課勤務の図書検閲官、ところで私の『都会の眼』の発行所は文学表現社。出版元と検閲官が同一人物だから、少しぐらいの内容なら、とよろしく解釈して楽観したのが私の誤算で、神戸で出来た詩集をさっそく佐伯氏に送ると、折り返し電報がとどき、「ホンワルイ、ミナモヤセ」とあって、そのすぐあと手紙で「あなたも私も公職者、進退に関係すること、今後注意してほしい、全部焼却するのが無難だ」といって来た。この時に刷った部数は二〇〇、ごく親しい仲間には事情を話してそのままのものを、他には作品三篇を削除して送り、佐伯氏には全部燃やしたと報告した。(11)

「ホンワルイ、ミナモヤセ」、この言葉は検閲官としての言葉だ。そして、「あなたも私も公職者、進退に関係すること、今後注意してほしい、全部焼却するのが無難だ」というのは、詩を書く同人仲間の立場から鉄道員（公務員）でもあった能登を気づかう詩人としての言葉だ。このように、文化を取り締まるための検閲官としての言葉と詩友に対し配慮する詩人としての言葉を同時に発することができたのが、佐伯郁郎という人物であった。

(10)　企画係がいつ作られたのか、直接的な証拠は確認できていない。しかし、注6で触れた内務省内部資料『現代文学の基礎常識』（一九三八年七月）の作成元は「内務省警保局図書課企画係」となっている。これをふまえれば、少なくとも一九三八年七月以降は企画係が存在したといえる。また、図書課調査係の動向について興味深い記事が『台南日報』（一九三五年五月一五日）に掲載されている。「警保局に調査係を新設　綜合的調査と対策樹立」と題された記事によると、「内務省警保局では従来の図書課及保安課の調査係を綜合し之に新設の防犯課の情報機能を加へ唐澤警保局長直属の下に高級的調査係を設置しその理想の実現に邁進すること、なつた」という。実際に勅令一三二号「内務省官制中ヲ改正ス」（一九三五年五月一四日付で作成、国立公文書館蔵）には、防犯課が新たに設置されたことが記されている。その一方で、この勅令には調査係については何も記されていない。だが、この新聞記事の内容が事実で、調査係が図書課から警保局長直属の組織に変更されたならば、それに代わる係として企画係が立ち上がった可能性もある。いずれにせよ、企画係設置の詳しい経緯については、今後の調査・研究を俟たねばならない。

(11)　秋山清『発禁詩集』潮文社、一九七六年、一五二頁

これ以後、郁郎は検閲官と詩人という二つの貌をあわせもった稀有な人物としてのあり方を鮮明に打ち出していく。その代表的なものが、文藝懇話会への関与[12]と「指示要綱」作成以後の児童文化への関与だ。以後、郁郎が児童文学者とともに「指示要綱」を作り出した過程とその史的意義について検討を進める。

三　「指示要綱」の作成はいかにして始まったか

児童文化を改善せよ！

まずは「指示要綱」をめぐる状況を整理していこう。内務省が児童文化統制に乗り出したことが一般に知られるのは、『日本学芸新聞』(一九三八年四月一日)に掲載された「児童文化の擁護　出版界よ覚醒せよ！　悪質児童雑誌は摘発する」という当時の内務省警保局図書課長の大島弘夫の談話によってであった。その内容は次のようなものだ。長くなるが「指示要綱」の内容とも大きく関わるので全文を引用する。

> 国民精神総動員下における児童読物が如何に重要であるかは充分承知してゐるが、何分にも事務多端、この無数の出版物を処理してゆかねばならぬので思ふに任せぬ。勿論、当局としては従来の消極的な取締り態度を一掃し、正しき日本文化の為め、積極的に指導的役目を果してゆきたいと思つてゐる。それには是非共各位の御協力を得なければならぬ。官僚独善の批難は吾々の不徳の致すところと考へてゐるが、当局の真意をよく理解していたゞき、当局の足らざる点、及ばざるところをドシ〳〵進んで補つて頂きたい
>
> ○
>
> 尚同図書課では次の如く語つた

子供の雑誌は随分あるが、調査したところによれば、一般に絵が粗悪である。特に講談社のものによくないのが多い。但し少年、少女倶楽部及び小学館のものに相当い丶ものがある。日満支語入子供の絵雑誌には実にヒドイものがある。宣撫工作に使はせ様といふ積りではあらうが、紙、印刷、色彩、絵ともに言語道断のものが。こんなものを支那、満州の子供に見せることは反つて目的に反する。

○

漫画に就いて。

漫画は児童雑誌に随分載つてゐて、かなり児童によろこばれてゐるが、それだけにこの漫画の問題は重要だ。第一内容の問題だ。テーマのとり上げ方に余程の注意が必要だ。無理にでも面白くばかりしようとするものだから、実に愚劣な、知らず知らずの中に童心を傷つける結果を生じてゐる。テーマについては充分慎重な態度にして欲しい。第二にことば使ひであるが子供の口から出る言葉としては実に聴くに堪えぬ様俗悪低劣なるものがある。

◇

歴史上の人物、事実を漫画化してゐるものがあるが、これにはかなり気をつけて貰ひたい。例へば、国定忠治は百姓一キを起したから怪しからぬとか、或ひは近藤勇は勤王の志士を殺したから悪しとか、かういふものがある。こんな言ひ方は一面的な言ひ方で、さういふ一面観だけでその人物を教へ込むことは悪い。歴史を取り入れて漫画にするにはもつと、その人物の全体を見てからのことにして欲しい。朝日の横山隆一氏作フクチャンの如きものはい丶。漫画はあ丶いふゆき方が結構と思ふ。

---

(12)　文藝懇話会への関与については拙論「〈禁止〉と〈改善〉―文藝懇話会をめぐる考察―」(『三田國文』六〇号、二〇一六年一二月)で既に論じた。

◇

少女雑誌に就て

少女雑誌の多くはレビューガールを取り入れてゐる。人気のあるレビューガールの写真、口絵、自叙伝、生活日誌等を非常に沢山載せてゐる。社会風教上余程考へなければならぬのに、その悪い風潮に迎合し、少女の弱い感情へつけ込む。これは甚だよくないと思ふ

今月の少女画報の如きは、大部分レビューばかりである。雑誌本来の目的を看却したこんな編輯態度は最も排撃すべきだ。い、と思つたのは漫画雑誌ではオカシノクニ社発行のマンガガッコウ幼年雑誌として可なるもの、おともだち

◇

附録が多過ぎる、オマケの多い方が売れるからであらうが、小さい粗悪なものを幾つもつけるのは大変よくない。雑誌の精神内容なりによつて雑誌を売るべきで、オマケで子供を釣るなんてのはよくない。之を要するに、児童の読物をつくる人々は国家的責務を感じ、誠実慎重なやり方をして欲しい、当局も、今後は悪質の児童雑誌はどし〳〵摘発して行くつもりである。

この記事のなかには既に講談社の赤本、事変記事の取り扱い、漫画の描かれ方、時代読物について、附録（オマケ）の問題といった「指示要綱」で取り締まられることになる問題が挙げられている。つまり、内務省は当初から問題の所在を特定し、その方針を変えていないことになる。佐伯郁郎によれば「当時、父兄の間から漫画にたいする投書が多かった」ので「あんまり投書がくるし、私は文科を出て子どもの問題にも多少興味をもっていましたから」「たまたま出張で四国へ行ったとき、行った先々の県の大きな本屋を回って見たら、そういう漫画

本が氾濫してい」たことを大島図書課長に報告したことが契機だという。しかし、郁郎が四国出張をしていた時期は一九三八年四月一三日から一八日だった。[13] 右の大島の談話記事の発表が四月一日付だから、おそらくこの郁郎の回想は誤りだろう。大島たちとの間で児童読物統制の方針を立て、その後に実態調査もかねて四国出張に出向いたのだと考えられる。郁郎にとってはささやかな記憶違いだったかもしれないが、この順番の前後は、統制ありきで調査が始まったのか、それとも調査の結果として統制が始まったのかという評価に関わる重要なポイントだろう。

児童文学者の「指示要綱」作成への協力

こうして告知された児童読物への内務省の関与は、郁郎が七月一四日に少年少女雑誌編集者懇談会、一五日に幼年雑誌絵本編集者懇談会に出席してその問題点を指摘し、詩人仲間の百田宗治を通じて八人の児童文学者（波多野完治、小川未明、城戸幡太郎、西原慶一、佐々木秀一、坪田譲治、山本有三、霜田静志）を紹介されるところから本格的にスタートする。[14] 彼らと郁郎は「指示要綱」作成にあたって「委員会」をもっていたようだ。

(13) 佐伯研二『佐伯郁郎資料展　第三回』（江刺市立図書館、一九九九年、三〇〜三一頁）による。郁郎は一六日に高知高等学校で行われた「文化座談会」に参加し、一七日には青山文庫（佐川町、田中光顕の所蔵品を中心に展示している）を視察して帰京している。一四・一五日の動向は不明。

(14) 一方で、波多野完治は郁郎から連絡を受けたのが「三八年三月か四月ごろ」だったと回想している（滑川道夫、前掲書、六三頁）。波多野の回想が正しければ、大島図書課長の談話記事が発表された時点で、少なくとも波多野は関与していた可能性が出てくる。この論では、後述するように、郁郎旧蔵の書簡の封筒に残された消印をもとに判断するので、九月頃から作成が本格的にスタートしたと推定する。

滑川　その「要項《ママ》」を作成されるまでに、そういう委員会を何回ぐらいなさいましたか。

佐伯　二回か三回やっています。いまのようにテープレコーダーなんてないから、先生方のいわれることをみんな筆記したものですよ。なかにはメモを書いてくださるかたもありました。二回はやってるなあ、業者の方がたにも集まっていただいて(15)。

この回想では、「委員会」は「二回か三回」とされているが、少なくとも四回か五回は行われていると考えられる。ここでいう「委員会」が「指示要綱」の作成を行ったものならば、そのことを示す資料が存在するからだ。この資料については次節で詳細に論じるので、まずは先に進もう。

さて、このようにして作成が進んだ「指示要綱」のひな形となったのが、「幼少年少女雑誌改善に関する答申案」(『出版警察資料』三二号、以後「答申案」と略す)(16)だ。「答申案」には波多野完治、小川未明、城戸幡太郎、百田宗治、西原慶一、佐々木秀一からの意見書が掲載されている。この「答申案」の内容と「指示要綱」との関係については、浅岡靖央によってその照応が指摘されている(17)。

戦争を背景にした文化政策として、内務省には雑誌全般を統制する意図が存在していた。しかもそれは、従来からあった政府にとって都合の悪い内容の取締から、より都合の良い内容のものを出版させるという指導への移行を意味していた。その対象には当然児童雑誌も含まれていたが、そこに一般からの投書や担当官の出張という事情が偶然に重なり、それまでまったく視野になかった赤本の存在が新しく目にとまったのである。その後統制の対象は雑誌・赤本だけでなく子ども向けの出版物全体に広がり、同時に子ども向けという意味で、取締から指導への移行に教育的な装いがより強く付随することになっていった(18)。

「指示要綱」は、内務省という公権力の側から一方的に押しつけられた取り締まりとしてあったのではない。右の引用で浅岡が指摘するように「教育的な装い」を施された指導であり、その「装い」を施すために児童文学者たちの積極的な協力があってはじめて成立したものだった。そして、児童文学者たちが「指示要綱」に一種の理想――それは「志」や「日本に対する危機感」として郁郎と共有されていた――を託し「児童読物の浄化」を求めた「革新的意図」があったとしても、それは結果として公権力を通じて行われたために恣意的な運用を導き、統制に繋がっていったのだ。[19]

(15)　滑川道夫、前掲書、一一一頁。このなかで語られる「業者の方がた」が集まった「委員会」について、滑川に尋ねられた郁郎は一九三八年一〇月二六日と二七日に行った「指示要綱」を出版社・編集者に通達した会議だと即答している。しかしこの二回のことを「委員会」という語が指すならば、「先生方のいわれることをみんな筆記」するなどということは会議の性質上起こりえない。この郁郎の発言は滑川の質問に促されたために、作成時に行った「委員会」と「指示要綱」を通達した会議とが混同されてしまったものと考えられる。

(16)　人首文庫に佐々木のものを除く五人の原資料が存在する。確認する限りこれらは書簡によって届けられたものとみられる。それぞれを郁郎が入手した日付は消印によれば次のようになる。波多野：九月一三日、小川：九月七日、城戸：九月一一日、百田：九月二九日、西原：九月二〇日。一番早い小川未明宛のものから一番遅い百田のものまで、おおよそ九月中に連絡を取り合っていたことがわかる。

(17)　浅岡靖央『児童文化とは何であったか』つなん出版、二〇〇四年、八三～九七頁

(18)　浅岡靖央、前掲書、七八頁

(19)　佐々木宏子「波多野完治と「児童読物改善ニ関スル指示要綱」（内務省警保局図書課／昭和13年10月）―引き継ぐべき課題とは何か―」（『絵本学』一八号、二〇一六年三月）。佐々木は波多野完治へのインタビューを通じて、こうした言葉を波多野から引き出している。

こうして完成した「指示要綱」だが、今回、佐伯郁郎の旧蔵資料を保管している人首文庫を調査したところ、その成立過程に関わる資料を新たに発見できた。続けてこの新資料をもとに「指示要綱」の意味を考察していくこととする。

四 「指示要綱」の成立過程に関する発見

「指示要綱」の成立過程

一九三八年一〇月二五日付けで決定された「指示要綱」は、成立までに四度の改稿を経ている。最初に登場するものが「幼少年少女雑誌の改善に関する答申案に現はれたる諸家の綜合意見」(以後、零次案と略す)でこれには表紙[20]が付けられている。この表紙には「一九三八年一〇月一三日」という日付が入っていることから、零次案をまとめてから「指示要綱」が完成するまでおよそ二週間程度で作成されていることがわかる。

次いで「指示要綱」一次案から三次案を経て最終版となる「指示要綱」が成立する。これらの草稿にはそれぞれ赤鉛筆や黒ペンを用いて多くの書き込みがなされているが、これは郁郎が回想していたように「先生方のいわれることをみんな筆記した」結果だと考えられる。その書き込みの内容が次の段階の草稿に反映されて、零次案から三次案の草稿を成立させている(図3〜6)。

新出資料・霜田静志の意見書

このなかの零次案の作成時に関連する資料として霜田静志の意見書を取り上げたい。既に論じたように「答申案」には波多野、小川、城戸、百田、西原、佐々木の意見が収録されていたが、「幼少年少女読物改善問題」

（『出版警察資料』三三号）に「指示要綱」作成に関わったと記録されているのはこの六人の他に坪田譲治、山本有三、霜田静志の三人もいた。この三人の意見を記録したものはこれまで発見されていなかったが、そのうちの霜田の意見書が、今回佐伯郁郎の旧蔵資料の中から発見された。それが**資料1**（本論末参照）だ。「児童読物への希望」と題されたこの文章は四〇〇字詰め原稿用紙六枚に書き込まれている。この意見の内容を大きくまとめると、「俗悪」ではなく「気品」のあるものを今後の児童読物に期待したいと論じている。

霜田の意見書のなかでもとりわけ重要なのは「教訓的でなしに教育的に」と書いてあることだ。「指示要綱」の重要なポリシーであった「教訓的タラズシテ教育的タルコト」という文言はここから取られていると考えられる。『波多野完治全集』月報八号（一九九〇年一二月）に掲載されている座談会で、滑川道夫がこの文言を「観念的で注入的な教育をやめて広い教育性を問題にしている」ものだと解釈し、「これはやはり城戸先生と波多野先生が入っていたから、こういう気のきいたことばがあると思いました」と述べているが、城戸や波多野の意見書には「教訓的」ではなく「教育的」であるべしといった意味の言葉は書かれていない。やはり、これは霜田の意見書の反映だと考えられる。そして、この文言は「答申案」にはなく、その次の零次案から登場するのだ。とすると、判明するのが「答申案」と零次案の間、つまり、九月二九日から一〇月一三日までの間に霜田の意見書が提出されたということだ。また、人首文庫蔵の原資料（注16参照）には霜田のものだけ封筒が付属していない。もちろん封筒を紛失した可能性もあるので軽々に断ずることはできないが、先にも引用した郁郎の回想中に「なかには

(20)　表紙は零次案と最終版の二つにのみ付けられている。最終版の表紙が明らかにするのは「指示要綱」の正式名称だ（**図7**参照）。「指示要綱」の名称については、同時代から既に論者によって（または同じ論者でも論によって）異なる場合があり、これまで断定しきれずにいた。しかしこの最終版の表紙には「児童読物改善ニ関スル指示要綱」とタイプされているので、この名称が内務省で決定された正式名称ということになるだろう。

廢止セシムベキ事項

一、活字

六號及ビ八ポイント以下ノ活字ノ使用ハ廢止スベシ—九ポイント、五號活字以上タルコト

一、懸賞

何等實質的內容ヲ有セズ、專ラ營業政策上ニ利用セルモノハ廢止スベシ

一、廣告

(1) 自家廣告ヲ當該出版物ニ掲載スルコトハ廢止スベシ

(3) 顧問、贊助員ノ列記竝ニ名士ノ推稱ノ言葉ノ掲載

(4) 豫告ノ掲載

(イ) 次號豫告

(ロ) 連載豫告　等

一、附錄（オマケ）

內務省

規格B.5

図3　一次案

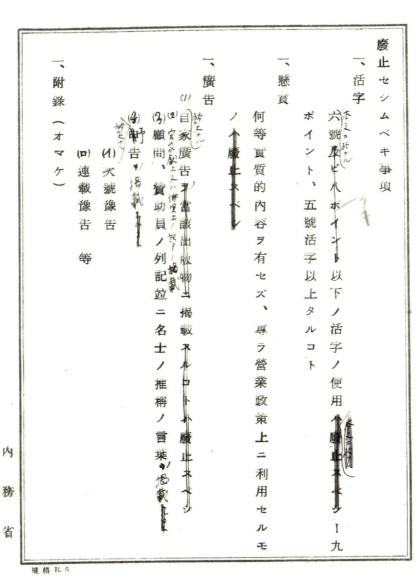

廢止セシムベキ事項

一、活字

(1)本文ニ於ケル六號及ビ八ポイント以下ノ活字ノ使用

ポイント、五號活字以上タルコト

一、懸賞

何等實質的内容ヲ有セズ、專ラ營業政策上ニ利用セルモノ

一、廣告

(1)誇大ナル自家廣告ノ掲載

(2)宮家献上又ハ御買上ノ記事ノ掲載

(3)顧問、賛助員ノ列記並ニ名士ノ推稱ノ言葉ノ掲載

(4)誇大ナル豫告ノ掲載

(イ)次號豫告

(ロ)連載豫告　等

一、附錄（オマケ）

内務省

規格B.5.

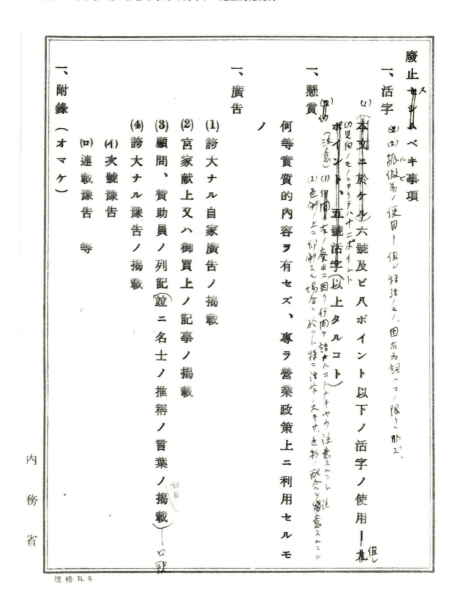

図4　二次案

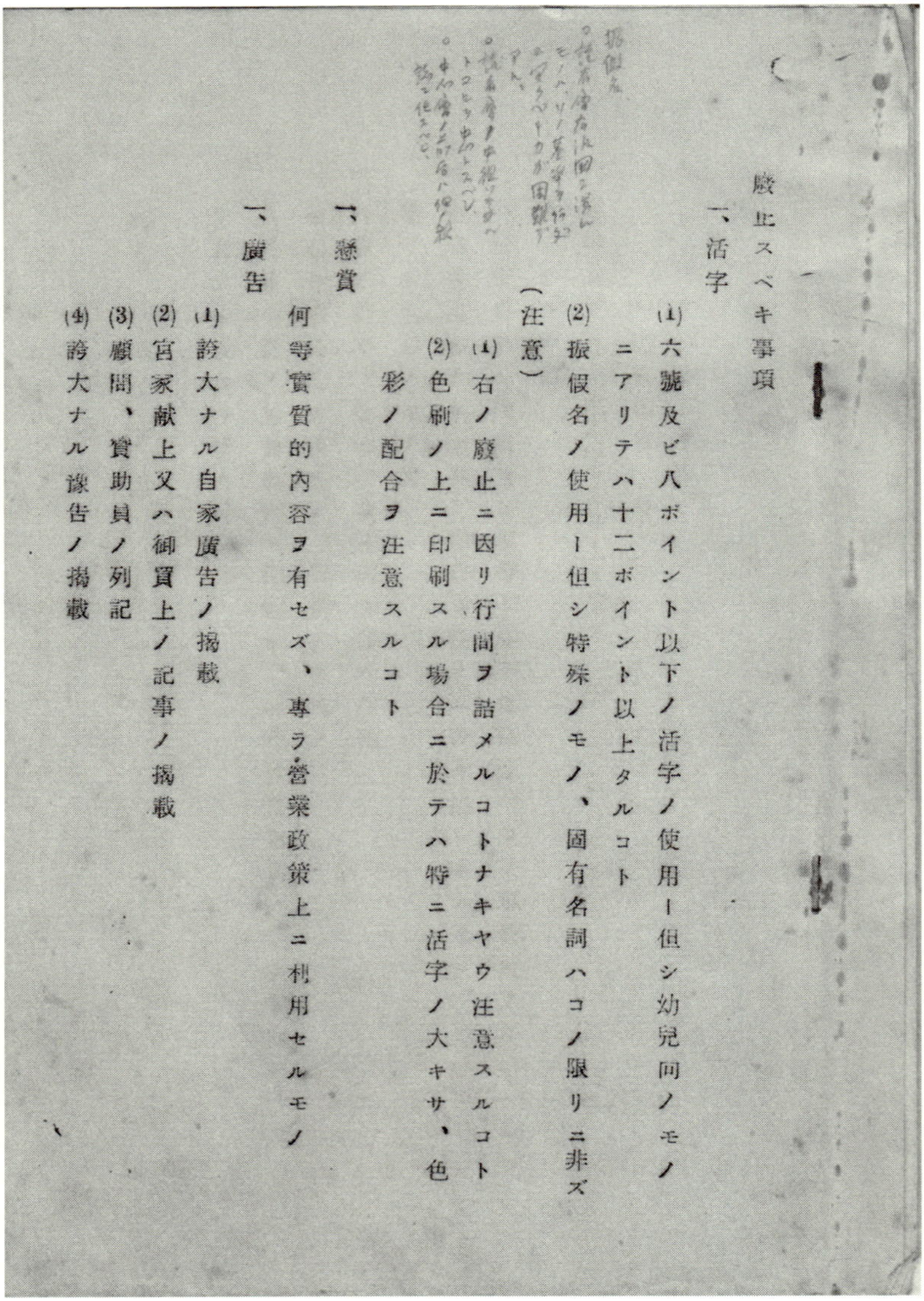
廢止スベキ事項

一、活字

(1) 六號及ビ八ポイント以下ノ活字ノ使用—但シ幼兒向ノモノニアリテハ十二ポイント以上タルコト

(2) 振假名ノ使用—但シ特殊ノモノ、固有名詞ハコノ限リニ非ズ

(注意)

(1) 右ノ廢止ニ因リ行間ヲ詰メルコトナキヤウ注意スルコト

(2) 色刷ノ上ニ印刷スル場合ニ於テハ特ニ活字ノ大キサ、色彩ノ配合ヲ注意スルコト

一、懸賞

何等實質的內容ヲ有セズ、專ラ營業政策上ニ利用セルモノ

一、廣告

(1) 誇大ナル自家廣告ノ掲載

(2) 宮家獻上又ハ御買上ノ記事ノ掲載

(3) 顧問、賛助員ノ列記

(4) 誇大ナル豫告ノ掲載

図5　三次案

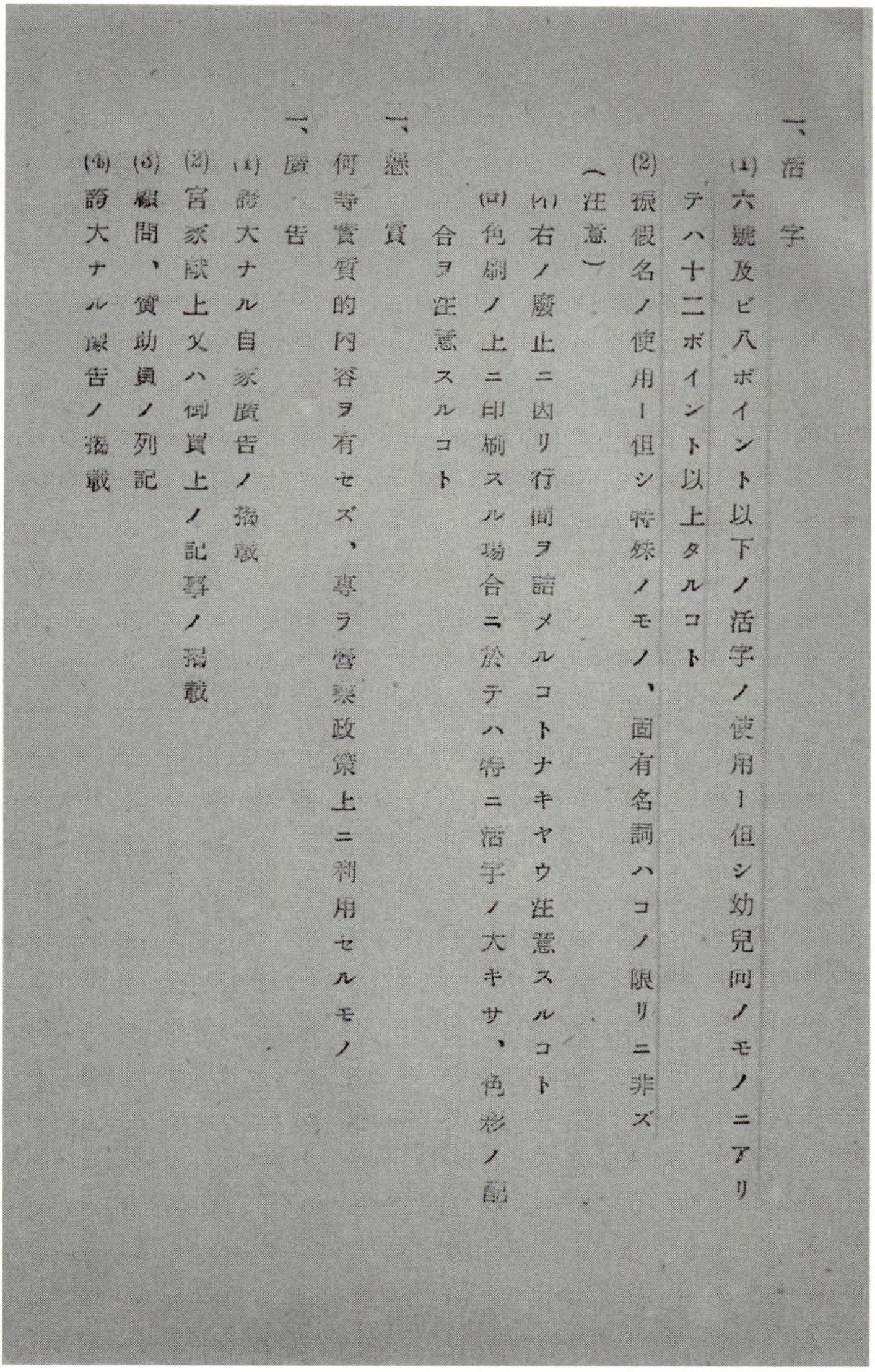

一、活字

(1)六號及ビ八ポイント以下ノ活字ノ使用ー但シ幼兒向ノモノニアリテハ十二ポイント以上タルコト

(2)振假名ノ使用ー但シ特殊ノモノ、固有名詞ハコノ限リニ非ズ

（注意）

(イ)右ノ廢止ニ因リ行間ヲ詰メルコトナキヤウ注意スルコト

(ロ)色刷ノ上ニ印刷スル場合ニ於テハ特ニ活字ノ大キサ、色彩ノ配合ヲ注意スルコト

一、懸賞

何等實質的内容ヲ有セズ、專ラ營業政策上ニ利用セルモノ

一、廣告

(1)誇大ナル自家廣告ノ掲載

(2)宮家獻上又ハ御買上ノ記事ノ掲載

(3)顧問、賛助員ノ列記

(4)誇大ナル廣告ノ掲載

図6　最終版

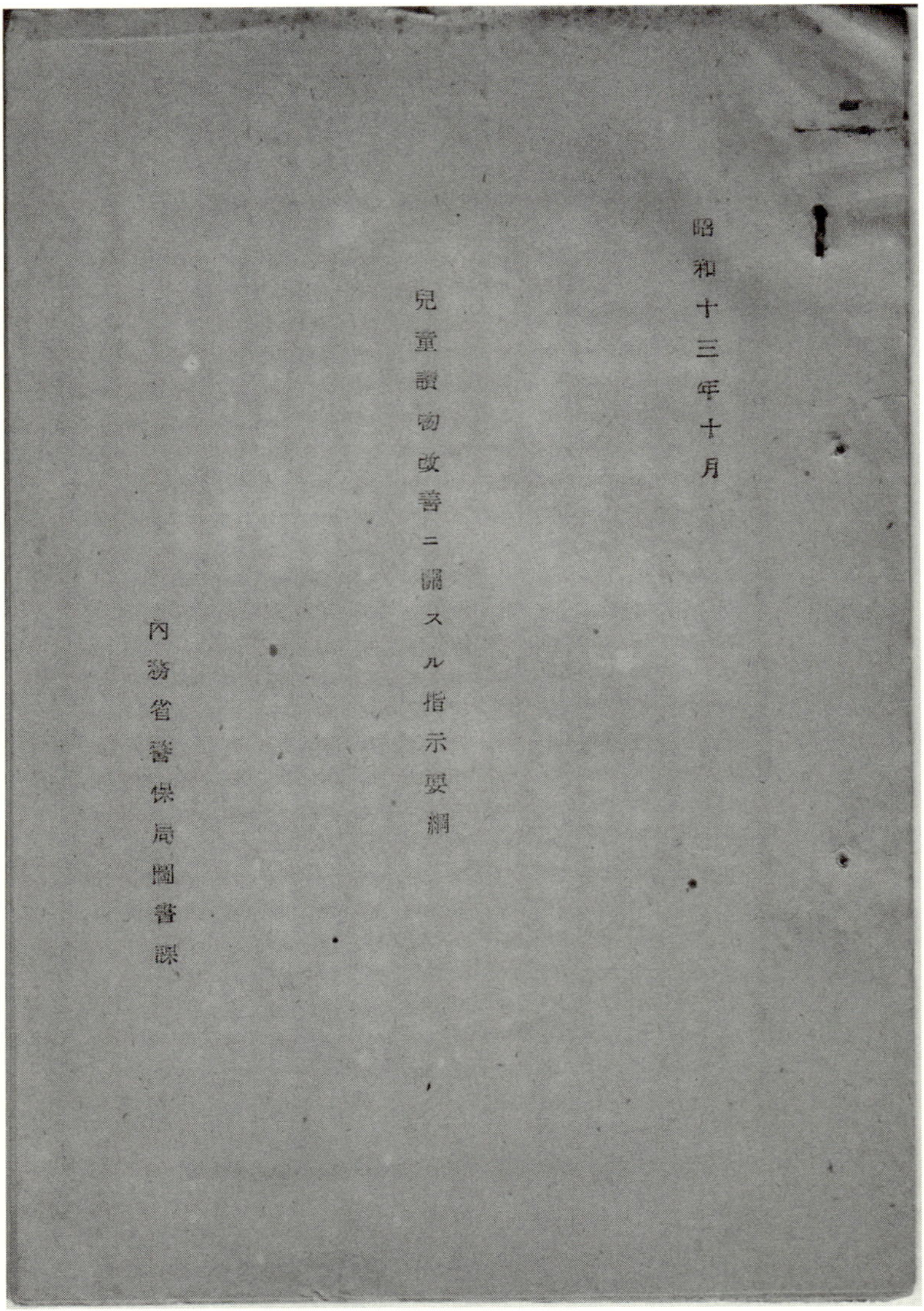
昭和十三年十月

兒童讀物改善ニ關スル指示要綱

内務省警保局圖書課

図7　最終版（表紙）

メモを書いてくださるかたもありました」という言葉を思い返せば、関係者の間でもたれた「委員会」で提示された可能性も捨てきれない。いずれにせよ、霜田のものも含めて「指示要綱」が作成されたことは間違いない。

五　「指示要綱」から削除された「推奨制度」

削除箇所の検討

前節で調査した新資料をもとに、零次案の成立と一次案から最終版への改稿過程とを**資料2**と**資料3**（ともに本論末参照）にまとめた。そこで、この節と次の節では、零次案から最終版までを比較することで新たに浮かびあがった二つの大きな削除箇所に目を向けてみよう。一つ目の改稿のポイントは「推奨制度」にまつわる要求の削除だ。

一、経営者ヘノ警告、戒告ヲ励行スベシ
一、推奨制度ヲ創設スベシ―組織ヲ作リ、ソノ組織ノ仕事ノ一班タラシメヨ
一、広告面ヲ管理スベシ―（イ）余リニ高価ナルモノ　（ロ）余リニ珍奇ナルモノ　（ハ）余リニ生活需要トカケ離レタルモノ等ノ児童ノ欲望ヲカキ立テル商品ノ広告
一、子供雑誌ノ発行日ハ少クトモ前月ノ下旬トシ、現在ノゴトク早急ニ失スルコトニ依リ、季節等ニ於テ現実ト齟齬スルコトナキヤウ取計ラハシムベシ
一、納本ト発行ノ期日ヲ厳重ニ監督シ、取締ヲ厳重ニスベシ
一、定価ノ低廉（少クトモ卅銭以上タラシメザルコト）ナラシムルタメ優良雑誌ニ対シテハ公平ナル方法ニ依ツ

テ経営ヲ援助スベシ
一、子供ニ関スル専門家―出版者、著者、画家等ヲ以テ編集スタフを作ルベシ
一、極端ナル営利性ヲ廃スベシ―国家ガ経営ノ任ニ当ルヲ最上ノ方法トス

一次案の終わりに一括して載せられていた、出版社に対する直接的な取り締まり方針を述べた右の条文の原案は次の通りである。

・経営者への警告戒告を励行する。低俗のガンは経営者の商業主義にあり、少年少女の児童雑誌に於ける商業主義の改善と善導（「答申案」百田）

・推奨制度の新設
　毎月刊行中の雑誌から選んで可及的迅速に何種かを内務省に於て推奨する。少くも一年間以上連続する。（「答申案」百田）

・広告面を管理したい。［中略］（一）高価なもの（二）珍奇なもの（三）あまりに生活需要として細部のもの（四）品質が名と比べて粗悪なもの等は全廃したし。児童の欲望をかき立てて父兄にねだり、奢侈に陥る弊害がある。（「答申案」西原）

・児童雑誌の発行日は速きに失する。配本・取次等の関係であろうが、普通、前月五日の印刷納本日付の直後、配布せられてゐる。従って次の月の雑誌を月の上旬には手にしてゐる。これは速くとも前月の下旬を超えないやうにしたい。実生活の現実感を失はしめ（今月を旧号の月と思ふさき走り）、季節に合致せず、好奇心をあふり、時事的取扱に機を失する等の弊害がある。（「答申案」西原）

・定価を低廉（少くとも三十銭以上にならぬやう）すること。（「答申案」城戸）

・今子供の読物が極端に悪い原因わ、子供に関する専門家と出版者、著者、画家とが離れていることです。［中略］先ず子供に関する専門家お集めて編集スタッフお作ります。そのスタッフの方針に随って画家や著者が本おつくり、そして常にスタッフの批判を受けます。（高倉テル「まづ編集スタッフを作れ」（『教育・国語教育』一九三八・七））

・此際、国家が、正しい理想と目的を児童にも、教師にも、家庭にも与へるために、善美の雑誌を計画して、いただきたいものである。（「答申案」小川）

・省の内外の人を網羅してスタッフを作り、毎月一回審査会を開催すること（「答申案」百田）

これらの条文のなかでも注目すべきは改善した児童読物に対して「推奨制度」や「公平ナル方法」による経営補助の導入、さらには営利性を排するために「国家ガ経営ノ任ニ当ルヲ最上ノ方法」だとする文言の存在だ。これは「答申案」の小川と百田の意見を汲んだものと考えられる。しかし、この「推奨制度」や出版社の経営への国家の関与を求めた条文は、その他の出版社に対する直接的な指示とともに二次案では削除されている。これらの条文が削除された理由は三つ考えられる。

図書の推薦をどうするか

まず、一つ目の理由として考えられるのは、「指示要綱」の目的が出版社の更生ではなく、あくまで刊行物の更生だということが大きい。内務省警保局図書課の役割はあくまで〝悪書〟を取り締まることだった。図書課は、出版法第一九条「安寧秩序ヲ妨害シ又ハ風俗ヲ壊乱スルモノト認ムル文書図画ヲ出版シタルトキハ内務大臣ニ於テ其ノ発売頒布ヲ禁シ其ノ刻版及印本ヲ差押フルコトヲ得」という規定にもとづいて検閲を行っていた。彼らの検閲の対象は書物であり、処罰対象となるのは「安寧秩序ヲ妨害シ又ハ風俗ヲ壊乱スルモノト認ムル文書図画」という書物それ自体なのだ。基本的にそれを印刷販売しようとした出版社や書いた作者は処罰の対象にはならない。であればこそ、図書課を中心とした内務省が出版社の経営補助や実質的な「経営ノ任」にあたることは、彼らの職務の範疇を逸脱することにもなる。そのため、零次案と一次案には適宜盛り込んではみたものの削除せざるを得なくなったのではないかと考えられる。

内務省が早期にこれらの条文を削除することを認めた二つ目の理由としては、内務省とは別に文部省が児童推薦図書を一九三九年六月からはじめることになったことも関係があるだろう。文部省児童推薦図書の条件は「子供の良書　文部省第一回発表に就て　推薦者の話を聴く」（『東京朝日新聞』、一九三九年六月二〇日）に次のように記載されている。

（一）内容も卑俗でなく（二）難解でもなく、誤解の虞もなく（三）教訓的で、しかも児童の興味を阻害する虞もなく（四）自己宣伝に過ぐることもなく（五）装釘、紙質、印刷、色彩等も劣悪でなく（六）誤植も少なく、仮名遣ひ、振仮名等も注意が払はれてをり（七）価格も高すぎる程でなく、先づ難のないもの

これらの条件が「指示要綱」と関係するものだということはわかるが、興味深いのは「（五）装釘、紙質、印刷、色彩等も劣悪でなく」という箇所だ。「装釘」に関しての注意は「指示要綱」最終版に記載がないのだが、実は零次案には記載されている。「装釘ヲ優美、堅牢ナルモノタラシムベシ」という条文は霜田静志からの案をくみ上げたものであったが、一次案への改稿段階で削除されていた。つまり、「指示要綱」作成の初期段階で消され

た項目が文部省児童推薦図書の条件のなかに入りこんでいるのだ。このことは、内務省だけでなく文部省もまた「指示要綱」の作成に大きく関わっていたことを示すものだと考えられる。これまで両者の関係は、内務省の佐伯郁郎と文部省の阪本越郎が詩人仲間であったことから関係が推測されていたが、右の「装釘」に関する記述は内務省と文部省の連動を裏付けるものだと考えられる。

最後の理由は、百田や小川が提案した「国家」の介入を、少なくとも波多野や城戸といった教育科学研究会（教科研）系の人物が反対したのではないかということだ。これはもう一つの改稿のポイントとなる、「今次聖戦」の遂行が児童文化改善の目的に挙げられていたものが消された点にも関わるので、次節であわせて考えていきたい。

六　「今次聖戦」という文言の削除と『赤い鳥』への共感

時局的な表現の登場と削除

一次案では「指示事項」とされ、二次案では「編集要項」とされていた部分（資料3の24行から29行）は三次案以後削除されることになるが、二次案にのみ、次のような条文が付け加えられている。

五、今次聖戦ノ意義ヲ明瞭ナラシメ、新東亜ノ建設ハ日満支ノ真ノ提携ニヨル共存共栄ニカ、ルコトヲ理解セシメルヤウ取計ラフコト

日中戦争を指して「今次聖戦」と呼ぶきわめて時局的な表現は、「答申案」の六名と霜田の意見書には見られない内容だ。また、一次案の該当箇所に黒ペンや赤鉛筆による書き込みもないため、児童文学者たちの意向とは

関わらないところから盛り込まれた条文だと考えられる。しかし、この条文は三次案には残ることなく、すぐに削除されることになった。その理由として推測できるのは、児童文学者たちの目指した方向性と条文の性格との乖離だろう。

滑川道夫と冨田博之による波多野へのインタビューのなかに、次のような波多野の発言がある。「指示要綱」を作成した時期に波多野たちが目指していたのは「子どもの成長に応じた伸ばし方をしていくような、そういう文化」だった、そして「これは戦争には合わんというので叩きつけられちゃった。そういう意味でも大正文化に非常に似た形だった」というものだ(21)。この波多野の発言の意味するところが重要になってくる。

竹村民郎は、大正期の人びとにとって「文化は抽象的な思想、宗教、芸術のそれでなく、社会的経済的基礎のなかで生まれた精神」で「大正文化」とは「文化の商品化、大衆化、中立性」という三つの特徴を持っているとした(22)。注目したいのは「中立性」という点だ。竹村は「特定の主義、主張をもたず、だれでも自由に享受できる便利なもの」として文化の「中立性」を指摘しているのだが、これを児童文化に関連させれば、諸イデオロギーの乱立する多元的な社会における子供にとっての〈教養〉＝モラル――それはイデオロギーという枝葉を生じさせる認識の根幹としてのもの――といってよいものである。そしてそれは大正期に躍進した児童文化においては、『赤い鳥』のなかで志向され、達成されることになる。先の波多野が目指す「大正文化」は、端的にいえば、この『赤い鳥』に代表される教育的性格とそれにもとづく方法によってつくられるものなのだ。波多野たちも郁郎も『赤い鳥』へのノスタルジアを抱きながら、「俗悪」なものが氾濫するようになった当時の児童文化を「浄化」することを求めているのだ。

『赤い鳥』よ、もう一度

一九一八年に鈴木三重吉によって刊行された『赤い鳥』が日本近代の児童文化にとって一つのメルクマールとなるものだったことは言を俟たない。〝小さい大人〟や〝大人になっていない存在〟としてしか考えられてこなかった子供が、幼少期には独自の意味があり保護されなければならない存在だとする認識によってとらえられ、〈無垢〉な存在として新しい価値を与えられたのは、明治になっていわゆる〈近代的子供観〉が成立してきてからだとされている。『赤い鳥』が〈近代的子供観〉に則して、子供の〈無垢〉に至上価値をおいていたことは、次に引用する『赤い鳥』の巻頭に掲げられていた「『赤い鳥』の標傍語《モットー》」からも明らかだろう。

・現在世間に流行してゐる子供の読物の多くは、その俗悪な表紙が多面的に象徴してゐる如く、種々の意味に於て、いかにも下劣極まるものである。こんなものが子供の真純を侵害しつゝあるといふことは、単に思考するだけでも怖ろしい。

［中略］

・「赤い鳥」は世俗的な下卑た子供の読みものを排除して、子供の純性を保全開発するために、現代第一流の芸術家の真摯なる努力を集め、かねて、若き子供のための創作家の出現を迎ふる、一大区画的運動の先駆である。

「子供の真純」、「子供の純性」という言葉で語られるのはまさに〈近代的子供観〉における〈無垢〉への憧れだ。

---

(21)　滑川道夫、前掲書、九四頁

(22)　竹村民郎『増補　大正文化　帝国のユートピア』三元社、二〇一〇年、一一八頁

この〈無垢〉は次第に童心主義へとパターン化されていくことになるのだが、このことと「指示要綱」との関係については後述する。今は波多野たちが「子どもの成長に応じた伸ばし方」として意識した『赤い鳥』の教育的性格を追いかけたい。

河原和枝は『子ども観の近代』（中央公論新社、一九九八年）において、『赤い鳥』（一九一八年から一九二九年までの一二七冊）の童話に登場する子供の姿を分析し、そのイメージが「良い子」・「弱い子」・「純粋な子」の三つに分類され、それらが重なり合いながら『赤い鳥』童話の教育的な性格をつくり出していることを明らかにしている。そのなかでも「良い子」の意味はきわめて重要なものであろう。河原は、大将と巡査という社会的地位を持ち出してどちらが偉いのか（それはそのままその子供である自分たちの優劣につながるとして子供たちはとらえていた）を議論していた子供たちに、「先生には陸軍大将が豪いか、巡査が豪いか、それが容易に分かりません。なぜなら豪い陸軍大将もあれば、豪い巡査もあるやうに、また豪くない大将も豪くない巡査もあります」と学校の先生が諭すという内容の有島生馬「大将の子と巡査の子」（一九一八年一〇月）を例に挙げて、その教育的性格を分析する。「『赤い鳥』の場合、伝統的な儒教的モラルではなく、むしろ西欧的な新しい市民社会型のモラルを表現する「良い子」」（一〇〇頁）が目指された。そして、家庭の社会的な立場にかかわらず、「学校空間のなかで平等であり、学校で教えられる市民型モラルに素直に同調する「良い子」」（一〇四頁）を通じて教育される「人間の平等がテーマ」（一〇二頁）となっていると解釈するのである。さらに、河原はこの子供たちが解決に辿りつく過程で内省し自己批判を行いながら自分たちの納得する答えを見いだしていることにも注目しているのだが、この子供たちの問題解決のプロセスこそが波多野たちの意識した「大正文化」の中心的意義だと考えられる。『赤い鳥』は、教訓的に一つの価値観を大人が押しつけるのではなく、子供たち自身が思考することによって自発的に価値観をつくり出すことを目的としている。まさに「教訓的タラズシテ教育的タルコト」が実践されているといえよう。

児童文学者の関英雄は、「指示要綱」前後から終戦までの児童文化を振り返って、「太平洋戦争勃発の十六年十二月までの三年余りを〈前期〉その以後敗戦までの三年八ヶ月を〈後期〉」と分類したうえで、〈前期〉を「いわゆる児童文学の〝戦時復興現象〟」が起こった時期であったとする。(23) そして「〈前期〉に始まり〈後期〉の初めにまたがる児童文学〝復興〟現象の復興とは、新童話童謡運動の花が開いた大正デモクラシー下の隆盛を思わせるという意味での〝復興〟だった」とし、「指示要綱」にもとづく児童文化運動と大正期の『赤い鳥』の文化運動とを接続させ、「〈前期〉はリベラルな児童文化がなお息づき得た」時代であったとまとめている。

したがって、「大正文化」の復興が「指示要綱」に参加した児童文学者たちの達成目標としてあり、そしてそれが実践されたと考えるとき、「今次聖戦ノ意義ヲ明瞭ナラシメ、新東亜ノ建設ハ日満支ノ真ノ提携ニヨル共存共栄ニカ、ルコトヲ理解セシメルヤウ取計ラフコト」としてたった一つの価値観を児童読物に打ち立てることは、彼らにとって全く受け入れることができないものだった。なぜならば、「今次聖戦」にかかる一文を入れてしまうと、「指示要綱」のゴールが明確に決められてしまうからだ。そこから誕生する児童文化は、子供たち自身の思考の余地が削られた「教訓的」な児童文化になるだろう。それは、波多野らの目指すものではなかった。

以上のように、この条文は「教訓的タラズシテ教育的タルコト」という中心的条文との背離によって消えていったと考えられる。これは同時に、「浄化」の手段としての国家的統制は認めても、国家的価値観が児童文化の目的として導入されることを警戒したとも考えられる。二次案で追加され三次案で削除されたという早い動きからは、波多野たち「指示要綱」をつくろうとした民間協力者たちの児童文化に対する認識が、あらためてうかがえるのだ。

---

(23)　関英雄『体験的児童文学史』後篇、理論社、一九八四年、二五八～二六一頁

七　「指示要綱」とは何だったのか

「指示要綱」の果たした役割

「指示要綱」の目指した児童読物のあり方は『赤い鳥』的なあり方の復権であった。それが児童文学者たちのみならず、内務省の側も当初から意識していたものであったことは、先述の大島弘夫図書課長の談話のなかで「童心を傷つける結果」が問題視されていることに加えて、郁郎の次の発言からも明らかだ。

佐伯　ああいうもの（『赤い鳥』のこと—村山注）にたいするノスタルジアですね。ただ、当時はあの行き方ではいけなかった。あのリベラリズムでは。そこに多少でも国と触れ合うものがない限りは、みとめられなかったというのは事実です。だが、大きな国策として子どもの問題をこうもっていこうなんて、そんなところからはじまったんじゃないんです。それはタメ《ママ》にする見解ですよ。もし私が赤本・漫画本の問題を課長に進言しても、課長が進歩的な人でなかったら一顧だにされなかったでしょう。(24)

「指示要綱」の作成に携わった人びとにとって目指すべき良書とは『赤い鳥』の童話であった。そして『赤い鳥』の童話とは童心主義にもとづくものだ。既に河原による分析をもとにその教育的性格を参照したが、『赤い鳥』は西洋市民社会型モラルを志向する近代的な教育的性格をもつものだった。〈無垢〉な少年少女が童話に記されたような問題を考え、自分の知恵とする。これこそが『赤い鳥』的児童文化であり、そこへの「ノスタルジア」が彼らの行動を支える原動力であった。

この『赤い鳥』的児童文化の復権について、宮崎芳彦は「指示要綱」が「『赤い鳥』の時代への復古運動」や「復権運動の一面をもってい」て、それが「聖なる基準」になっていたと指摘している。[25] 論者も宮崎の指摘には基本的に賛成だ。ただ、「指示要綱」の作成者たちが『赤い鳥』の大正文化をそっくりそのまま復活させることを目論んでいたかについては、いささか修正が必要だと考える。なぜならば、「指示要綱」作成者たちは、先述した『赤い鳥』の教育的性格とその方法を用いて、同時代に適合した児童文化を新たに提示しようと試みていたと考えられるからだ。右の引用にもあるように、大正期のままの『赤い鳥』の「リベラリズム」では認められず「そこに多少でも国と触れ合うもの」が新たに付け足されなければならなかった。この点について、最後に明らかにしていきたい。

「日本的性格」の付与

「指示要綱」作成を担った検閲官・佐伯郁郎はその著書『少国民文化をめぐつて』（日本出版社、一九四三年）で「一般文化の根源」、「国民文化の母胎をなすもの」（一五頁）としての児童文化を確立すること、そのために「子供に新しく日本的性格を与へようとすること」（二七頁）の意義を説いている。その上で、『赤い鳥』に言及し、次の

(24) 滑川道夫、前掲書、一二六頁。『赤い鳥』「にたいするノスタルジア」があったと回顧する郁郎の大学時代の師のひとりは、『赤い鳥』で活躍した西條八十であったということも示唆的な事実だろう。八十の代表的な童謡である「かなりあ」は『赤い鳥』一巻五号（一九一八年一一月、五八〜五九頁）に掲載されている。

(25) 宮崎芳彦「冨田博之先生にささげる　日中戦争期の児童文化文学と出版の構造　―『児童読物改善に関する内務省指示要綱』のターゲットとイデオロギー」（『白百合児童文化』一〇号、二〇〇〇年三月、五五頁

ように述べる。

わが国には、これまでとても児童文化運動はないではなかつた。大正七年の鈴木三重吉氏による「赤い鳥」の運動は、たしかにわが児童文化史上見落しの出来ぬものであつた。この運動は、当時の営利主義的に極度に通俗化した児童文化に対して、純粋な児童文化財を与へようとした限りにおいては正しかつたし、またそれまでの教訓主義に対して、その修正を主張した限りでは大きな役割を果した。

然し結局、この運動は子供を尊重するのあまり、子供を成人とは全く異なつた存在とし、子供の世界を成人から切り離すことによつて、子供の世界を特徴づけようとする児童中心主義・童心主義の児童文化運動に偏向してしまつた。このやうな童心主義では、子供の存在が甚だ抽象化されると同時に、この考へ方には子供を個人のものと認識するところに考への根底がある。しかしながら、子供の存在は実は子供それ自身の存在ではなく、社会的存在である。単に社会的存在であるだけではなく、子供は実に国家の子供である。そのやうな自覚に出発することがこの際もつとも大事である。

（三四〜三五頁）

まず、この引用で郁郎が示す「子供」という認識は、『赤い鳥』の子供がそうであったような「永遠の子供」とも呼ばれる社会や大人から完全に切り離された存在を示すのではない。「永遠の子供」を尊ぶ童心主義とは正反対のベクトルを持ち、子供を国家（＝社会や大人）の枠組みのなかに回収するモーメントを起こすものだと考えられる。それは、次の引用からも明らかだろう。

ある作家との会談の席上で、子供に与へる読物は永遠の童心を主眼とすべきか、あるひは明日の役に立つものを与へることを主眼とすべきかといふことが話題に上つた。
二人の結論は、そのいづれにも偏重すべきではなく、二つが総合されたものが正しいといふことに落ちついた。これまでの児童読物は、あまりに芸術至上主義的であるか、あまりに教訓的であるかのいづれかであつた。（一八頁）

同じく『少国民文化をめぐつて』に記されたこの文章に表れているように、「永遠の童心」といった理想を認めつつも、「明日の役に立つもの」という功利的な目的を児童読物に付与しようとしている。ここで目指されている「明日」こそが、当時の政策と戦争の先にある「東亜新秩序」であった。「第二の国民」である子供たちの教育を通じて「真の東洋平和確立」（一七〇頁）を達成することが求められたのだ。ただし、この目的は押しつけ的に子供たちに与えられるのではない。「全体のバランスを考慮して偏重することのないやうな配慮」（一〇三頁）にもとづいて達成されるべきものとして認識されていた。〈無垢〉な子供たちが心から「明日」に向かえるように「教育的」な配慮がされていたのだ。そして、〈無垢〉だからこそ子供たちは何の迷いもなく正義を選び取ることができる。すなわち、「真の東洋平和確立」を目指すことが正義だと正統化する意図も含まれていたと考えられるのだ。

以上の「指示要綱」以後の児童文化の手段と目的は、次のように整理できる。

手段　『赤い鳥』の教育的性格を受け継ぐ。子供たち自身が思考し、多くの考え方のなかから正しいものを自分で選び取ることができるように配慮する。

目的　『赤い鳥』が目指した自由主義的な個人を尊重する価値観から、国家主義的な「日本的性格」へと切り替える。さらに、「日本的性格」を具備した「国家の子供」たちは「真の東洋平和確立」を目指す。

こうした手段と目的の設定は、子供たちを内面から「国家の子供」へとつくりかえることに効果的に機能した。直接、国家主義的な「日本的性格」を押しつけるのではなく、あくまで子供たちが自分で考えて獲得するように設定したことで、国家の指導方針はより強固な価値観になり、子供たちは次代の国民としてあるべき姿を体現したのだ。その結果が〈少国民〉の登場であった。

『赤い鳥』のカノン化と〈少国民〉の登場

郁郎たちは「指示要綱」を用いて、『赤い鳥』から個人主義的な色彩を脱色し、あらためて「日本的性格」と時局下の意義によって染め上げることで、方法論をそのままに、達成目的を更新した。その目論見は国家的な後押しもあって児童文化全体に浸透していった。やはり児童文学者の大木雄二は、当時次のように述べている。

> 多くの童話文学の作家は、何故に童話文学が、萎微沈滞したかを深く考へないで、商業主義による弊害のみに罪を着せようとしてゐる風があるが、これはあまりにも一方的な虫のよい考へ方である。私にいはせるならば童話文学作家の無気力なるイージイ・ゴーイングと、彼らがもつイデオロギーの古さそのものが、事態をここに追詰めたのだ。
>
> 「赤い鳥」の出現は、童話文学の狼火であつたことに間違ひはない。然しそれは、当時の時代の波に乗つたところの自由主義精神を根幹としてゐたのだ。(26)

『赤い鳥』の意義を認めつつ、それが今日的な有効性を持たない「イデオロギーの古さ」を抱えていることを指摘する大木の論は、「指示要綱」の精神が深く浸透していたことを示す証拠となるだろう。「指示要綱」の作成された一九三八年前後では、これまでの文化・価値観といったさまざまなものが同時代に適合するかたちに再解釈されていく時代であった。(27)こうした流れのなかで、「指示要綱」もまた、大衆の発生以後の日本の児童文化を、『赤い鳥』をカノン（正典）に据えることで同時代的な性格へとアップデートさせるための試みであったと考えられるのだ。

そして、冒頭で触れたホブズボウムの「創られた伝統」の三つの性格すべてが、この「指示要綱」による『赤い鳥』の権威化と関わる。『赤い鳥』的な理想の児童読物を通して、日本への帰属意識を抱かせると同時に日満支の提携を意識させる。そしてそれはまさに多民族国家（共同体）としての〈大東亜共栄圏〉への布石として機能することになる。「俗悪」ではない、「気品と芸術性」を高く保ち「言葉、文章、絵など、その表現は芸術的たるべき」だという問題意識をもって議論された「指示要綱」はひろく「小《ママ》国民ノ生活ニ近イ物語又ハ日本国民史ヨリノ建設的ナル部分ニ取材セルモノ」、「国民全体又ハ一ツノ集団ノ困難、奮闘、発展等ヲ敍シタルモノ、即チ国民史的記事」を展開させることによって、日本という国家の成員たることに矜恃を抱かせ、その一員として世界と関わることを喜びとさせた。先に引用したように波多野完治は「戦争には合わんというので叩きつけられちゃった」といったが、実態はその反対ではなかったか。直接的に戦争を唱えなかったものの、『赤い鳥』と結びつくことによって〈国民〉の歴史への接続を容易にし、子供たちの内面にモラルを形成し、子供という大衆は結果的に正しい戦争の理念を共有することになった。そして「指示要綱」のもとで教育された子供たちは〈少国

(26)　大木雄二「童話文学の歴史」（二反長半編『少国民文学論』、昭森社、一九四二年、六九〜七〇頁）
(27)　一九二〇〜三〇年代に行われた、世界像の認識論的な再解釈に関しては、宮澤賢治の受容と関連させて拙著『〈宮澤賢治〉という現象　戦時へ向かう一九三〇年代の文学運動』（花鳥社、二〇一九年）で論じた。

民〉へと再編され、さらにその〈少国民〉を育てることを通じて既に長じた国民を〈国民〉として再教育したのだ。彼らは真実、平和を愛し希求する少年少女たちであり、そのための手段としての戦争に何の疑いも持たない少年少女たちであった。彼らは戦争によって獲得された版図に〈日本的であり、普遍的である価値観〉にもとづく友好を夢見ることになったのだ。(28)

〈善意〉による統制としての「指示要綱」

以上のように「児童読物改善ニ関スル指示要綱」の改稿過程をみることで、その指示内容のもつ意味はより鮮明になったと思われる。今もなお美しい児童文化の代名詞として語られることも多い『赤い鳥』の児童文化を、今と同じように美しいと思い、それを追い求めて「指示要綱」は作成された。そしてその意義が戦後も作成者たちの間では肯定的に共有されていたように、(29)「子どものために良いものを」という〈善意〉のもとにつくり出された「指示要綱」の内容に関していえば、否定しにくいものになっている。(30)しかし、それは、ある価値観を強制し、それ以外の考えを排除していく潜在的な暴力性をもったものだということを忘れてはならない。その意味で、やはり「児童読物改善ニ関スル指示要綱」に端を発する一連の事態は「〝復興〟現象」や「復古運動」ではなく、統制だったのだ。良きものを導くという姿勢もまた統制なのだ。「指示要綱」が導いた統制の道行きに、私たちは今、目を向ける必要があるだろう。

【附記】

・本文中の引用文への傍線はすべて論者によるものである。

・「児童読物改善ニ関スル指示要綱」に関する内務省の内部資料や書簡などの佐伯郁郎旧蔵資料は人首文庫所蔵のもの

を参照した。貴重な資料を閲覧させて下さった佐伯研二氏の御厚情に深謝いたします。

（28）是澤博昭「『少年倶楽部』と日本学童施設―軍国少年少女誕生の背景」（『渋沢研究』、二〇一七年一月、一〇二頁）では、「少年がこれからの国家主義の担い手であるという視点をうち出し、子供の心の奥に正義の国日本というイメージを植えつけた」のは『少年倶楽部』だったとしている。講談社が刊行していた『少年倶楽部』は当然、「指示要綱」の取り締まりを厳重に受けることになった。しかし、是澤の主張する「正義の国日本というイメージ」は『少年倶楽部』ばかりではなく、これまで述べてきたように「指示要綱」が『赤い鳥』的な〈普遍性〉にも結びつけるかたちで広く展開させてもいると考えられる。『少年倶楽部』と「指示要綱」の関係と同時代への影響関係については今後の課題としたい。

（29）たとえば、巽聖歌は佐伯郁郎宛書簡（一九六二年四月一〇日消印）に、郁郎が当時書いた「児童文化に関する覚え書」（二反長半編、前掲書）の内容を読み返して、当時の俗悪雑誌が今のテレビ・ラジオに置き換わっているだけで「今の時代にもあてはまること」だと述べている。また波多野完治は「商業主義、営利主義のために、子どもを食いものにする出版業がさかんであつた時代に、あなたのとつた非常措置が、どんなに必要であつたかを、わたしは、いま回想します。」（佐伯郁郎宛書簡（一九六二年五月二三日消印））と記している。

（30）一九三八年前後の統制が〈禁止〉から〈改善〉へとシフトしていったことについては、拙論（注11）において一般文学に関連して論じている。

資料1　霜田静志による意見書　書き起こし

霜田静志

児童読物への希望

　児童読物が如何にあるべきかに就いては、幾多の根本的な研究を要すべき問題が横はつて居ると思ふが、此処には之に対する平素の希望を箇条書きにして、それを簡単に説明して行く事にしよう。

一、芸術的に高級なること
芸術的に高級なることを求むる点に於ては、恐らく何人も異論はないであらう。唯屡々それは大衆的に安価に出版する必要上から、それの困難なる事が訴へられて居る。しかし此の論は意味ない事である。高級的なものを大衆化すれば安価に作り得る筈である。併しさう言つても限度がある。一定の気品と芸術性を保つ為には、それより安くは出来ないといふ価格の限度があらう。それは致し方ない事である。気品を極度に落してまで之を安価に作る必要はない。そんなのは寧ろ無きにしかずであると思ふ。

以上の見地から次の諸点に注意する必要がある。
1、内容の精選純化
　内容はあくまで芸術的であると同時に児童向であるものを精選純化しなければならぬ。
2、低級卑俗、不統一の排除
　低級卑俗なものであつたり、筋を面白く変化させることばかり考へて、会話としての仕業の統一もなく意味もなきものを斥ける。
3、表現の芸術的なること
　言葉、文章、絵など、その表現は芸術的たるべきであつて、子供のものだから此の位でもよいといふやうな引下げた立場は斥けなければならぬ。
4、科学、宗教の綜合
　科学的なものを採れば宗教的なるものを認めぬ事になり、宗教的な立場を強くとれば、屡々科学を肯定し得ぬ点も生じて来る。科学と宗教との矛盾衝突は児童読物としては甚だ困る事になる。此の両者を矛盾せざるやう綜合する必要がある。科学の研究の結果を認めつゝも、宗教的な神秘の世界を否定しない態度が必要である。この立場に立つて始めて科学読物と伝説童話とが、矛盾無く両立し得るのである。

二、道徳的に健全なること

1、教訓的でなしに教育的に

多くの人々は「ためになる読物」とは教訓を与へる読物であると簡単に考へて居るらしい。併し乍ら、真に教育的な為になる読物といふのは、決して教訓をならべて見せるものではない。寧ろあらはに教訓をならべずとも、内に人生の真実を秘すればよいのである。子供はそれによつて人間生活の真実に触れ、これを学べばよいのである。謂はゆる教訓的である必要は全然ないのである。

2、頽廃的にあらぬやう、殺伐にあらぬやう。

子供に対し一次の感激を誘い、無闇に涙を催させる事ばかりをねらつた読物は、屡々子供を廃頽的な感傷に誘ふ危険がある。又勇ましい物語をと目指して行くものが、唯々強い刺激を与へる事にのみ力を集中する結果として、屡々殺伐になる場合がある。これ等はいづれも児童に与へる事に於て警戒すべきである。上品な限度を守る事が常に必要である。

3、健全なる道徳の擁護

善が栄え悪が亡びる物語である事が必要である。少くとも悪は永久の栄えをなすものでない事が、明かにされて居るべきである。児童読物に於てはこれが絶対的に必要である。これは児童を教訓的に導かうとする勧善懲悪主義から必要なのではなくて、児童の心理的要求から考へて絶対的に必要なのである。子供はこの世を美しい立派なものだと思つて居る。彼等は現実の醜悪面を知らない。彼等は理想主義者である。彼等は常に正義に味方し、正義が勝つと信じて居る。児童の此の心理的要求に沿ふこそ最も必要である。此の意味に於て道徳的に健全なるものが常に必要なのである。間違つても悪を讃美するかと思はれるやうな取扱ひは児童読物に於ては許す事が出来ない。

三、児童の発達程度に適応すること

1、内容上から

幼い子供は荒削りな筋の変化の物語を好み、空想に訴へる童話を喜ぶ。然るに大きい子供になると、次第に現実的な内容の物を好むに至る。その間に様々なる発達段階がある。それ故に児童の心的発達の程度に応じて、与ふべき読物はそれ〴〵その内容を異にすべきである。

2、表現形式の上から

表現形式の上からも亦、発達の程度に応じて、児童に理解し得べきものでなければならぬ。言葉使ひも、文章も、絵画も、与へらるべき思考の程度に応じてそれ〴〵に異らなければならぬ。

3、内容と表現の一致

内容は五六年生でなければ理解できないと思はれる程のものを、片仮名にしてあるから一年生によからうといふ風な扱ひ方が屡々である。これ等は思はざるの甚だしきものであつて、内容表現共に相一致して児童の発達程度に合致して居なければならぬのである。

四、範囲の多方面なること

主材は出来る限り、多方面である事を必要とする。一方的になり過ぎる事は謹むべきである。

1、科学的なるもの

2、芸術的なるもの

3、道徳的なるもの

4、宗教的なるもの

いづれも皆必要である。児童雑誌等の編集に於ては、これ等を常に綜合的に織り込むやうにしなければならぬ。今日の児童雑誌の如く、単に興味中心の物語が八分通りであるやうな編集法は改めらるべきである。

五、装釘の優美堅牢なること

児童雑誌は高雅なるよき趣味のものたるべきであり、同時にそれが児童の心理に合つたものでなければならぬ。装釘の優美なることが、その為に必要なのである。併し乍ら子供がこれを取扱ふに当つて毀れるものであつては真の使用に堪へざるものである。この意味に於て堅牢なる事を必要とする。

資料2　「幼少年少女雑誌の改善に関する答申案に現はれたる諸家の綜合意見」（零次案）対応表

一次案	零次案	書簡（意見書）の該当箇所
	廃止乃至禁止セシムベキ事項	
○	一、活字ノ六号、八ポノ使用―特ニ色刷ノ場合ニ於テハ、以上ノ活字以外ノモノト雖モ視力ノ保健ニ充分ノ考慮ヲ払フベシ。	【西原】活字の六号、八ポは全廃したい。 【波多野】活字を九ポ以下のものを使用せぬやうにする。特に小説は九ポ又は五号にする。
○	一、懸賞ハ実質的ナモノニ限リ、極端ナル営業政策ニ出タモノト認メラルルモノ及ビ子供ノ射倖心ヲソソル如キモノハ禁止スベシ。	【西原】懸賞は実質的課題でありたい。
○	一、顧問、賛助員ノ列記竝ニ無責任ナル所謂名士ノ推称ノ言葉（例ハ別紙）	【西原】顧問、賛助員等の名を冠することは全廃したい。
	一、表紙、奥表紙等ニ於ケル誇大広告、（例ハ別紙）	
	一、予告ノ誇大ニ渉ルモノ（右同）	
	一、各長篇（連載）ノ末尾ノ「来月号ヲ御期待下サイ」等ノ如キ広告（右同）	【百田】「この雑誌をよめばタメになる」「来月号を待て」式の誇大な自家広告を自制する。
○	一、附録（オマケ）	【西原】附録（おまけ）は全廃したい。 【小川】おまけといふもの、廃止。 【百田】オマケの全廃。
○	一、卑猥ナル装画	【波多野】画はあまり醜悪ならざる様注意すること。特に人の面相は注意する必要がある。
○	一、卑猥、卑俗ナル漫画―赤本漫画及ビコノ種程度ノ漫画一切	

○	一、余リニ粗悪ナル絵本―所謂赤本絵本ノ如キ程度ノモノ	【小川】最も今日の悪趣味を反映した夥しい赤本類の絶滅です。
○	一、内容ノ野卑、陰惨、猟奇的ニ渉ル読物	【城戸】二、野卑なもの　ここに野卑なものといふのは社会的慣習による拘束力から逃れて個人的本能の満足を求むるが如きものをいふ。（デカタン《ママ》、軽佻浮薄）　三、陰惨なもの　時代物とは武道の精神を滅却した剣戟。探偵小説では殺人強盗の如きもの　四、猟奇的なもの　子供の好奇心は冒険的なものを好むが之を猟奇的なものに導いてはならぬ。無意義な空想に耽らすことは有害である。 【霜田】頽廃的にあらぬやう、殺伐にあらぬやう。
	一、子供ノ実生活ニ余リニカケ離レタ用語ノ使用―特ニ探偵物、髷物、仁義物、低俗ナル漫画等ニ於ケル	【西原】児童の実生活とは、あまりに離れた用語が、探偵物、髷物、仁義物、漫画等に特に多い。単に大衆小説を読みやすくしたものが児童雑誌ではない。
	改善又ハ助成セシムベキ事項	
○	一、子供ノ読物ノ内容ハソノ根本ニ於テ正直、誠実、謙譲、勇気、同情等ヲ高揚シテ、全体的ニ健康ニシテ、明朗デアリ、至高ノ感激ヲ与ヘルモノタルベシ	【小川】児童雑誌の小説の内容は、正直、誠実、謙譲、勇気、同情、等を高揚して、全体的に、健康にして、明朗であり、至高の感激を興起させるものを欲します。
○	一、単ニ読物タルニ止マラズ、記事全般ニ希望ヲ与ヘ、努力ガ酬イラレル等社会協力ノ精神ノ示シタルモノ、或ハ生活ノ行詰ヤ危機ヲ打開スルタメニ工夫ト努力ヲ必要トスルコトヲ示シタルモノ等ヲ増加スベシ	【城戸】明朗なもの　希望を与へ、努力が酬ひられ、社会協力の精神が示されてゐるもの、個人の生活は国民全体の協力によつて始めて幸福になるといふこと。　工夫的なもの　生活の行詰や危機を打開するために工夫と努力とを必要とするが如きもの。未開拓地を開拓するための探検の如きもの。
	一、健全ナル道徳ノ擁護―勧善懲悪主義的タラズシテ、悪ノ永久絶対ニ栄ヘザルコトヲ読物ヲ通ジテ明ラカニスルヲ要ス	【霜田】健全なる道徳の擁護　善が栄え悪が亡びる物語である事が必要である。少くとも悪は永久の栄えをなすものでない事が、明かにされて居るべきである。児童読物に於てはこれが

		絶対的に必要である。これは児童を教訓的に導かうとする勧善懲悪主義から必要なのではなくて、児童の心理的要求から考へて絶対的に必要なのである。
○	一、指導精神ノ根本ハ教訓的タラズシテ教育的タルベシ	【霜田】教訓的でなしに教育的に
	一、読物、絵画共ニ子供ノ生活ニ即シタルモノニシテ、健全ニシテ美シキ純粋ナルモノタルベシ、即チ真ニ芸術的ニ高級ノモノタルベシ—気品ヲ落シテ迄安価ニ作成スルノ要ナシ、カヽルモノハ無キニ如カズ	【小川】純粋な芸術の高貴こそ、児童の雑誌にはなければならぬのであります。童話、童謡、童画は、子供の生活に即した、健全にして、美しい純粋なものを与へなければなりません。
○	一、年齢ニ依リソノ教化ノ程度ヲ考慮スベシ	【小川】私は、年齢によりて、教化するを至当と考へてゐます。 【霜田】児童の発達程度に適応すること
○	五、六歳前後ノモノ——（イ）絵ハ極メテ健全ナルモノタルベシ（ロ）童話ハ題材ヲ自然ノ凡ユルモノニ求メテ、空想的ニシテ詩情豊カナルモノ、特ニ母性愛ニ満チタルモノタルベシ。	【小川】五六歳前後の、幼年向きの絵雑誌に載せる童画は、極めて健全なるもの。また、童話は、材を自然のあらゆるものゝ上にとりて、空想駅にして、詩情豊かなるもの。特に母性愛の現れたるもの。
○	十歳前後ノモノ————将来ノ人格ノ基礎ガ作ラレル最モ大切ナル時代ナルヲ以テ、敬神、忠孝、仁義、友愛、誠実、同情、憐憫、自己犠牲、協力奉仕等ノ日本精神ノ確立ト人間性ノ涵養ニ資スルモノタルベシ。	【小川】十歳前後は、一生の間にて、最も大切な時代であります。この頃に、将来の人格の基礎が造られるのです。故に、敬神、忠孝、仁義、友愛、誠実、同情、憐憫、自己犠牲、協力奉仕等の、日本精神の確立を期し、同時に、人間性の涵養につとめなければならぬと思ひます。
○	十二、三歳前後ノモノ—生産ノ知識、科学知識ヲ与ヘルモノヲ取リ入レルベシ。	【小川】十二三歳に達して、やうやく社会に対する認識を持ち、自己を知るやうに至らば、生産の知識、科学的知識を与ふべきであります。

	一、記事ノ比例制度ヲ確立スベシ—漫画ヲ一冊一種程度、冒険小説ヲ一冊一種程度等	【百田】記事比例制度を確立せよ　例　漫画を一号（一冊）に一種程度とする（一色刷を励行する）冒険小説数を一種程度に　時代小説を一号一種程度に　等、等
○	一、編集ノ単純化ヲ計ルベシ—活字ノ配合、色彩ノ単純化、広告面ト記事面トノ区別。誇大自家広告ノ自制等	【百田】視覚に混悪を来さぬよう、活字の配合に注意する。色彩を単純化する。広告面と記事面を截然と区別する
○	一、記事ハ可及的専門家ヲ動員スベシ—科学記事ハ科学者ニ、基礎的経済思想（経済知識ニ非ズ）ハ経済学者、実業家ニ等	【百田】記事（イ）科学記事を科学者の手で（ロ）基礎的な経済思想（経済知識に非ず）を経済学者、或は実業家の手で
○	一、経営者ヘノ警告、戒告ヲ励行スベシ	【百田】経営者への警告戒告を励行する。低俗のガンは経営者の商業主義にあり、少年少女の児童雑誌に於ける商業主義の改善と善導
○	一、推奨制度ヲ創設スベシ—組織ヲ作リ、ソノ組織ノ仕事ノ一班タラシメヨ	【百田】推奨制度の新設　毎月刊行中の雑誌から選んで可及的迅速に何種かを内務省に於て推奨する。少くも一年間以上連続する。
○	一、仮作物語ヲ制限スベシ—現在ノ半数乃至三分ノ二ニ減ジ、コノ減頁ニ依ッテ得タル頁ヲ左ノ如キ記事ニ充ツルベシ	【波多野】一　仮作物語の量を減ずる。現在の半数乃至三分二に減ずる。特に長篇連載を減じ、長くても読切りのものにする。三（ママ）この減頁により五〜十頁の余裕を得て、これを次のごとき記事に向ける。
○	（イ）科学記事—従来ノ自然科学モノニ、地理、風俗、技術等ノモノヲ取入レルベシ	【波多野】（イ）科学記事。科学記事は従来も多少あるが、あまりに断片的であつた。又自然科学方面に偏重してゐた。これを改めやや長い組織的知識の得られる程度とし、且つ自然科学方面でなく、地理風俗、技術等のものを加へる。
○	（ロ）歴史記事—従来ノ伝記モノノ他ニ、国民全体又ハ一ツノ集団ノ困難、奮闘、発展等ヲ敍シタルモノ、即チ国民史的記事ヲ増加スベシ	【波多野】（ロ）歴史記事。歴史記事も従来は「伝記」等の形で存在した。これは「個人」の生涯を劇的に取あつかつたものである。然し個人ではなく、国民全体、又は一つの集団の困難、

		奮闘、発展等を述べることが、真に建設期にある我国民の読物として相相しい。国民史的記事の増加。
○	一、広告面ヲ管理スベシ—（イ）余リニ高価ナルモノ　（ロ）余リニ珍奇ナルモノ　（ハ）余リニ生活需要トカケ離レタルモノ等児童ノ欲望ヲカキ立テル商品ノ広告	【西原】広告面を管理したい。［中略］（一）高価なもの（二）珍奇なもの（三）あまりに生活需要として細部のもの（四）品質が名と比べて粗悪なもの等は全廃したし。児童の欲望をかき立てて父兄にねだり、奢侈に陥る弊害がある。
○	一、小説ノ恋愛描写ハ回避シ、「駆け落ち者」等ノ言葉ハ少年少女ノ小説ヨリ排スベシ	【波多野】恋愛描写は避けること。カケオチ者などといふ言葉の出る小説はもはや少年小説とは言へない
○	一、時代小説ヲ減ジ、ソノ代リ小国民ノ生活ニ近イ物語又ハ日本国民史ヨリノ建設的ナル部分ニ取材セルモノヲ取入レルベシ	【波多野】（ロ）時代小説を減じ、その代りに小国民の生活に近い物語、又は日本国民史よりの建設的な取材を重視すること。（ハ）冒険小説を減じ、探検譚、発見譚のごときものを代用すること。
○	一、冒険小説ヲ減ジ、探険譚、発見譚ノ如キモノヲ取リ入レベシ	【波多野】冒険小説を減じ、探険譚、発見譚のごときものを代用すること。
○	一、古典ノ平易ナル解説ヲ取入レベシ	【西原】古典は、子供らしく、もっと多く蘇って来るであらう。
	一、科学的記事ヲ増加スベシ—科学ソノモノヲ誠実ニ興味深ク述ベタルモノ及ビ科学的要素ヲ含ム芸術作品ヲ取上ゲベシ	
○	例へバタンク、飛行機、爆弾等ノ如キモノニシテモ、ソノ場限リノ興味ニ利用スルコトナク、ソレ等ノモノノ持ツ機能ヤ本質ニ触レ得ルテーマノモトニ取扱フベシ	※松田解子「科学の機能と本質に触れたものを」（内務省資料『児童読物、絵本の統制とそれへの希望』（『教育・国語教育』一九三八年七月号から転載との記載あり）—村山注）のなかに「漫画などにしても、タンクとか飛行機とかバクダンとかを、その場かぎりの低級な興味で読ませるために利用するのではなく、それらのもの丶もつ機能や本質に触れ得るテーマのもとに扱ふ試みなどがあつてもい丶と思ひます。」とある。

評価	項目	注記
	一、都会生活ノ消費面ノ偏重ヲ避ケ、生産ノ仕上ゲ面、文化ノ活躍面等ヲ描クベシ	【西原】都会中心の弊を改め、むしろ、田園を中心とし、都会を取扱ふならば、その消費面、享楽面でなく、生産の仕上げ面、文化の活躍面を描くやうにしたい。
○	一、子供ノ質疑ヲ本格的ニ取リ扱ヒ、生活化スル工夫ヲ計ルベシ	【西原】児童の質疑を、今少しく、本格的に取上げて、生活化するやうな工夫をはかりたい。
○	一、学校ノ承認ヲ得テ、子供自身ノ作品モ掲載スベシ	【城戸】月刊雑誌の頁数に制限を加へ、毎号少くとも雑誌の三分の一は必ず教育的意義のある記事を載せることとし、児童自からの作品を学校の承認を得て載せることを奨励すること。
○	一、事変記事ノ扱ヒ方ニシテモ、単ニ戦争美談ノミナラズ、子供ノ関心ノ対象トナルベキ支那ノ子供ノ生活、例ヘバ「支那の子供は如何なる遊びをするか」「支那の子供は如何なるおやつを食べるか」等ヲ知ラシムベシ。要ハ子供達ノ眼ハ如何ナル点ヲ凝視シテヰルヤヲ常ニ観察シ、ソノ点ニ於テ教育的素材ヲ求ムベキナリ	**※野村芳兵衛「児童雑誌への註文」（内務省資料『児童読物、絵本の統制とそれへの希望』（『教育・国語教育』一九三八年七月号から転載との記載あり）―村山注）のなかに「同じ支那事変の記事を載せるにしても、戦争美談勿論よいが、それだけでなく、もう少し子供達に支那をわからせてほしい。それも子供達の関心を持ってゐる子供の世界を中心にして。支那をわからせてほしい。／「支那の子供はどんな遊びをしてゐるか」／「支那の子供はどんなおやつを食べてゐるか」／「支那の学校はどう言ふ学校か」／「中略」／子供達の眼は何処を見つめてゐるかと言ふ観点から教科と同じ材料に新鮮な光を当ててほしいと思ふ。」という文章がある。**
○	一、幼年雑誌及ビ絵本ニ「母の頁」ヲ設ケシメ、「読ませ方」「読んだ後の指導法」等ヲ解説スベシ	【波多野】幼年雑誌及絵本に母の頁を附け各記事につきその教育的指針をつけるやうにする。これは二三の雑誌で既にやつて居るがもつと積極的に「読ませ方」「読んだ後の指導法」を解説する。
△	一、漫画、特ニ長篇漫画ヲ減ジ、子供ノ生活ニ近イ絵巻物式ノ物語タラシムベシ	【波多野】漫画。特に長篇漫画を減じ、児童の生活に近い絵巻物式の物語に考へること。

	一、漫画ハ五十銭定価程度ノ雑誌ニシテ四頁程度ノ分量タラシムベシ	【西原】（漫画の分量は—村山注）五十銭定価の雑誌にして、四頁程度の分量が、許されるであらう。
	一、取材ノ範囲ハ一方的タラズシテ、多方面ニ渉ルベシ	【霜田】主材《ママ》は出来る限り、多方面である事を必要とする。一方的になり過ぎる事は謹むべきである。
○	一、装画ニハ責任者ノ名ヲ明記セシムベシ	【西原】挿画には一々責任者の署名を求めたい。
○	一、一般ニ平易ナ漢字ヲ用フベシ	【小川】児童の読物には、一般に、平易な漢字とカタカナを使用したいものです。 【西原】用語は全誌に統一を保ち、国語の純化に努力したい。［中略］小学読本にあらはれる漢字、語彙、仮名遣ひ等を研究して、むやみに振仮名のついた漢字を多く出すことをつゝしみ、実生活に縁遠い作家がその作品のためにのみ必要な用語を整理して、表記を正しくしたい。
○	一、子供雑誌ノ発行日ハ少クトモ前月ノ下旬トシ、現在ノ如ク早急ニ失スルコトニ依リ、季節等ニ於テ現実ト齟齬スルコトナキヤウ取計ハシムベシ	【西原】児童雑誌の発行日は速きに失する。配本・取次等の関係であろうが、普通、前月五日の印刷納本日付の直後、配布せられてゐる。従って次の月の雑誌を月の上旬には手にしてゐる。これは速くとも前月の下旬を超えないやうにしたい。実生活の現実感を失はしめ（今月を旧号の月と思ふさき走り）、季節に合致せず、好奇心をあふり、時事的取扱に機を失する等の弊害がある。
○	一、納本ト発行ノ期日ヲ厳重ニ監督シ、取締ヲ厳重ニスベシ	【西原】絵本の納本と発行とには相当の時日をおきたい。定期刊行以外の絵本は概して雑誌よりも無責任に作られてゐる。当該絵本編纂の趣意を提出させ、実物を対照して検閲する時日の余悠を存するやうにしたい。このことは、五銭十銭の安価なもの程その必要が大きい。

○	一、定価ヲ低廉（少クトモ卅銭以上タラシメザルコト）ナラシムルタメ優良雑誌ニ対シテハ公平ナル方法ニ依ツテ経営ヲ援助スベシ	【城戸】定価を低廉（少くとも三十銭以上にならぬやう）すること。
○	一、子供ニ関スル専門家―出版者、著者、画家等ヲ以テ編集スタフヲ作ルベシ	**※高倉テル「まづ編集スタッフを作れ」（内務省資料『児童読物、絵本の統制とそれへの希望』（『教育・国語教育』一九三八年七月号から転載との記載あり）―村山注）のなかに「今子供の読物が極端に悪い原因わ、子供に関する専門家と出版者、著者、画家とが離れていることです。［中略］先ず子供に関する専門家お集めて編集スタッフお作ります。そのスタッフの方針に随って画家や著者が本おつくり、そして常にスタッフの批判を受けます。」という文章がある。**
	一、装釘ヲ優美、堅牢ナルモノタラシムベシ	【霜田】装釘の優美堅牢なること　児童雑誌は高雅なるよき趣味のものたるべきであり、同時にそれが児童の心理に合つたものでなければならぬ。装釘の優美なることが、その為に必要なのである。併し乍ら子供がこれを取扱ふに当つて毀れるものであつては真の使用に堪へざるものである。この意味に於て堅牢なる事を必要とする。
○	一、極端ナル営利性ヲ排サシムベシ―国家ガ経営ノ任ニ当ルヲ最上ノ方法トス	【小川】此際、国家が、正しい理想と目的を児童にも、教師にも、家庭にも与へるために、善美の雑誌を計画して、いただきたいものである。 【百田】省の内外の人を網羅してスタッフを作り、毎月一回審査会を開催すること

資料3　「児童読物改善ニ関スル指示要綱」改稿過程一覧

※■部分はペンで塗りつぶされていて判読不能。「行番号」は村山が便宜的に付したものである。

行番号	一次案	二次案	三次案	最終版
1	廃止セシムベキ事項	廃止セシムベキ事項	廃止スベキ事項	廃止スベキ事項
2	一、活字	一、活字	一、活字	一、活字
3	六号及ビ八ポイント以下ノ活字ノ使用ハ廃止スベシ—九ポイント、五号活字以上タルコト	本文ニ於ケル六号及ビ八ポイント以下ノ活字ノ使用—九ポイント、五号活字以上タルコト	（1）六号及ビ八ポイント以下ノ活字ノ使用—但シ幼児向ノモノニアリテハ十二ポイント以上タルコト	（1）六号及ビ八ポイント以下ノ活字ノ使用—但シ幼児向ノモノニアリテハ十二ポイント以上タルコト
4			（2）振仮名ノ使用—但シ特殊ノモノ、固有名詞ハコノ限リニ非ズ	（2）振仮名ノ使用—但シ特殊ノモノ、固有名詞ハコノ限リニ非ズ
5			（注意）	（注意）
6			（1）右ノ廃止ニ因リ行間ヲ詰メルコトナキヤウ注意スルコト	（1）右ノ廃止ニ因リ行間ヲ詰メルコトナキヤウ注意スルコト
7			（2）色刷ノ上ニ印刷スル場合ニ於テハ特ニ活字ノ大キサ、色彩ノ配合ヲ注意スルコト	（2）色刷ノ上ニ印刷スル場合ニ於テハ特ニ活字ノ大キサ、色彩ノ配合ヲ注意スルコト
8	一、懸賞	一、懸賞	一、懸賞	一、懸賞
9	何等実質的内容ヲ有セズ、専ラ営業政策上ニ利用セルモノハ廃止スベシ	何等実質的内容ヲ有セズ、専ラ営業政策上ニ利用セルモノハ廃止スベシ	何等実質的内容ヲ有セズ、専ラ営業政策上ニ利用セルモノ	何等実質的内容ヲ有セズ、専ラ営業政策上ニ利用セルモノ
10	一、広告	一、広告	一、広告	一、広告

11	自家広告ヲ当該出版物ニ掲載スルコトハ廃止スベシ	（1）誇大ナル自家広告ノ掲載	（1）誇大ナル自家広告ノ掲載	（1）誇大ナル自家広告ノ掲載
12		（2）宮家献上又ハ御買上ノ記事ノ掲載	（2）宮家献上又ハ御買上ノ記事ノ掲載	（2）宮家献上又ハ御買上ノ記事ノ掲載
13	顧問、賛助者ノ列記並ニ名士ノ推稱ノ言葉	（3）顧問、賛助員ノ列記竝ニ名士ノ推稱ノ言葉ノ掲載	（3）顧問、賛助員ノ列記	（3）顧問、賛助員ノ列記
14	申告（予告の誤り—村山注）	（4）誇大ナル予告ノ掲載	（4）誇大ナル予告ノ掲載	（4）誇大ナル予告ノ掲載
15	（イ）次号予告	（イ）次号予告	（イ）次号予告	（イ）次号予告
16	（ロ）連載予告等	（ロ）連載予告　等	（ロ）連載予告　等	（ロ）連載予告　等
17	一、附録（オマケ）	一、附録（オマケ）	一、附録（オマケ）	一、附録（オマケ）——但シ正月号ヲ除ク
18	一、卑猥ナル挿絵	一、卑猥ナル挿絵	一、卑猥ナル挿絵	一、卑猥ナル装画
19	一、卑猥俗悪ナル漫画—赤本漫画及ビコノ種程度ノ漫画一切	一、卑猥俗悪ナル漫画—赤本漫画及ビコノ種程度ノ漫画一切	一、卑猥俗悪ナル漫画及ビ用語—赤本漫画及ビコノ種程度ノモノ一切	一、卑猥俗悪ナル漫画及ビ用語—赤本漫画及ビコノ種程度ノモノ一切
20	一、極端ニ粗悪ナル絵本—実物ト余リニカケ離レタルモノ、余リニ粗悪ナルモノ等	一、極端ニ粗悪ナル絵本—実物ト余リニカケ離レタルモノ、余リニ粗悪ナルモノ等	一、極端ニ粗悪ナル絵本—実物ト余リニカケ離レタルモノ、余リニ粗悪ナル色彩ノモノ等	一、極端ニ粗悪ナル絵本—実物ト余リニカケ離レタルモノ、余リニ粗悪ナル色彩ノモノ等
21	一、内容ノ野卑、惨憺、猟奇的ニ渉ル読物	一、内容ノ野卑、陰惨、猟奇的ニ渉ル読物	一、内容ノ野卑、陰惨、猟奇的ニ渉ル読物	一、内容ノ野卑、陰惨、猟奇的ニ渉ル読物
22			一、過度ニ感傷的ナルモノ、病的ナルモノ	一、過度ニ感傷的ナルモノ、病的ナルモノ

23			其ノ他小説ノ恋愛描写ハ回避シ、「駆け落ち者」等ノ言葉ハ少年少女ノ小説ヨリ排スルコト	其ノ他小説ノ恋愛描写ハ回避シ、「駆け落ち者」等ノ言葉ハ少年少女ノ小説ヨリ排スルコト
24	指示事項	編集要綱	**※この部立て、以後削除**	
25	一、子供ノ読物ハ忠孝ノ本義ヲ高揚スルコトヲ根本トスベシ。	一、子供ノ読物ハ敬神忠孝ノ本義ヲ高揚スルコトヲ根本トスルコト	**※34行の項目と内容が酷似しているため、そこに吸収されたと考えられる。**	
26	二、子供ノ読物ハ奉仕、正直、誠実、謙譲、勇気、同情等ヲ高揚シ全体的ニ健康ニシテ明朗タルベシ。	二、子供ノ読物ハ奉仕、正直、誠実、謙譲、質素、勇気、愛情等ヲ高揚シ全体的ニ健康ニシテ明朗タルコト		
27	三、読物、絵画共ニ子供ノ生活ニ即シタルモノニシテ、健全ニシテ真ニ芸術的ノモノタルベシ	三、読物、絵画共ニ子供ノ生活ニ即シタルモノニシテ、健全ニシテ真ニ芸術的ノモノタルコト		
28	四、単ニ読物ノミニ止マラズ、記事全般ニ渉リ、努力ガ酬イラレ、希望ヲ持タシメ、或ハ生活ノ行詰リヤ危機ヲ打開スルタメニ工夫ト努力ヲ必要トスルコトヲ示シタルモノ等ヲ取入レ、子供ノ生活ヲシテ建設的ニ指導スルヤウ考慮スベシ。	四、単ニ読物ノミニ止マラズ、記事全般ニ渉リ、努力ガ酬イラレ、希望ヲ持タシメルモノ、或ハ困難ヲ打開スルタメニ工夫ト努力ヲ必要トスルコトヲ示シタルモノ等ヲ取入レ、子供ノ生活ヲシテ建設的ニ指導スルヤウ考慮スルコト		

29	30	31	32	33	34
	注意事項	一、編集方針ハ教訓的アラズシテ教育的タルベシ。	一、年齢ニ依リソノ教化ノ程度ヲ考慮スベシ。	五、六才前後ノモノ―（イ）絵ハ極メテ健全ナルモノタルベシ（ロ）童話ハ題材ヲ自然ノ凡ユルモノニ求メテ、空想的ニシテ詩情豊カナルモノ、特ニ母性愛ノ満チタルモノタルベシ。	十才前後ノモノ―将来ノ人格ノ基礎ガ作ラレル最モ大切ナル時代ナルヲ以テ、敬神、忠孝、仁義、友愛、誠実、同情、憐憫、自己犠牲、協力奉仕等ノ日本精神ノ確立ト人間性ノ涵養ニ資スルモノタルベシ。
五、今次聖戦ノ意義ヲ明瞭ナラシメ、新東亜ノ建設ハ日満支ノ真ノ提携ニヨル共存共栄ニカヽルコトヲ理解セシメルヤウ取計ラフコト	編集上ノ注意事項	一、教訓的タラズシテ教育的タルコト	一、年齢ニ依リソノ教化ノ程度ヲ考慮スルコト	五、六才前後ノモノ―（イ）絵ハ極メテ健全ナルモノタルコト（ロ）童話ハ題材ヲ自然ノ凡ユルモノニ求メテ、空想的ニシテ詩情豊カナルモノ　特ニ母性愛ノ現ハレタルモノタルコト	十才前後ノモノ―将来ノ人格ノ基礎ガ作ラレル最モ大切ナル時代ナルヲ以テ、敬神、忠孝、奉仕、正直、誠実、謙譲、勇気、愛情等ノ日本精神ノ確立ト人間性ノ涵養ニ資スルモノタルコト
	編集上ノ注意事項	一、教訓的タラズシテ教育的タルコト	一、年齢ニ依リソノ教化ノ程度ヲ考慮スルコト	（1）五、六才前後ノモノ―（イ）絵ハ極メテ健全ナルモノタルコト（ロ）童話ハ題材ヲ自然ノ凡ユルモノニ求メテ、空想的ニシテ詩情豊カナルモノ　特ニ母性愛ノ現ハレタルモノタルコト	十才以上ノモノ―将来ノ人格ノ基礎ガ作ラレル最モ大切ナル時代ナルヲ以テ、敬神、忠孝、奉仕、正直、誠実、謙譲、勇気、愛情等■ノ日本精神ノ確立■■■■■■ニ資スルモノタルコト
	編集上ノ注意事項	一、教訓的タラズシテ教育的タルコト	一、年齢ニ依リソノ教化及ビ用語ノ程度ヲ考慮スルコト	（1）五、六才前後ノモノ：（イ）絵ハ極メテ健全ナルモノタルコト（ロ）童話ハ題材ヲ自然ノ凡ユルモノニ求メテ、空想的ニシテ詩情豊カナルモノ　特ニ母性愛ノ現ハレタルモノタルコト	十才以上ノモノ：：：：将来ノ人格ノ基礎ガ作ラレル最モ大切ナル時代ナルヲ以テ、敬神、忠孝、奉仕、正直、誠実、謙譲、勇気、愛情等ノ日本精神ノ確立ニ資スルモノタルコト

35	36	37	38	39
十二、三才前後ノモノ—生産ノ知識、科学知識ヲ与ヘルモノヲ取リ入ルルベシ。			一、子供雑誌ノ掲載記事ニ対シテ比例制度ヲ確立スベシ—漫画、小説、記事ナドノ割合	一、仮作物語ヲ制限スルベシ。—現在ノ半数乃至三分ニニ減ジ、コノ減頁ニ依ツテ得タル頁ヲ右（左の誤り—村山注）ノゴトキ記事ニ充ツベシ。
十二、三才前後ノモノ—生産ノ知識、科学知識ヲ与ヘルモノヲ取リ入ルコト		一、編集ノ単純化ヲ計ルコト—例ヘバ活字ノ配合、色彩ノ単純化、記事面ト広告面ノ区別等	一、掲載記事ニ対シテ比例制度ヲ確立スルコト—漫画、小説、記事ナドノ割合	一、仮作物語ヲ制限スルコト—現在ノ半数乃至三分ノ一ニ減ジ（ソノ仮作物語中ノ時代小説ノ幾篇カヲ少国民ノ生活ニ近イ物語又ハ日本国民史ヨリノ建設的ナル部分ニ取材セルモノト代ヘ又冒険小説ノ幾篇カヲ探険譚、発見譚ノ如キモノニ代ヘルコトヲ考慮スルコトコノ減頁ニ依ツテ得タル頁ヲ左ノ如キ記事ニ充ツルコト
又生産ノ知識、科学知識ヲ与ヘルモノヲ取入ルルコト	（2）用語ハ年齢ニ従ツテ漢字ヲ用ヒ、教科書ノ範囲ヲ出デザルコト	一、編集ノ単純化ヲ計ルコト—例ヘバ活字ノ配合、色彩ノ単純化、記事面ト広告面ノ区別等		一、仮作物語ヲ制限スルコト—現在ノ半数以下ニ減ジ、且ツソノ仮作物語中ノ時代小説ノ幾篇カヲ小国民ノ生活ニ近イ物語又ハ日本国民史ヨリノ建設的ナル部分ニ取材セルモノト代ヘ又冒険小説ノ幾篇カヲ探険譚、発見譚ノ如キモノニ代ヘルコトヲ考慮スルコト
又生産ノ知識、科学知識ヲ与ヘルモノヲ取入ルルコト	（2）用語ハ年齢ニ従ツテ漢字ヲ用ヒ、教科書ノ範囲ヲ出デザルコト	一、編集ノ単純化ヲ計ルコト—例ヘバ活字ノ配合、色彩ノ単純化、記事面ト広告面ノ区別等	一、掲載記事ニ対シテ比例制度ヲ確立スルコト—漫画、小説、記事ナドノ割合	一、仮作物語ヲ制限スルコト—現在ノ半数以下ニ減ジ、且ツソノ仮作物語中ノ時代小説ノ幾篇カヲ小国民ノ生活ニ近イ物語又ハ日本国民史ヨリノ建設的ナル部分ニ取材セルモノト代ヘ又冒険小説ノ幾篇カヲ探険譚、発見譚ノ如キモノニ代ヘルコトヲ考慮スルコト

40	41	42	43	44
	（イ）科学記事―従来ノ自然科学ソノモノヲ誠実ニ興味深ク述ベタルモノ以外ニ科学的要素ヲ含ム芸術作品ヲ取上グベシ。（例ヘバ、爆弾、タンク、飛行機等ノ如キモノニシテモ、ソノ場限リノ興味ニ利用スルコトナク、ソレ等ノモノノ持ツ機能ヤ本質ニ触レ得ルテーマノモトニ取扱フベシ）	（ロ）歴史記事―従来ノ伝記物ノ他ニ国民全体又ハ一ツノ集団ノ困難、奮闘、発展等ヲ叙シタルモノ、即チ小国民的記事ヲ増加スベシ。	（ハ）古典ヲ平易ニ解説等モ取上グルベシ	尚現在ノゴトキ時代小説ヲ減ジ、ソノ代リ小国民ノ
	（イ）科学記事―従来ノ自然科学ソノモノヲ誠実ニ興味深ク述ベタルモノ以外ニ科学的要素ヲ含ム芸術作品ヲ取上グルコト。（例ヘバ、爆弾、タンク、飛行機等ノ如キモノニシテモ、単ニ興味本位ニ利用スルコトナク、ソレ等ノモノノ持ツ機能ヤ本質ニ触レ得ルテーマノモトニ取扱フコト）	（ロ）歴史記事―従来ノ伝記モノノ他ニ国民全体又ハ一ツノ集団ノ困難、奮闘、発展等ヲ叙シタルモノ、即チ国民的記事ヲ増加スルコト	（ハ）古典ヲ平易ニ解説セルモノモ取上グルコト	
尚コノ減頁ニ依ツテ得タル頁ヲ左ノ如キ記事ニ充ツルコト	（イ）科学的知識ニ関スルモノ―従来ノ自然科学ソノモノヲ誠実ニ興味深ク述ベタルモノ以外ニ科学的要素ヲ啓発スル芸術作品ヲ取上グルコト。（例ヘバ、爆弾、タンク、飛行機等ノ如キモノニシテモ、ソレ等ノモノノ持ツ機能ヤ本質ニ触レ得ルテーマノモトニ取扱フコト）	（ロ）歴史的知識ニ関スルモノ―忠臣、孝子、節婦等ノ伝記モノハモトヨリ国民全体又ハ一ツノ集団ノ困難、奮闘、発展等ヲ叙シタルモノ、即チ国民史的記事ヲ取上グルコト	（ハ）古典ヲ平易ニ解説セルモノヲ取上グルコト―但シ児童ノ読物ニ適スルモノタルコト	
尚コノ減頁ニ依ツテ得タル頁ヲ左ノ如キ記事ニ充ツルコト	（イ）科学的知識ニ関スルモノ―従来ノ自然科学ソノモノヲ誠実ニ興味深ク述ベタルモノ以外ニ科学的要素ヲ啓発スル芸術作品ヲ取上グルコト（例ヘバ、爆弾、タンク、飛行機等ノ如キモノニシテモ、ソレ等ノモノノ持ツ機能ヤ本質ニ触レ得ルテーマノモトニ取扱フコト）	（ロ）歴史的知識ニ関スルモノ―忠臣、孝子、節婦等ノ伝記モノハモトヨリ国民全体又ハ一ツノ集団ノ困難、奮闘、発展等ヲ叙シタルモノ、即チ国民史的記事ヲ取上グルコト	（ハ）古典ヲ平易ニ解説セルモノヲ取上グルコト―但シ児童ノ読物ニ適スルモノタルコト	

	45	46	47	48	49
生活ニ近イ物語又ハ日本国民氏ヨリノ建設的ナル部分ニ取材セルモノヲ取入レ、又冒険小説ヲ減ジ、探検譚、発見譚ノゴトキモノヲ取リ入ルルベシ。	一、漫画ノ量ヲ減ズベシ―特ニ長篇漫画ヲ減ズベシ。	一、編集ノ単純化ヲ計ルベシ　例ヘバ活字ノ配合、色彩ノ単純化、広告面ト記事面トノ区別等	一、記事ハ可及的専門家ヲ動員スベシ―科学記事ハ科学者ニ、基礎的経済思想（経済知識ニ非ズ）ハ経済学者、実業家ニ等		一、小説ノ恋愛描写ハ回避シ、「駆け落ち者」等ノ言葉ハ少年少女ノ小説ヨリ廃スベシ
※39行の項目に吸収	一、漫画ノ量ヲ減ズルコト―特ニ長篇漫画ヲ減ズルコト	※37行に移行	一、記事ハ可及的専門家ヲ動員スルコト―科学記事ハ科学者ニ、基礎的経済思想（経済知識ニ非ズ）ハ経済学者、実業家ニ等	一、華美ナル消費面ノ偏重ヲ避ケ、生産面、文化ノ活躍面ヲ取入ルルコト	一、小説ノ恋愛描写ハ回避シ、「駆け落ち者」等ノ言葉ハ少年少女ノ小説ヨリ排スルコト
	一、漫画ノ量ヲ減ズルコト―特ニ長篇漫画ヲ減ズルコト		一、記事ハ可及的専門家ヲ動員スルコト―科学記事ハ科学者ニ、基礎的経済思想（経済知識ニ非ズ）ハ経済学者、実業家ニ等	一、華美ナル消費面ノ偏重ヲ避ケ、生産面、文化ノ活躍面ヲ取入ルルコト	※23行に移行
	一、漫画ノ量ヲ減ズルコト―特ニ長篇漫画ヲ減ズルコト		一、記事ハ可及的ニ専門家ヲ動員スルコト―科学記事ハ科学者ニ、基礎的経済思想（経済知識ニ非ズ）ハ経済学者、実業家ニ等	一、華美ナル消費面ノ偏重ヲ避ケ、生産面、文化ノ活躍面ヲ取入ルルコト	

50	51	52	53
一、子供ノ質疑ヲ本格的ニ取扱ヒ生活化スル工夫ヲ計ルベシ	一、幼年雑誌及ビ絵本ニ「母の頁」を設ケシメ、「読ませ方」「読んだ後の指導法」等ヲ解説スベシ	一、学校ノ承認ヲ得テ、子供自身ノ作品モ掲載スベシ	一、事変記事ノ扱ヒ方ニシテモ、単ニ戦争美談ノミナラズ、子供ノ関心ノ対象トナルベキ支那ノ子供ノ生活、例へバ「支那の子供は如何なる遊びをするか」「支那の子供は如何なるおやつを喰べるか」等ヲ知ラシムベシ。要ハ子供達ノ眼ハ如何ナル点ヲ凝視シテヰルヤヲ常ニ観察シ、ソノ点ニ於テ教育的素材ヲ求ムベキナリ
一、子供ノ質疑ヲ本格的ニ取扱ヒ生活化スル工夫ヲ計ルコト	一、幼年雑誌及ビ絵本ニ「母の頁」を設ケシメ、「読ませ方」「読んだ後の指導法」等ヲ解説スルコト	一、学校ノ承認ヲ得テ、子供自身ノ作品モ掲載スルコト	一、事変記事ノ扱ヒ方ニシテモ、単ニ戦争美談ノミナラズ、例へバ「支那の子供は如何なる遊びをするか」「支那の子供は如何なるおやつを喰べるか」等支那ノ子供ノ生活ニ関スルモノ又ハ支那ノ風物ニ関スルモノ等子供ノ関心ノ対象トナルベキモノヲ取上ゲ、子供ニ支那ニ関スル知識ヲ与へ以テ日支ノ提携ヲ積極的ニ強調スルヤウ取計ラフコト従ツテ皇軍ノ勇猛果敢ナルコトヲ強調スルノ余リ、支那兵ヲ非常識ニ戯画化シ、或ハ敵愾心ヲ唆ルノ余リ支那
一、子供ノ質疑ヲ本格的ニ取扱ヒ生活化スル工夫ヲ計ルコト	一、幼年雑誌及ビ絵本ニ「母の頁」を設ケ、「読ませ方」「読んだ後の指導法」等ヲ解説スルコト		一、事変記事ノ扱ヒ方ニシテモ、単ニ戦争美談ノミナラズ、例へバ「支那の子供は如何なる遊びをするか」「支那の子供は如何なるおやつを喰べるか」等支那ノ子供ノ生活ニ関スルモノ又ハ支那ノ風物ニ関スルモノ等子供ノ関心ノ対象トナルベキモノヲ取上ゲ、子供ニ支那ニ関スル知識ヲ与へ、以テ日支ノ提携ヲ積極的ニ強調スルヤウ取計ラフコト。従ツテ皇軍ノ勇猛果敢ナルコトヲ強調スルノ余リ、支那兵ヲ非常識ニ戯画化シ、或ハ敵愾心ヲ唆ルノ
一、子供ノ質疑ヲ本格的ニ取扱ヒ生活化スル工夫ヲ計ルコト	一、幼年雑誌及ビ絵本ニ「母の頁」を設ケ、「読ませ方」「読んだ後の指導法」等ヲ解説スルコト		一、事変記事ノ扱ヒ方ハ、単ニ戦争美談ノミナラズ、例へバ「支那の子供は如何なる遊びをするか」「支那の子供は如何なるおやつを喰べるか」等支那ノ子供ノ生活ニ関スルモノ又ハ支那ノ風物ニ関スルモノ等子供ノ関心ノ対象トナルベキモノヲ取上ゲ、子供ニ支那ニ関スル知識ヲ与へ、以テ日支ノ提携ヲ積極的ニ強調スルヤウ取計ラフコト。従ツテ皇軍ノ勇猛果敢ナルコトヲ強調スルノ余リ支那兵ヲ非常識ニ戯画化シ、或ハ敵愾心ヲ唆ルノ余リ支那人ヲ

		人ヲ侮辱スル所謂「チヤンコロ」等ニ類スル言葉ヲ使用スルコトハ一切排スルコト	余リ支那人ヲ侮辱スル所謂「チヤンコロ」等ニ類スル言葉ヲ使用スルコトハ一切排スルコト	愾心ヲ唆ルノ余リ支那人ヲ侮辱スル所謂「チヤンコロ」等ニ類スル言葉ヲ使用スルコトハ一切排スルコト
54	一、挿画ニハ責任者ノ名ヲ明記セシムベシ	一、挿画ニハ責任者ノ名ヲ明記セシムルコト	一、挿画ニハ責任者ノ名ヲ明記セシムルコト	一、挿画漫画ニハ責任者ノ名ヲ明記セシムルコト
55	一、取材ノ範囲ハ一方的ナラズシテ、多方面ニ渉ルベシ			
56	一、一般ニ平易ナ漢字ヲ用フベシ	一、一般ニ平易ナ漢字ヲ用フルコト		
57	一、経営者ヘノ警告、戒告ヲ励行スベシ			
58	一、推奨制度ヲ創設スベシ—組織ヲ作リ、ソノ組織ノ仕事ノ一班タラシメヨ			
59	一、広告面ヲ管理スベシ—（イ）余リニ高価ナルモノ（ロ）余リニ珍奇ナルモノ（ハ）余リニ生活需要トカケ離レタルモノ等ノ児童ノ欲望ヲカキ立テル商品ノ広告			

60	61	62	63	64	65
一、子供雑誌ノ発行日ハ少クトモ前月ノ下旬トシ、現在ノゴトク早急ニ失スルコトニ依リ、季節等ニ於テ現実ト齟齬スルコトナキヤウ取計ラハシムベシ	一、納本ト発行ノ期日ヲ厳重ニ監督シ、取締ヲ厳重ニスベシ	一、定価ノ低廉（少クトモ卅銭以上タラシメザルコト）ナラシムルタメ優良雑誌ニ対シテハ公平ナル方法ニ依ツテ経営ヲ援助スベシ	一、子供ニ関スル専門家―出版者、著者、画家等ヲ以テ編集スタフを作ルベシ	一、極端ナル営利性ヲ廃スベシ―国家ガ経営ノ任ニ当ルヲ最上ノ方法トス	
					以上ハ子供雑誌ヲ基準トシテ立案セルモノナルガ、単行本、漫画専門雑誌等ニ就テモ右ノ方針ニ準ジテ取扱フコト
					以上ハ子供雑誌ヲ基準トシテ立案セルモノナルガ、単行本、漫画専門雑誌等ニ就テモ右ノ方針ニ準ジテ取扱フコト
					以上ハ子供雑誌ヲ基準トシテ立案セルモノナルガ、単行本、漫画専門雑誌等ニ就テモ右ノ方針ニ準ジテ取扱フコト

3　岩波文庫に対する検閲処分

尾崎名津子

一　岩波文庫の理想と現実

岩波文庫の刊行は一九二七年七月に始まった。三木清が草し、書店主・岩波茂雄が手入れしたという「読書子に寄す——岩波文庫発刊に際して——」には、「古今東西にわたって文芸・哲学・社会科学・自然科学等種類のいかんを問わず、いやしくも万人の必読すべき真に古典的価値ある書をきわめて簡易なる形式において逐次刊行」すること、また、岩波文庫を「永遠の事業」とし、「今後永久に継続発展せしめ、もって文庫の使命を遺憾なく果たさしめることを期する」と記されている。この文章は今でも文庫の巻末に必ず掲載され、その志を伝えている。高邁な理想が掲げられた岩波文庫の誕生とその意義を、同時代の出版状況を抜きに捉えることはできない。

関東大震災（一九二三年）が日本経済に大きな打撃を与えたことは言うまでもない。出版界も例外に漏れず不況に見舞われ、岩波書店では震災の翌年から返品が相次いだ。改造社が予約販売による「現代日本文学全集」（一九二六年刊行開始）に社運を賭け、これが見事に当たり、所謂円本時代を牽引するに至ったことも、この文脈の先に置かれる出来事である。岩波書店が「現代日本文学全集」をはじめとする円本に批判的であること、また、円本批判の上に岩波文庫の創刊を位置付ける意図が出版戦略としてあったことは、「岩波書店」の名前で公表された「岩波文庫発刊に際して」という文章に明らかである。

近来流行の大量出版物を見るに、或は唯広告と宣伝とに力を専らにして、その内容に至つては杜撰到底真面目なる人々の渇望を満足し得ることなく、或は予約の手段によつて読者を制限すると共に読者を繋縛するは徒らに学芸解放の美名を僭するに過ぎないのが常である。(1)

予約出版ではないこと、即ち読者の自由な選択によって購入できること、廉価であること、小型の書物であること——これらの岩波文庫の特色は、「円本ではないこと」と言い換え可能なのである。今挙げた「岩波文庫発刊に際して」が明確に岩波文庫の出版戦略の転換を示していることは、『漱石全集』や「哲学叢書」の予約販売が文庫発刊直前期の岩波書店を経済的に支えていたことを傍証として挙げられる。一九二四年六月から刊行が開始された第三回『漱石全集』は、予約募集の際に「申込金四円五〇銭。毎月払四円五〇銭(2)」と告知された。つまり、岩波文庫発刊を告げる文章の中で円本の販売方法を批判していたものの、巻数は円本より少ないとはいえ、実際は岩波書店も円本と同じ方法に頼らざるを得ない状況があったのである。

発刊当初の岩波文庫は、星の数によって定価が分かるという仕組みを採用した。これはドイツのレクラム文庫の方法を範としたものである。規範があったとはいえ、当時の日本語出版物の中にあっては異例の方法である。発刊当初は星一つにつき二〇銭であり、星五つまで設定された。一九二七年七月の刊行書目は全三一点あり、例えば幸田露伴『五重塔』は星一つ、トルストイ／米川正夫訳『戦争と平和』第一巻は星五つだった。安倍能成『岩波茂雄伝』によれば、当初、従来の岩波の有力な書き手であった東北帝国大学の教授たちや大番頭の堤常らが、企画に体系がないことや廉価にすることで著者の印税を減殺するといった理由で反対をし、岩波自身の決意が鈍る時期もあったという。しかし、三木清や岩波書店の若手社員であった小林勇や長田幹雄などの協力と後押しにより、岩波茂雄も発刊を決意したという。なお、発刊時に京城帝国大学に在籍していた安倍自身は、企画に賛成だったと述べている。(3)

結果的にこの戦略は成功をおさめ、文庫の売れ行きは順調に伸び、一九三一年一〇月には刊行点数が三〇〇点を越えるに至った。それを機に、内容に従って全体を五部門に分け、色紙の帯の色によって部門がわかるように整えられた。これが今に続く岩波文庫独自の分類形式である。国文学が黄色、現代日本文学が緑色、外国文学が赤色、自然科学・人文科学が青色、社会科学が白色――と書けば、その背表紙の並ぶ光景が想起されるだろうか。

星の数や帯の色によって整然と腑分けされた文庫本というパッケージは、いくつかの面で清新さを湛えると同時に、既存の読書習慣や図書や出版に対するイメージを刷新した面があったように見える。その一つに〈教養〉のイメージや〈教養〉それ自体のあり方が挙げられる。竹内洋は(4)〈教養〉とは「なにを知っているか」ではなく「知識や文化に対する関係のありかた」それ自体であると言明しつつ、日本型教養の特徴を指摘する際に、ブル

(1)「岩波文庫発刊に際して」(『思想』第六九号、一九二七年七月)
(2)矢口進也『漱石全集物語』岩波書店、二〇一六年、二三頁
(3)安倍能成『岩波茂雄伝　新装版』岩波書店、二〇一二年、一四五―一四六頁
(4)竹内洋「解説　岩波茂雄・岩波文化・教養主義」(村上一郎／竹内洋解説『岩波茂雄と出版文化　近代日本の教養主義』講談社、二〇一三年、一三〇―一三一頁)

デュー／サンマルタンが示したフランスの教養人の図式を援用しながら、「日本に於ける教養は「繊細」や「優雅」よりも「ガリ勉」「衒学的」に近」く、「岩波文庫についていた星の数で「星幾つを読んだ」と競うような教養は刻苦勉励主義である」と述べている。星の数は基本的に頁数によって決まるため、星の数が多いほど難解な書物であるとか、読めば読むほど〈教養〉を養えるとは言えないはずだが、星や帯の色が構成する分かりやすさは、「何か（＝おそらく〈教養〉）を積み上げている」という手応えのような感覚を読者にもたらすのに最適だったのではないか。

紅野謙介[5]は岩波文庫を従来の書物のあり方とは異なる新しいメディアと位置づけ、その出現が〈教養〉の意味を変えたと述べている。それまで〈教養〉とは出自や性別などによって利用が制限される何ものかであったが、廉価な文庫の登場により「言葉や概念、思想を使うことさえできれば利用することのできる「教養」」へと変質したとの指摘は、いずれ岩波文庫が戦場でも読まれるようになることを想起させる。

一九四〇年は岩波文庫にとって、相反するようにも見える二つの事態が生じた年だった。前置きが長くなったが、ここで取り上げるのはこの前後の時期の岩波文庫をめぐる状況である。

この年、陸軍恤兵部の要請で戦地へ送る慰問袋の中に岩波文庫を入れることになった。具体的には、志賀直哉『小僧の神様』や永井荷風『おかめ笹』などを含む岩波文庫二〇点を各五〇〇〇部[6]というものだった。印刷用紙は特別配給であり、これが岩波書店にとって経済的な助けとなった。その一方で一九四〇年には、岩波文庫のいわゆる「白帯物」（社会科学関係の文庫）二七点が、刊行からかなりの時間を経て一斉に発売頒布禁止処分を受けたという証言が複数ある。この点について、出来事の流れを今一度辿り直すことにしたい。

岩波文庫の「白帯物」が検閲による処分を受けたことについては、先行する文献に指摘がある。たとえば、山崎安雄は次のように述べている。

昭和十三年二月に、岩波文庫へ歴史的な大鉄槌が下された。日本読書新聞（昭和十三年二月・第四十八号）は、「マルクスを絶版にし岩波文庫〝粛清〟成る」の見出しで大々的に報じた。これが文庫史上でも忘れられぬ白帯物（社会科学部門）の大弾圧である。これも発売禁止とせず、当局は自発的に売らせなくした。〔中略〕昭和十五年九月十日正式に発売禁止が発せられ、紙型までことごとく押収された。(7)

また、小林勇・長田幹雄「岩波文庫略史」にも以下のように書かれている。

昭和13年2月、大量に白帯ものが、圧迫された時は流石に、発売禁止処分とまでは出来なかったと見えて、「今後の増刷を見合せる事」、もう一段重い分に対しては「現在未製本で残っている刷本（印刷だけ済んでいるもの）の追加製本を見合せる事」それも「当局の内意」によって「自発的に」という形式の、命令であった。〔中略〕この時に自発的に発行停止をさせられたものは、後昭和15年9月10日に全部はっきりと発売禁止を命ぜられて紙型も押収され、マルクス、エンゲルス系列の白帯もの一切が息の根をとめられたが、眠らされて事実上影をひそめたのは昭和13年2月であったのだ。(8)

（5）紅野謙介『物語岩波書店百年史1「教養」の誕生』岩波書店、二〇一三年、二九九頁

（6）山崎安雄『永遠の事業　岩波文庫物語』（白鳳社、一九六二年、一〇〇頁）、岩波文庫編集部編『岩波文庫の80年』（岩波書店、二〇〇七年、四三六頁）参照。なお、これらによると軍部からの納品の要請は一九四二年にもう一度なされた。その際に納めたのは森鷗外『高瀬舟』、幸田露伴『五重塔』を含めた一〇点で、各一万部であったという。

（7）山崎安雄『永遠の事業　岩波文庫物語』白鳳社、一九六二年、七七―七九頁

（8）小林勇・長田幹雄「岩波文庫略史」（『文庫』第六号、一九五一年六月）。引用は岩波文庫編集部編『岩波文庫の80年』岩波書店、二〇〇七年、四二一―四二二頁による。

これらの証言から見ると、発売頒布禁止処分は突然なされたのではなく、段階的に自主規制を含む各種の規制がかけられていき、最終的に白帯物の発行停止と言える事態が出来したと見るべきである。岩波文庫が受けた処分については、先の二件以外にも複数の先行する文献に言及が見られるが、山崎論や「岩波文庫略史」の記述に拠っている。これらの証言に加え、次章では『出版警察報』など検閲を行った側の資料や新聞での報道、著者・関係者の証言や先行研究の成果に基づき、処分の具体相を明らかにすることを目指す。

岩波文庫が受けた検閲による処分には、重い順に発売頒布禁止処分、次版改訂処分、削除処分の三種が確認できる。しかし、これらの全てが内務省検閲によるものであることを確実に跡付けることは、実は困難である。とはいえ、ここではこれまでの様々な言説を集積し、現時点での岩波文庫に対する検閲処分のマッピングを行う。さらには、内務省が処分を下したとするには根拠が揃わないものの、文庫の各刷を見比べた時に、伏字が増えていたり、内容に変更があったりするものもある。これを「その他（おそらく自主規制）」とし、以下にこれらの順に沿って検討を進めたい。

二　岩波文庫に対する処分

まずは先に述べた四種類の検閲の痕跡に従って、処分日が古いものから順に、文庫の書誌を一覧として示す。なお、次版訂正と削除については、出版法に明文化されていない処分という意味で、鍵括弧（「　」）を付した。

【内務省検閲その他により何らかの〈検閲による処分〉を受けた岩波文庫一覧】

〔参考：①山崎安雄『永遠の事業　岩波文庫物語』（白凰社、1962年11月5日。データは1962年8月時点のもの。）②岩波文庫編集部編『岩波文庫の80年』（岩波書店、2007年2月16日）③萩原直幸「岩波文庫の検閲と『オーベルマン』の削除をめぐって」（『フランス文学』第30号、日本フランス語フランス文学会中国・四国支部、2015年3月）」

発売頒布禁止

	著者／訳者	タイトル	初版	処分日	備考
1	アルツィバーシエフ／中村白葉訳	『サーニン』上巻	一九二九・七・二五	一九二九・八・三	風俗壊乱
2	アルツィバーシエフ／中村白葉訳	『サーニン』下巻	一九二九・八・一〇	一九二九・八・一九	風俗壊乱
3	マルクス／長谷部文雄訳	『賃銀・価格および利潤』	一九三五・五・三〇	一九四〇・九・一〇	増刷見合わせ
4	マルクス／長谷部文雄訳	『賃労働と資本』	一九三五・六・三〇	右に同じ	右に同じ
5	マルクス／久留間鮫造・細川嘉六共訳	『猶太人問題を論ず』	一九二八・七・二〇	右に同じ	右に同じ
6	マルクス／長谷部文雄訳	『資本論初版鈔』	一九二九・六・二五	右に同じ	右に同じ
7	マルクス／木下半治・浅野晃共訳	『哲学の貧困』	一九三〇・二・二五	右に同じ	右に同じ
8	エンゲルス／加田哲二訳	『住宅問題』	一九二九・一一・一五	右に同じ	右に同じ
9	エンゲルス／加藤正・加古祐二郎共訳	『自然弁証法』（上・下巻）	一九二九・一二・一五／一九三二・五・二〇	右に同じ	右に同じ
10	エンゲルス／長谷部文雄訳	『反デューリング論』（上・下巻）	一九三一・一〇・一七／一九三二・一〇・二五	右に同じ	右に同じ
11	エンゲルス＝カウツキー／喜多野清一訳	『原始基督教考・基督教の成立』	一九二九・一二・一五	右に同じ	右に同じ
12	マルクス＝エンゲルス／佐野文夫訳	『フォイエルバッハ論』	一九二九・七・二〇	右に同じ	右に同じ

	著者／訳者	タイトル	初版	処分日	備考
13	マルクス＝エンゲルス／三木清訳	『ドイッチェイデオロギー』	一九三〇・七・一五	一九四〇・九・一〇	増刷見合わせ
14	マルクス＝エンゲルス／上田進訳	『マルクス＝エンゲルスの芸術論』	一九三四・五・一五	右に同じ	右に同じ
15	リヤザノフ／長谷部文雄訳	『マルクス・エンゲルス伝』	一九二八・八・二〇	右に同じ	右に同じ
16	レーニン／佐野文夫訳	『唯物論と経験批判論』（上・中・下巻）	一九三〇・七・二〇／一二・二五／一九三一・五・五	右に同じ	右に同じ
17	レーニン／大山岩雄・西雅雄共訳	『ロシアに於ける資本主義の発展』（上・下巻）	一九三六・五・三〇／九・三〇	右に同じ	右に同じ
18	カウツキー／大黒伝平訳	『資本論解説』	一九三三・一一・一五	右に同じ	右に同じ
19	ハイゼ・カウツキー／松井圭子訳	『ローザ・ルクセンブルグの手紙』	一九三二・五・二〇	右に同じ	右に同じ
20	ローザ・ルクセンブルグ／佐野文夫訳	『経済学入門』	一九三三・二・一〇	右に同じ	右に同じ
21	ローザ・ルクセンブルグ／佐野文夫訳	『資本蓄積論』（上・中・下巻）	一九三四・七・一五／八・三〇／一〇・一五	右に同じ	右に同じ
22	マルクス／木下半治訳	『フランスに於ける内乱』	一九三五・六・一五	右に同じ	製本見合わせ
23	エンゲルス／西雅雄訳	『家族・私有財産及び国家の起源』	一九二九・六・一五／改訳版 一九三五・一一・一〇	右に同じ	右に同じ
24	エンゲルス／浅野晃訳	『空想より科学へ』	一九三〇・九・一〇	右に同じ	右に同じ
25	レーニン／長谷部文雄訳	『帝国主義』	一九二九・四・二五	右に同じ	右に同じ

26	レーニン／平田良衛訳	『何を為すべきか』	一九三〇．七．一五	右に同じ	右に同じ
27	レーニン／伊藤弘訳	『カール・マルクス』	一九三三．一一．三〇	右に同じ	右に同じ
28	レーニン／中野重治訳	『レーニンのゴオリキーへの手紙』	一九三五．一．二五	右に同じ	右に同じ
29	プレハノフ／笠信太郎訳	『ヘーゲル論』	一九三四．五．一五	右に同じ	右に同じ
30	ローザ・ルクセンブルグ／長谷部文雄訳	『資本蓄積再論』	一九三五．二．一五	一九四一．三．七	
31	ソレル／木下半治訳	『暴力論』（上・下巻）	一九三三．八．五／一一．三〇	右に同じ	

「次版改訂」

	著者／訳者	タイトル	初版	処分日	備考
32	福沢諭吉	『文明論之概略』	一九三一．五．三〇	一九三六．七．一八	
33	芥川竜之介	『侏儒の言葉』	一九三二．八．一〇	一九三九．一．二七	一九三九．一一．一〇付で同タイトルのものが再刊されている。
34	フローベル／伊吹武彦訳	『ボヴァリー夫人』（上・下巻）	一九三九．四．一七（上下とも）	一九三九．五．六？	
35	穎原退蔵編注	『蕪村俳句集』	一九三五．四．三〇	一九三九．一二．一九	
36	岡倉覚三著／村岡博訳	『日本の目覚め』	一九四〇．七．二六	一九四〇．九．一七	

「削除」

	著者／訳者	タイトル	初版	処分日	備考
37	田山花袋	『蒲団・一兵卒』	一九三〇・七・一〇	一九三八・一一・一六	
38	河野与一訳	『アミエルの日記』（六）	一九三八・一二・一五	一九三八・一二・二〇	第3刷〜伏字あり
39	武者小路実篤	『その妹』	一九二八・四・二五	一九三九・四・一四	
40	徳富蘆花	『自然と人生』	一九三三・五・二五／一九三九・四・一八	一九三九・四・二四	同タイトルのものが2回刊行されている。
41	大畑末吉訳	『アンデルセンお話と物語集』（八）	一九四二・一一・二五	？	「おぢいさんの絵」全文削除
42	ベルツ編／菅沼竜太郎訳	『ベルツの日記　第二部』（上巻）	一九四三・一・一五	一九四三・一・三〇	

その他（おそらく自主規制）

	著者／訳者	タイトル	初版	処分日	備考
43	志賀直哉	『和解　或る男、其姉の死』	一九二七・一二・五	？	大阪での報道
44	ジイド／小松清訳	『ソヴエト旅行記〔改訂版〕』	一九三七・九・六	？	『ソヴエト旅行記』一九三七・九・一
45	ガルシン／神西清訳	『紅い花　他四篇』 『紅い花　他三篇』	一九三七・九・一五 一九四三・三・一	？	「四日間」が抜かれタイトルも変更。
46	セナンクール／市原豊太訳	『オーベルマン』（上巻）	一九四〇・五・二八	？	萩原論による

(1)　発売頒布禁止

岩波文庫に対する検閲処分として最も古い時期のものは、アルツィバーシエフ／中村白葉訳『サーニン』(上下巻)に対する発売頒布禁止処分である。風俗壊乱の理由で上巻が一九二九年八月三日、下巻が同年八月一九日付で処分を受けている。安部能成は「これは忌憚なき性欲描写を禁ずる風俗上の取締だったが、当局に削除箇所を質し、分割還附願を出し、改版の上再刊した」[(9)]と証言している。これが、岩波文庫のみならず岩波書店の出版物全体で見ても、初めての検閲処分である。それ以来、店主の岩波茂雄は自社の刊行物が当局の忌諱に触れないかどうか、企画の段階で「相談」していることも確認できる。一九三二年の「日本資本主義発達史講座」刊行がそれにあたる。

問題は如何に価値高くとも意義深くとも、その社会情勢に於て当局の許可せぬ方針の範囲内のものであればこれをさけねばならないから、念のため知友である当時の内務次官潮恵之輔氏の紹介を得て、警保局図書課長に相談に行きました。(「「日本資本主義発達史講座」刊行の次第」[(10)])

『サーニン』以降の岩波文庫で、発売頒布禁止処分を下されたものが、いわゆる「白帯物」である。改めてその処分の特色を述べると、それは初刷の刊行時点ではなく、一九四〇年九月になってから、二七タイトルに対し一斉になされた点にある。一九四一年三月には他に二タイトルが、前年の処分から漏れたとして追加処分を受け

(9)　安倍能成『岩波茂雄伝　新装版』岩波書店、二〇一二年、一八九頁
(10)　一九三三年九月に書かれたもの。引用は植田康夫・紅野謙介・十重田裕一編『岩波茂雄文集1　1898-1935年』岩波書店、二〇一七年、一九六頁による。

た。こうした事後的な処分は内務省検閲としては例外的であった。

ただ、上述のストーリーの論拠は今のところ関係者の証言に拠っている。先に挙げた山崎安雄や小林勇・長田幹雄は、共に〈一九三八年二月に白帯物に対する増刷見合わせ、ないしは製本見合わせを「自発的に」行えという「命令」が出て、一九四〇年九月一〇日に至って「発売禁止」を命じられた〉と語っていた。

しかし、その段階的な「命令」がそれぞれどのようなところから、いかなる理由を以てなされたのかについて、これ以上の確実で詳細な情報が確認できない。では、検閲を行っていた側の資料はどうか。試みに『出版警察報』を紐解いてみたい。

先に結論から述べると、一九四〇年九月ごろの事情について、『出版警察報』から分かることは何もない。その前後の時期の『出版警察法』で岩波の名前を確認できるのは、一九三八年一月から三月までの出版とその取締り状況を伝える『出版警察報』第一一一号である。だが、それは「白帯物」に関することではなかった。同号の「出版物司法処分彙報」には次のようにある。


注目すべきものは元帝大教授矢内原忠雄外数名に関する出版法違反事件であるが左に概略を記述する。
一、事件送致年月日　昭和十三年三月十六日
二、送致先　　　　　東京刑事地方裁判所検事局
三、被疑者
本籍　愛媛県越智郡富田村大字松木一三六番地ノ二
住所　東京市目黒区自由ケ丘二九二番地
元帝大教授　矢内原忠雄

当四十五年
本籍　東京市神田区神保町番地不詳
住所　東京市小石川区小日向水道町九二九三番地
当五十八年
出版業（岩波書店）　岩波茂雄

〔中略〕

四、犯罪事実

（1）矢内原忠雄

本人は東京帝国大学法科卒業後大正九年五月東京帝国大学助教授となり経済学部勤務となり同十一年十月同校教授となり昭和十二年十二月退職其後静養中

本人はキリスト教徒にして人道主義的立場より学究的に諸種の論説を為し来りたる処

A　民族と平和　昭和十二年十一月二十日発行
B　通信　同十月二十三日附第四七号
C　中央公論　同九月一日附九月号

以上の出版物並びに新聞紙に（一）皇室の尊厳を冒瀆したる事項　（二）安寧秩序を紊乱したる事項を左記の通り執筆著作して之を掲記せしめた。

〔中略〕

（2）岩波茂雄

本人は明治四十一年東京帝国大学文科哲学科終了大正二年岩波書店名義を以て出版業を経営し現在に至る、

本名は矢内原の依頼に応じ「民族と平和」と題する出版物を発行し右出版物の発行者となりたるもの

つまり、岩波茂雄自身が矢内原忠雄の『民族と平和』を出版したことが事件化されているのである。ここで問題にされた矢内原の言論は、日本におけるクリスチャンの信仰を天皇との関わりにおいて述べたものや、反戦の論理を説いたものである。こうしたものに対して『出版警察法』第一一一号は、「此等危険不穏な所論に対しては、行政処分として勿論発売頒布禁止並差押処分に附して一般に流布せらるゝを防遏する一方、行為者に対しては社会秩序維持の目的と、特別予防の見地から司法処分を以て臨んだのである」と伝えている。同彙報はそれが「事変後」、即ち一九三七年七月の盧溝橋事件以降の時勢に叶ったものであるとしている。

確かに、『民族と平和』については一九三六年六月二五日発行のものが、刊行からおよそ一年半経った一九三七年一二月一日付けで発売頒布禁止とされていることが、『出版警察報』第一一〇号に確認できる。その際の理由は「本書ハ民族問題ト平和問題ヲ取扱ツタ著者ノ論文ヲ集メタモノデアルガ、民族問題ヲ取扱ツテハ世界主義ヲ高唱シ平和問題ヲ論ジテハ反戦ヲ主張シ世界主義ヲ言ヒテハ天皇ニ対シ不敬ノ言辞ヲナシ、反戦主義ノ主張ハ極端ニ亘ル。依テ安寧秩序ヲ紊ルモノト認メタルニ因ル」とのことである。

同じ号では政池仁『基督教平和論』（向山堂、一九三六年九月）が『民族と平和』と並んで禁止とされており、『出版警察報』第一一一号の「出版物司法処分彙報」の「客月十月《ママ》から同年十二月に至る間に於て、特に注目すべき犯罪傾向は基督信者特に無教会派基督教信者によつて敢行された反戦反軍的記事掲載に依る出版関係犯罪であつた」という説明と併せると、矢内原の著作は「岩波書店の刊行物だから」処分されたということではなく、キリスト教の思想や信仰に基づく反戦の訴えを一律に「犯罪」化した上で処分するという文脈に乗っていることがわかる。

つまり、『民族と平和』は二段階の処分を受けた上に、二段階目では著者に加えて出版元の岩波茂雄らも「犯罪者」化されて司法処分を受けた。当局からすればそれは「社会秩序維持」と「特別予防」が目的で、「事変後」の時局を鑑みた適切な措置だった、ということになる。

この「事件」が送致されたのが一九三八年三月だというが、山崎らの証言が正確であれば、その一ヶ月前である同年二月に「白帯物」の増刷見合わせ・製本見合わせという当局の「命令」が届いたことになる。

『サーニン』にしても、『民族と平和』や「白帯物」にしても、処分の具体相、内実ともに異なりはするが、結果的にいずれも岩波書店にとっては自社出版物の刊行停止を帰結した出来事としては同様で、言論を統制され、経済活動を妨げられたことには変わりがないように見える。確かにそうではあるが、この三件を並べてみただけでも、時代の趨勢によって文脈の出来上り方が異なることが分かる。とりわけ、やはり盧溝橋事件以降、出版と行政（出版警察）・司法との関係性が大きく変わっていることに気づかされる。事態はより複合的になり、実態が見えにくくなっていくようである。

(2)「次版改訂」

管見の限り、以下の五タイトルがこの処分を受けている。中でも『文明論之概略』、『ボヴァリー夫人』、『蕪村俳句集』を取り上げることにしたい。

（1）福沢諭吉『文明論之概略』（初刷）一九三一年五月三〇日、（処分日）一九三六年七月一八日

（2）芥川竜之介『侏儒の言葉』（初刷）一九三二年八月一〇日、（処分日）一九三九年一月二七日

（3）フローベル／伊吹武彦訳『ボヴァリー夫人』（上下巻）（初刷）一九三九年四月一七日（上下巻とも）、（処分日）一九三九年五月六日

（4）穎原退蔵編注『蕪村俳句集』（初刷）一九三五年四月三〇日、（処分日）一九三九年一二月一九日か？

（5）岡倉覚三／村岡博訳『日本の目覚め』（初刷）一九四〇年七月二六日、（処分日）一九四〇年九月一七日

福沢諭吉『文明論之概略』に対する処分の事情については、現在刊行されている岩波文庫版『文明論之概略』における松沢弘陽「解説」に詳しい。

一九三六（昭和一一）年七月には政府当局の意向により、皇室関係に関する記述につき次版で改訂処分をほどこすことを余儀なくされた。その結果この年一一月一〇日刊行の第二刷では第四章の長短三か所が削除された。戦後最初の重版、一九四五（昭和二〇）年一〇月の第七刷では削除部分が復元されていることが確認出来るが、おそらくそれまでは削除が踏襲されたものと思われる。(11)

改訂を要求された箇所は、「巻の二　第四章　一国人民の智徳を論ず」にある。大きく二つの部分に亙り、「保元平治以来、歴代の天皇を見るに、その不明不徳は枚挙に遑あらず。後世の史家、諂諛の筆を運らすも、なおよくその罪を庇うこと能わず。父子相戦い、兄弟相伐ち、その武臣に依頼するものは、ただ自家の骨肉を屠らんがためのみ」という文言や、「足利の成業も偶然にあらず、楠氏の討死もまた偶然にあらず、皆その然る所以の源因ありて然るものなり。故にいわく、正成の死は後醍醐天皇の不明に因るにあらず、〔時の勢に因るものなり。(12)〕」といった内容が含まれている。楠木正成の死を「時の勢に因る」ものだと述べており、皇国史観における正成の位置に異議申し立てをしていることになるものだと分かる。

他に岩波文庫に対する「次版改訂」処分で注目される事柄は、一九三九年中に文学書に対する処分が複数なされていることである。しかしながら、「次版改訂」処分は基本的に『出版警察報』の中で報告されることがなく、

したがってその処分の実相や意味（特殊性や同時代状況との関係性）を検閲する側から検討することが難しい。そこで、文庫本そのものを見ることが意味を持つ。なお、『ボヴァリー夫人』は岩波書店としては『サーニン』以来一〇年ぶりに、「風速壊乱」を理由に処分されたと言われる作品である。そして、岩波書店の刊行物で風俗壊乱を理由に処分を受けたものは、この二作のみである。『ボヴァリー夫人』の改訂が施された箇所は、山崎安雄『永遠の事業　岩波文庫物語』（白鳳社、一九六二年一一月）に詳しいのでそちらを参照されたい。

検閲の影響を検討するにあたり、文庫本そのものを見るとしても、刷数の異なる同一タイトルの文庫本が複数必要になる。それらの奥付と本文と中心に照合して、異同を確認するという方法になる。ここでは『蕪村俳句集』を例に挙げたい。これは「風俗壊乱でも軍人軍隊侮辱でもなく、次版改訂を命ぜられたもの」であり、「検閲当局の発意というより、故なき差別待遇を受ける部落民の要望」があったと山崎は述べている。第一刷（図1・2）と第九刷（図3・4）とを比較すると、次のようになっていることが確認できる。

【第一刷】（一九三五年四月三〇日）

・一六三頁　穢多むらに消残りたる切籠哉（題苑集）

・一七五頁　初冬や香花いとなむ穢多が宿（新五子移《ママ》）

【第九刷】（一九四三年一一月三〇日）

・一六三頁　――――に消残りたる切籠哉（題苑集）

（11）松沢弘陽「解説」（福沢諭吉／松沢弘陽校注『文明論之概略』第一三刷、二〇一一年、三七一―三七二頁）

（12）亀甲括弧〔　〕内は削除箇所ではないが、文意を明確にするためにこれを示した。

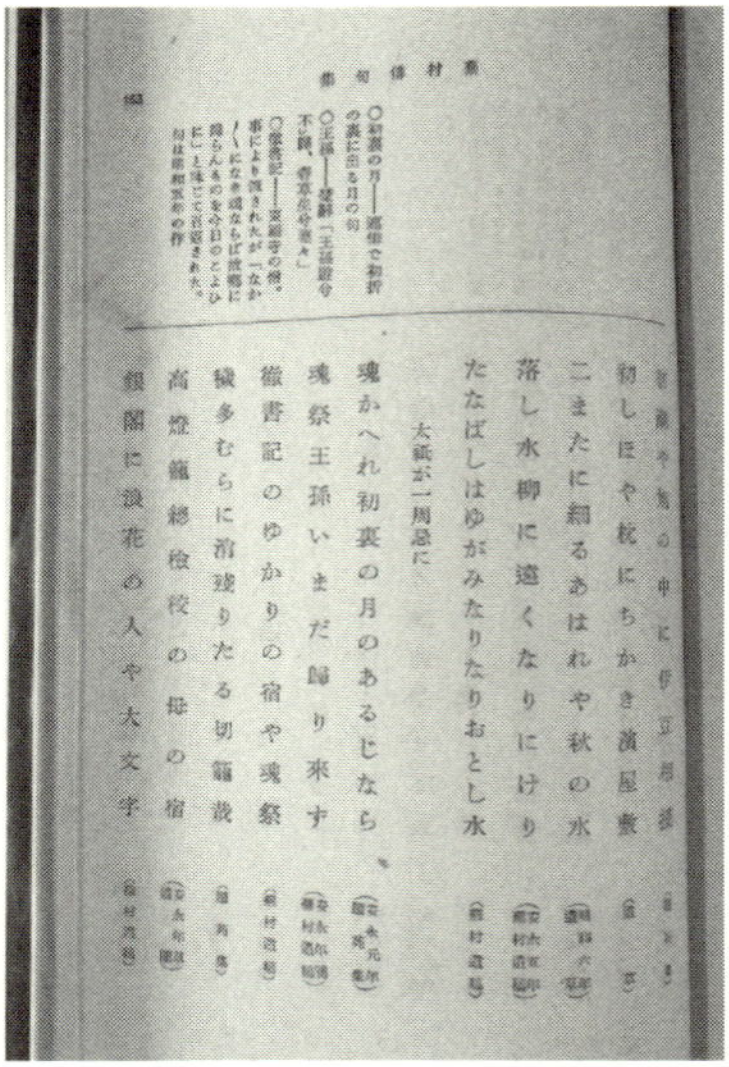

初潮や旭の中に伊豆相摸
初しほや枕にちかき濱屋敷
二またに細るあはれや秋の水
落し水柳に遠くなりにけり
たなばしはゆがみたりたりおとし水
太祇が一周忌に
魂かへれ初裏の月のあるじなら
魂祭王孫いまだ歸り來す
徹書記のゆかりの宿や魂祭
穢多むらに消殘りたる切籠哉
高燈籠總檢校の母の宿
銀閣に浪花の人や大文字

図１　『蕪村俳句集』第１刷（1938年3月20日）163頁。

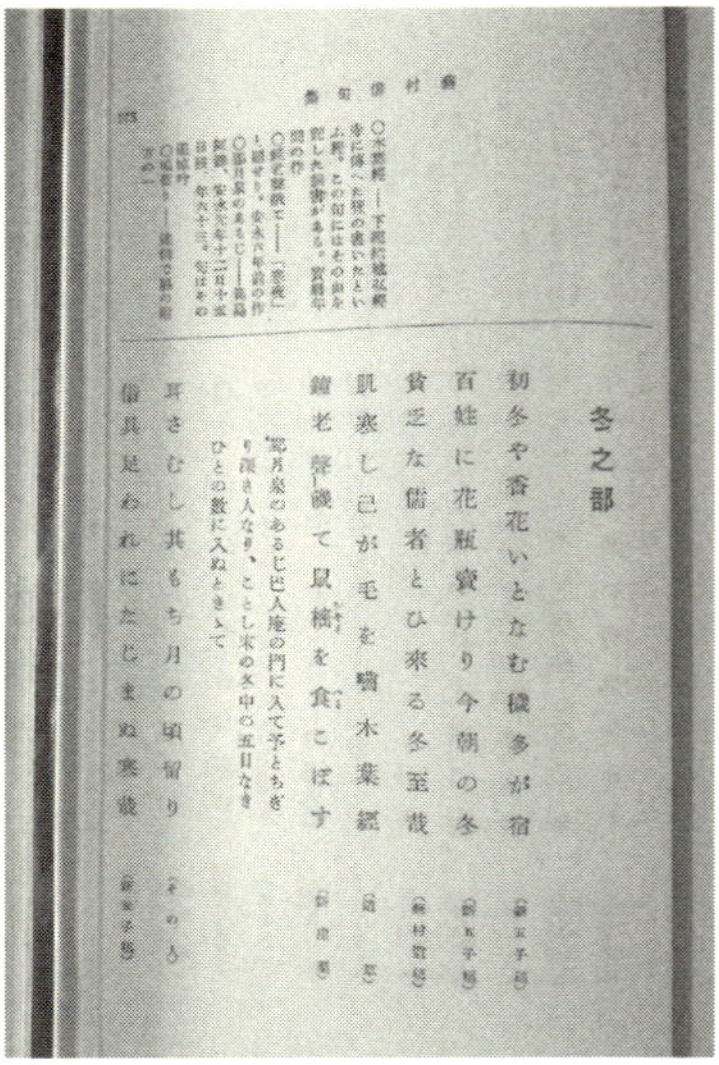

冬之部
初冬や香花いとなむ穢多が宿
百姓に花瓶賣けり今朝の冬
貧乏な儒者とひ來る冬至哉
肌寒し己が毛を嚙木葉經
鍛老聲錢て鼠樵を食こぼす
鷄月泉のあるじ巴人庵の門に入て予とちぎり深き人なり、ことし末の冬中の五日なきひとの數に入ぬときゝて
耳さむし其もち月の頃留り
借具足われにたじまぬ寒哉

図２　同175頁。

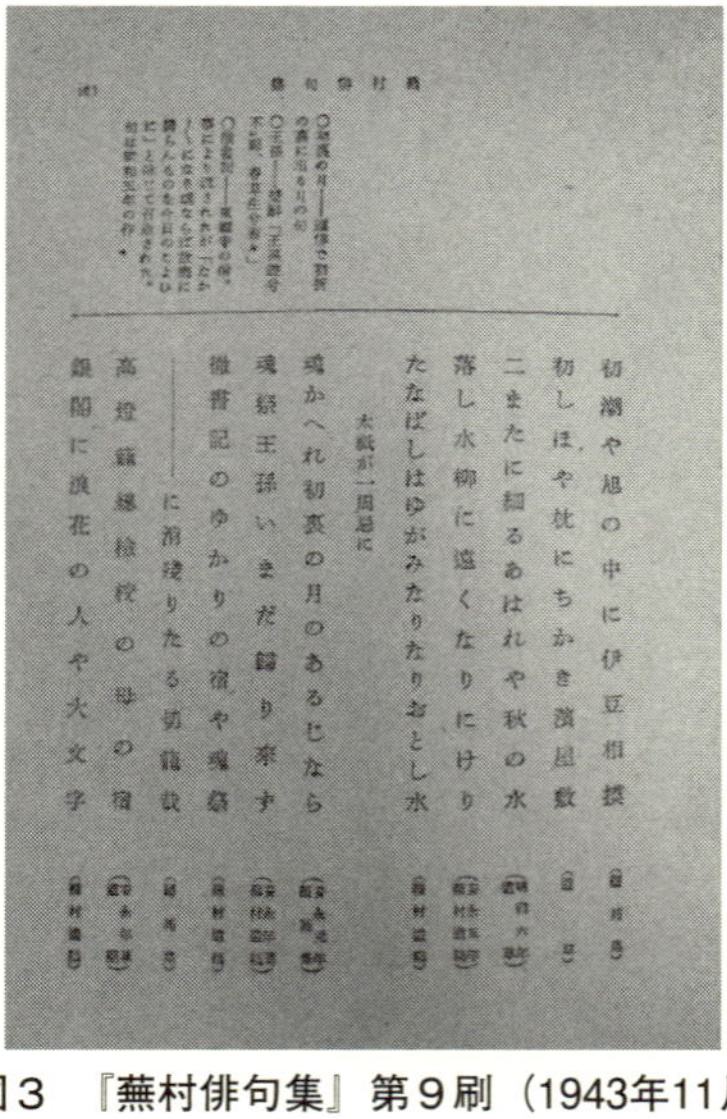

初潮や旭の中に伊豆相摸
初しほや枕にちかき濱屋敷
二またに細るあはれや秋の水
落し水柳に遠くなりにけり
たなばしはゆがみたりたりおとし水
太祇が一周忌に
魂かへれ初裏の月のあるじなら
魂祭王孫いまだ歸り來す
徹書記のゆかりの宿や魂祭
——に消殘りたる切籠哉
高燈籠總檢校の母の宿
銀閣に浪花の人や大文字

図３　『蕪村俳句集』第９刷（1943年11月30日）163頁。伏字がほどこされている。

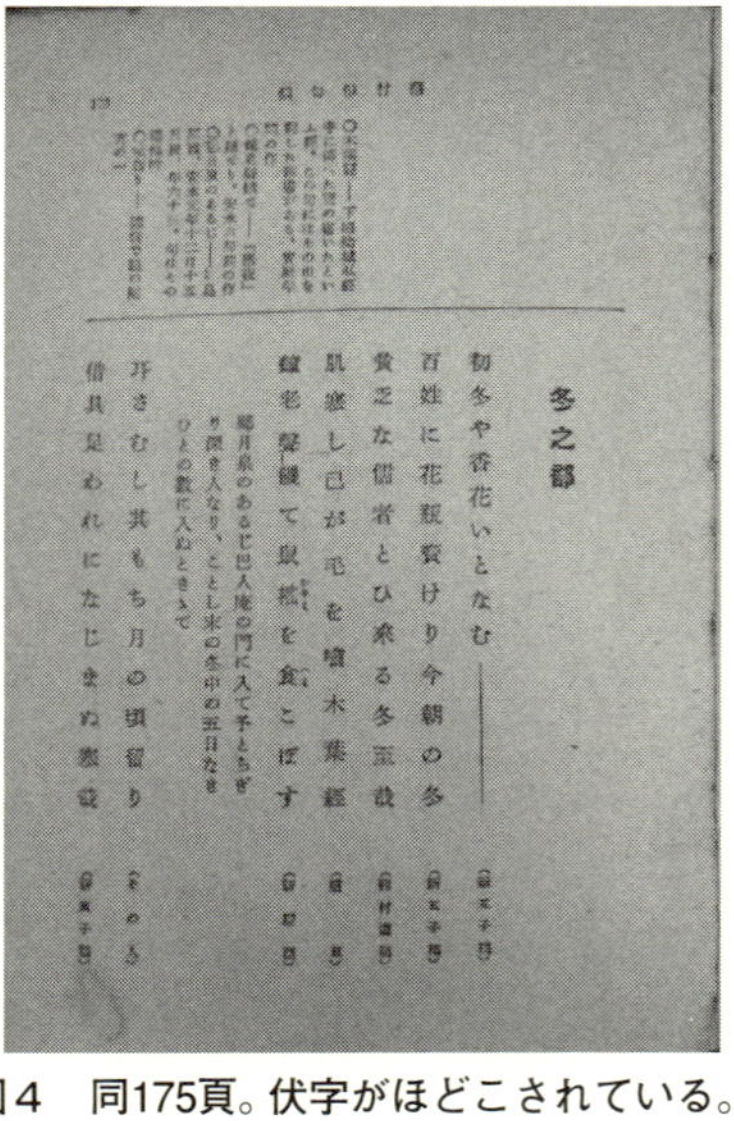

冬之部
初冬や香花いとなむ——
百姓に花瓶賣けり今朝の冬
貧乏な儒者とひ來る冬至哉
肌寒し己が毛を嚙木葉經
鍛老聲錢て鼠樵を食こぼす
鷄月泉のあるじ巴人庵の門に入て予とちぎり深き人なり、ことし末の冬中の五日なきひとの數に入ぬときゝて
耳さむし其もち月の頃留り
借具足われにたじまぬ寒哉

図４　同175頁。伏字がほどこされている。

・一七五頁　初冬や香花いとなむ――――（新五子稿）

この件について、当時の事情をより詳細に示す資料は、管見の限り確認できない。ただ、牧義之『伏字の文化史』に次のような例が紹介されている。(13)

森田草平『輪廻』（新潮社、一九二六年）には、性的描写に関わる内容につき、本文の差し替えをしていることが確認できる一方、差別用語に関する伏字が存在しているという。牧は、「森田と水平社運動関係者との間に、差別用語の伏字化をめぐる議論が」なされたことを丹念に論証している。また、この単行本刊行前後の時期に、水平社運動に関わる出版物の複数が発売頒布禁止処分を受けていることを示しつつ、内務省検閲による処分でももちろんあるが、同時に差別用語の使用を「糾弾」する運動によって、出版物の表現が常に検討対象となっていたことを明かしている。

『輪廻』刊行の時期よりも一〇年以上下ってからの出来事ではあるが、先に引いた山崎の証言も鑑みると、『蕪村俳句集』の変化もまた、こうした運動の帰結だったと捉えられるかもしれない。

(3)「削除」

削除処分を受けたと伝わっているのは以下の六タイトルである。

（1）田山花袋『蒲団・一兵卒』（初刷）一九三〇年七月一〇日、（処分日）一九三八年一一月一六日

（2）河野与一訳『アミエルの日記』（六）（初刷）一九三八年一二月一五日、（処分日）一九三八年一二月二〇日

(13) 牧義之『伏字の文化史』（森話社、二〇一四年）の第六章「森田草平『輪廻』の伏字表記　差別用語と作者の戦略」を参照されたい。

（3）武者小路実篤『その妹』（初刷）一九二八年四月二五日、（処分日）一九三九年四月一四日

（4）徳富蘆花『自然と人生』（初刷）一九三三年五月二五日、（改版）一九三九年四月一八日、（処分日）一九三九年四月二四日

（5）大畑末吉訳『アンデルセンお話と物語集』（八）（初刷）一九四二年一一月二五日、（処分日）不明[14]

（6）菅沼竜太郎訳『ベルツの日記　第二部』（上巻）（初刷）一九四三年一月一五日、（処分日）一九四三年一月三〇日

これらのうち、ともに一九三九年四月の出来事である武者小路実篤『その妹』と徳富蘆花『自然と人生』の改変に注目したい。時期が近いとはいえ、二つの出来事が必ずしも連関するわけではないということを、この事例が証し立てると思われる。まず、この二件については著者が著名であったためか、新聞でも報道されたことが確認できる。

警視庁検閲課では武者小路実篤氏著小説「その妹」（岩波文庫版）を安寧を紊る廉で十四日一部削除処分に付した
（「武者小路氏の小説を削除」『東京朝日新聞』一九三九年四月一六日（夕刊）二面）

徳富蘆花著『自然と人生』（岩波文庫版、第十一版）の一部は安寧を紊すものとして廿四日警視庁検閲課から削除を命ぜられた
（「『自然と人生』の一部に削除」『東京朝日新聞』一九三九年四月二五日（夕刊）二面）

二件が有している文脈は異なるのだが、一方で同時代においては、これらに脈絡をつける言説が浮上したことも事実である。新居格は『東京朝日新聞』の「槍騎兵」欄で、『その妹』と『自然と人生』を併せて論じている。

新居はまず『自然と人生』について、自分の青春時代の愛読書であると言いつつ、「私は「国家と個人」の内容は忘れたが新聞記事によると著者自身が曾て抹殺方を要請があつたものを掲載してあつたとすれば、出版者側に手落があつた訳だ。「国家と個人」との題目から想像すると何か国家観から削除されたものと思はれる」と述べている。『東京朝日新聞』での詳報はなかったが、新居は『自然と人生』のうち「国家と個人」の章が問題化されたことを、『東京朝日新聞』以外のメディア（「新聞記事」）によって知ったことが分かる。また、ここで指摘されている著者・蘆花の意向についてはのちに検討する。一方、『その妹』について新居は「これは多分その反戦的な部分の削除であらう」と述べている。さらに、「このあたりではなからうかといふ部分を引用することも出来るがそれは止さう」と挑発的な一文を記してもいた。その上で、次のように纏めている。

二作共何れも古い作品である。これが今日の時局思想によつて削除の運命にあつた。かうした詮索によれば他にも随分見出されるのではないかと思うが、筆者なども昔よんで忘れてゐたものを引張り出してよんで見た訳だ。削除処分が却つて再読の興味を読者に與へる反対効果もないとは云へないのである。(15)

新居が述べているのは、遥か以前に刊行された著作への検閲処分は、却って読者の興味を惹き、いわば「悪書」を読むことの呼び水となるということである。内務省検閲において、時期を遡っての処分の場合、既に頒布された分についてはそれを問わなかった。もっとも、個人が購入した図書・雑誌等を追って回収しようとしても、到

(14)　山崎安雄『永遠の事業　岩波文庫物語』（白鳳社、一九六二年）で挙げられているが、処分日への言及はなく、『出版警察報』でも確認ができない。
(15)　新居格「槍騎兵　旧作の削除処分」『東京朝日新聞』一九三九年四月二七日（朝刊）七面

底無理であることは容易に想像できる。その結果、新居がやろうとしてみせたような〈問題化された箇所を当てる推理ゲーム〉も可能になる。そのことを新居の文章は先鋭的に示している。

『その妹』については文庫に収められた武者小路による「自序」からも、内容の改変に関わる情報を得られる。自序は改版後の日付を付しており、それが改変を要請した何ものかに対する武者小路の主張なのではないか、という見当がつく。次に挙げる「自序」の末尾がそれに当たる。

今度第一幕の廣次が話して静子が筆記する処を無難に筋をはこませるやうにかきなほすことにした。なほその他二三行なほした処がある。

その妹をかいたときと同じ気持に今の僕はなれないと思ふ。他になほしたい処もないことはないが、その時の気持が全部にゆきわたつてゐるので書きなほすと反つて力がぬけると思ふので、他はそのまゝにしておいた。

昭和十四年六月十五日

武者小路実篤(16)

検閲処分との関わりに直接言及することはなく、「無難に」するために書き直したと述べつつも、「その妹をかいたときと同じ気持に今の僕はなれない」、「書きなほすと反つて力がぬける」といった書きぶりに、事情があることを匂わせている。実際に、改版前後の本文を比較すると、この作品からは失明した元兵士・廣次の台詞を中心に、約四〇〇〇字が削除されていた。先に触れた新居の推理もほぼ当たっていて、『その妹』は時勢との関わりにおいて処分を受けたと理解することが、比較的容易であったことが推察できる。

ここでは、『その妹』の三種の版の同一ページを刊行の古い順に並べ、比較することにする。変化が見られる

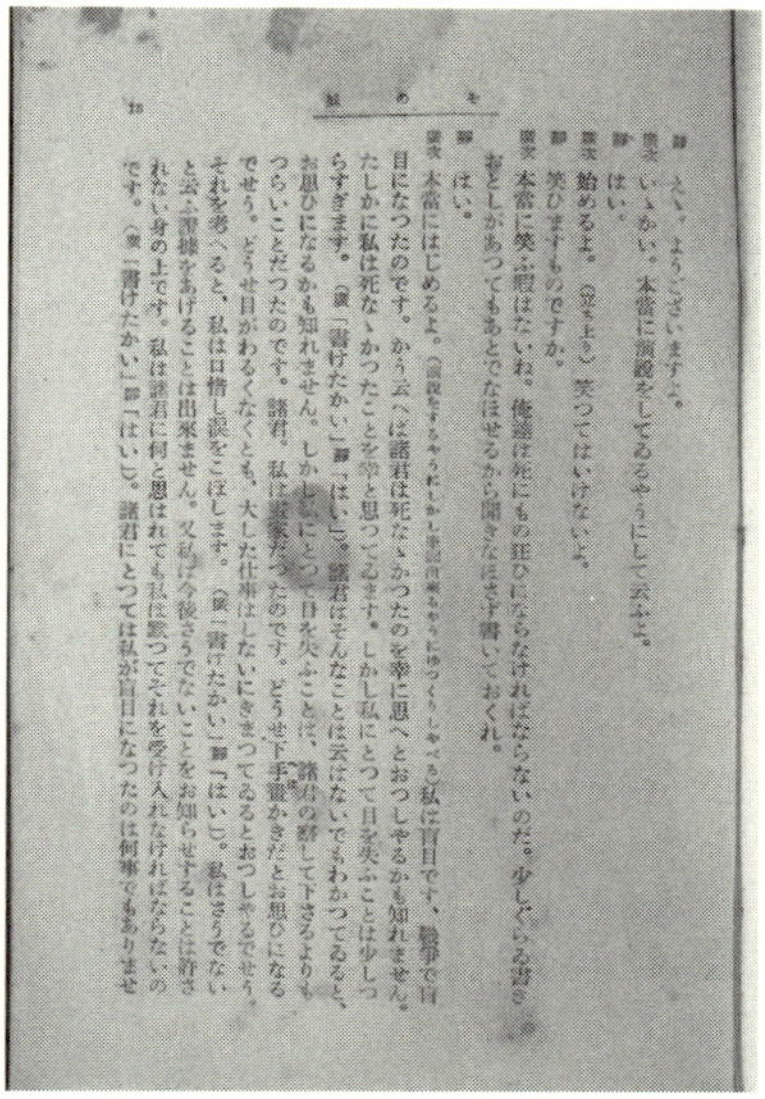

13　その妹

静　えゝ、ようございますよ。
廣次　いゝかい。本当に演説をしてゐるやうにして云ふよ。
静　はい。
廣次　始めるよ。（立ち上る）笑つてはいけないよ。
静　笑ひますものですか。
廣次　本当に笑ふ暇はないね。俺達は死にもの狂ひにならなければならないのだ。少しぐらゐ書きおとしがあつてもあとでなほせるから聞きなほさず書いておくれ。
静　はい。
廣次　本当にはじめるよ。（演説をするやうにしかし筆記出来るやうにゆつくりしやべる）私は盲目です、戦争で盲目になつたのです。かう云へば諸君は死なゝかつたのを幸に思へとおつしやるかも知れません。たしかに私は死なゝかつたことを幸と思つてゐます。しかし私にとつて目を失ふことは少しつらすぎます。（廣「書けたかい」静「はい」）。諸君はそんなことは云はないでもわかつてゐると、お思ひになるかも知れません。しかし私にとつて目を失ふことは、諸君の察して下さるよりもつらいことだつたのです。諸君。私は画家だつたのです。どうせ下手な画かきだとお思ひになるでせう。どうせ目がわるくなくとも、大した仕事はしないにきまつてゐるとおつしやるでせう。それを考へると、私は口惜し涙をこぼします。（廣「書けたかい」静「はい」）。私はさうでないと云ふ証拠をあげることは出来ません。又私は今後さうでないことをお知らせすることは許されない身の上です。私は諸君に何と思はれても私は黙つてそれを受け入れなければならないのです。（廣「書けたかい」静「はい」）。諸君にとつては私が盲目になつたのは何事でもありませ

図５　武者小路実篤『その妹』第３刷（1936年10月1日）13頁。

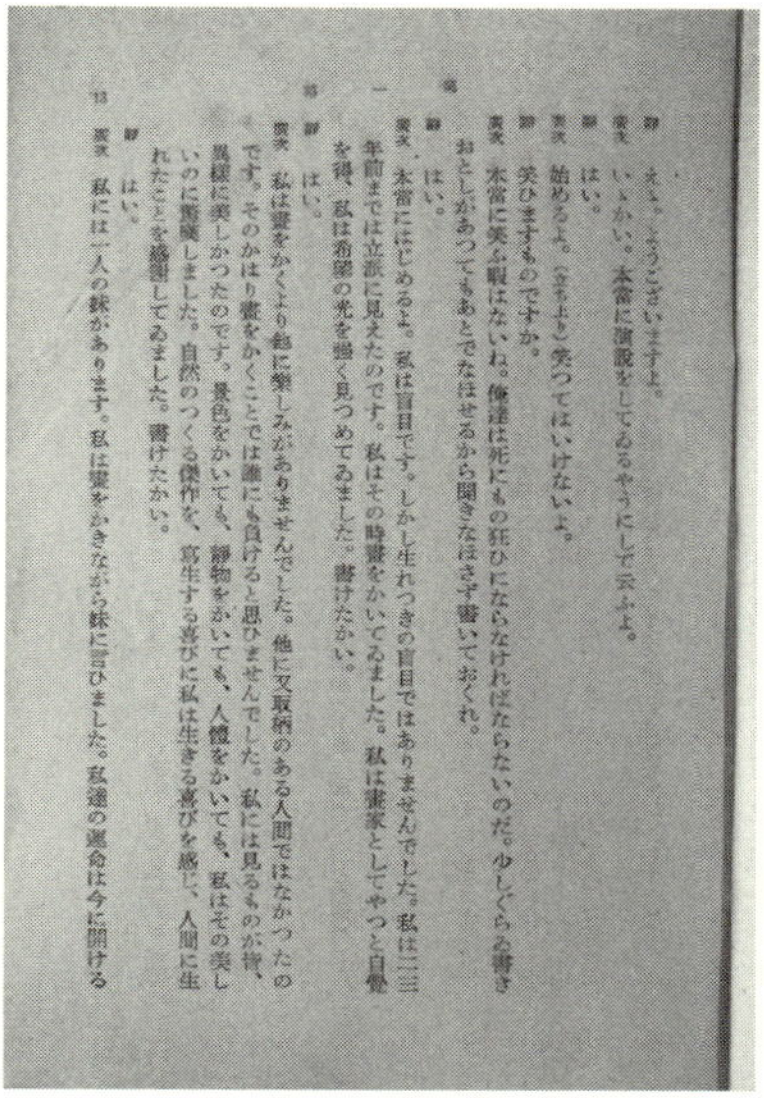

一　幕

静　えゝ、ようございますよ。
廣次　いゝかい。本当に演説をしてゐるやうにして云ふよ。
静　はい。
廣次　始めるよ。（立ち上る）笑つてはいけないよ。
静　笑ひますものですか。
廣次　本当に笑ふ暇はないね。俺達は死にもの狂ひにならなければならないのだ。少しぐらゐ書きおとしがあつてもあとでなほせるから聞きなほさず書いておくれ。
静　はい。
廣次　本当にはじめるよ。私は盲目です。しかし生れつきの盲目ではありませんでした。私は二三年前までは立派に見えたのです。私はその時画をかいてゐました。私は画家としてやつと自覚を得、私は希望の光を強く見つめてゐました。書けたかい。
静　はい。
廣次　私は画をかくより他に楽しみがありませんでした。他に又取柄のある人間ではなかつたのです。そのかはり画をかくことでは誰にも負けると思ひませんでした。私には見るものが皆、異様に美しかつたのです。景色をかいても、静物をかいても、人體をかいても、私はその美しいのに驚嘆しました。自然のつくる傑作を、写生する喜びに私は生きる喜びを感じ、人間に生れたことを感謝してゐました。書けたかい。
静　はい。
廣次　私には一人の妹があります。私は画をかきながら妹に言ひました。私達の運命は今に開ける

13

図６　『その妹』第７刷（1939年9月15日）13頁。

部分はこの限りではなく、あくまで一つのサンプルとして確認の対象としたい。まず、一九二八年四月二五日を第一刷の発行日とする、第三刷（一九三六年一〇月一日）の一三頁（**図5**）では、戦争で怪我を負い視力を失った廣次が、妹の静子（静と表記される）に口述筆記を依頼する場面が描かれている。始めるまで少しのやり取りがあったのち、廣次は、「本当にはじめるよ。（演説をするやうにしかし筆記出来るやうにゆっくりしやべる）私は盲目です。戦争で盲目になつたのです。」と語り始める。これが一六頁まで続く。

次に、同じく一九二八年四月二五日を第一刷の発行日とする第七刷（一九三九年九月一五日。奥付に改版発行と付記されている）の一三頁（**図6**）を見ると、廣次の台詞は編集され、「私は盲目です。しかし生れつきの盲目ではありませんでした。私は二さん年前までは立派に見えたのです。私はその時絵をかいてゐました。」となっている。それまでは戦争により失明したことが

（16）引用は『その妹』岩波文庫、第九刷、一九四一年一月による。

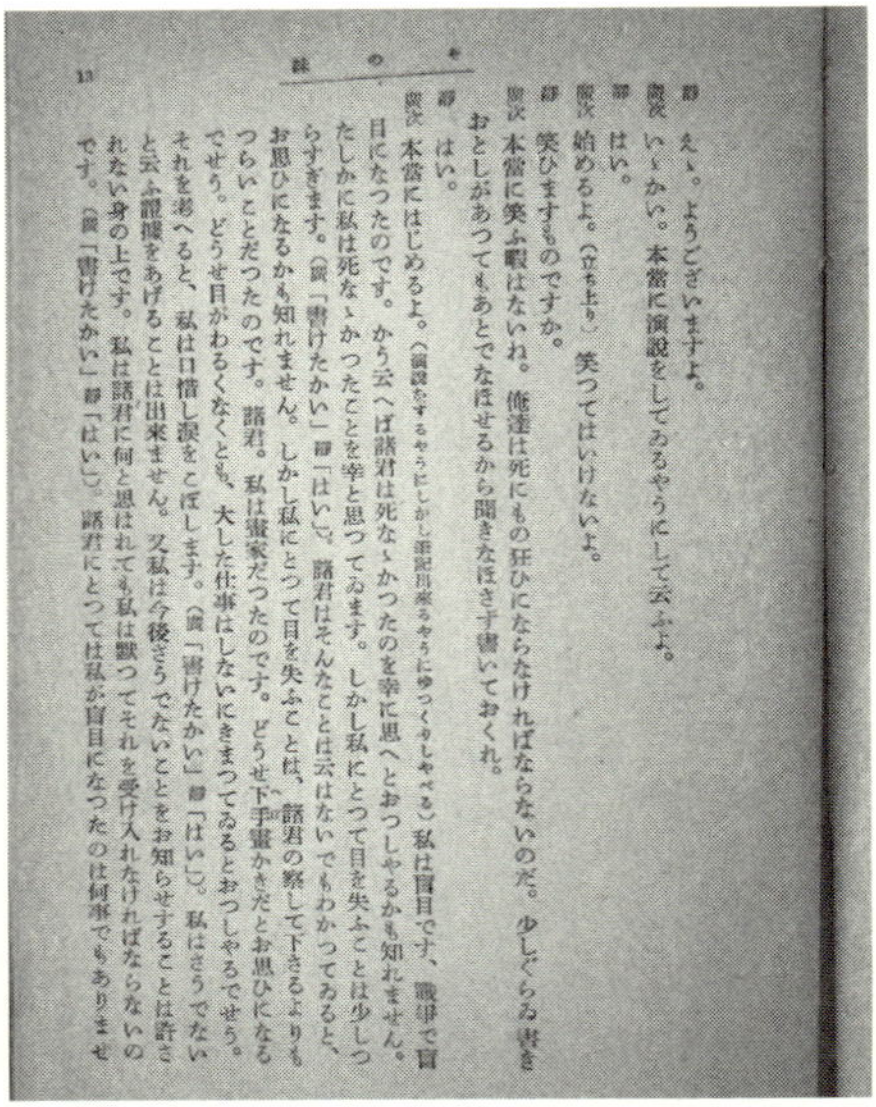

その妹　13

静　えゝ。ようございますよ。
廣次　いゝかい。本當に演説をしてゐるやうにして云ふよ。
静　はい。
廣次　始めるよ。（立ち上り）笑つてはいけないよ。
静　笑ひますものですか。
廣次　本當に笑ふ暇はないれ。俺達は死にもの狂ひにならなければならないのだ。少しぐらゐ書きおとしがあつてもあとでなほせるから聞きなほさず書いておくれ。
静　はい。
廣次　本當にはじめるよ。（演説をするやうにしかし筆記出來るやうにゆつくりしやべる）私は盲目です、戰爭で盲目になつたのです。から云へば諸君は死なゝかつたのを幸に思へとおつしやるかも知れません。たしかに私は死なゝかつたことを幸と思つてゐます。しかし私にとつて目を失ふことは少しつらすぎます。（廣「書けたかい」静「はい」）。諸君はそんなことは云はないでもわかつてゐると、お思ひになるかも知れません。しかし私にとつて目を失ふことは、諸君の察して下さるよりもつらいことだつたのです。諸君。私は畫家だつたのです。どうせ下手畫かきだとお思ひになるでせう。どうせ目がわるくなくとも、大した仕事はしないにきまつてゐるとおつしやるでせう。それを考へると、私は口惜し涙をこぼします。（廣「書けたかい」静「はい」）。私はさうでないと云ふ證據をあげることは出來ません。又私は今後さうでないことをお知らせすることは許されない身の上です。私は諸君に何と思はれても私は默つてそれを受け入れなければならないのです。（廣「書けたかい」静「はい」）。諸君にとつては私が盲目になつたのは何事でもありませ

図７　戦後に刊行された『その妹』の13頁。改版前の本文に戻されていることがわかる。

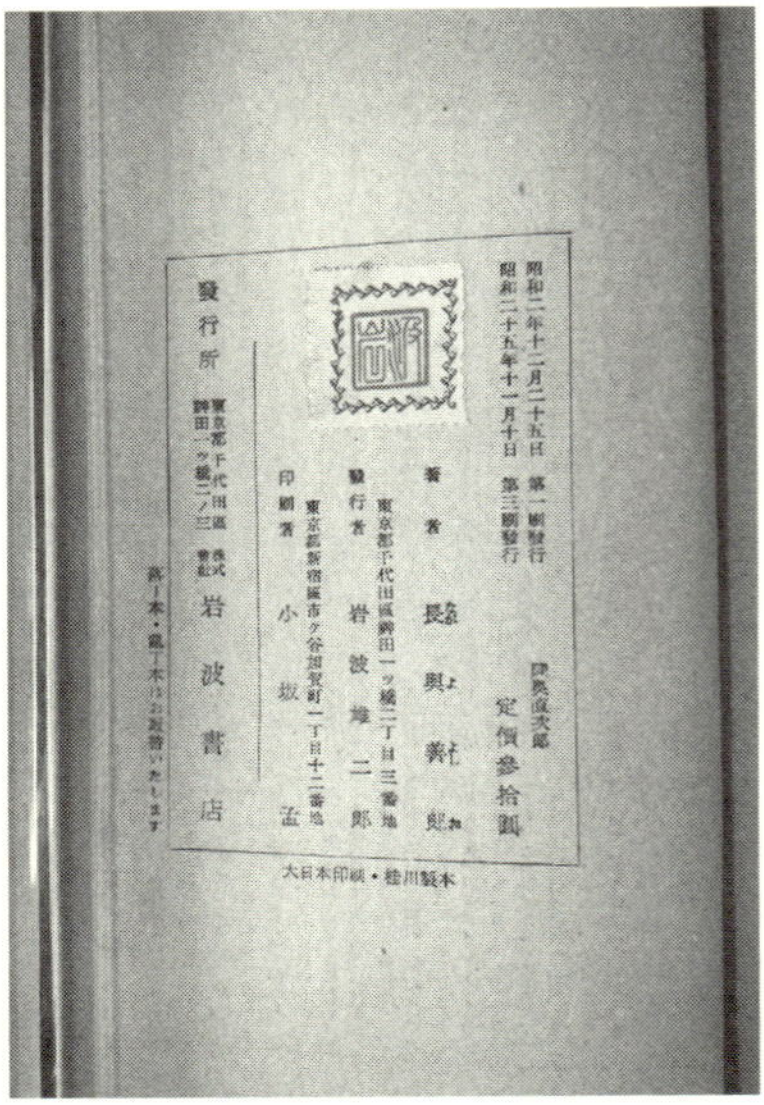

陸奥直次郎
昭和二年十二月二十五日　第一刷發行
昭和二十五年十一月十日　第三刷發行
定價參拾圓
著者　長與善郎
東京都千代田區神田一ツ橋二丁目三番地
發行者　岩波雄二郎
東京都新宿區市ケ谷加賀町一丁目十二番地
印刷者　小坂孟
發行所　東京都千代田區神田一ツ橋二ノ三　株式會社　岩波書店
落丁本・亂丁本はお取替いたします
大日本印刷・松川製本

図８　戦後に刊行された『その妹』の奥付。長與善郎『陸奥直次郎』の奥付になっているが、刊行もおよそこの時期だと推定される。

強調されていたが、改版によりその出来事よりも、失明前の廣次が抱いていた夢を語ることに力点が置かれるようになっている。

さらに、戦後に刊行された『その妹』も見ることができる。そこでは本文が改版前のものに復元されていることが分かる。しかし、筆者私蔵の『その妹』（**図7**）は乱丁により第何刷で、発行がいつだったのかを特定できない。この奥付が長與善郎『陸奥直次郎』（第三刷、一九五〇年一一月一〇日）となっているため（**図8**）、おそらく筆者の手元にある三冊目の『その妹』の刊行時期もそこから大きく離れるものではないと考えられる。

一方、徳富蘆花の随筆集『自然と人生』はそれよりも事情が複雑に見える。第一刷の発行日は一九三三年五月二五日だった。一九三九年四月一八日付の第一一刷が「削除」処分を受け、第一二刷以降が改版となっており、この時点で「国家と個人」の章が削除された。そのことは

現物からも確認できる。

『自然と人生』第一〇刷（一九三八年八月一〇日）を見ると、「国家と個人」が採録されていることがわかる。「国家と個人」は日清戦争終結直後、新橋駅に凱旋を見に行った蘆花が、見物人の中に明らかに貧窮し、飢えた人々がいることを描いたものである。

『自然と人生』への処分は、先に挙げた『東京朝日新聞』の他に、『読売新聞』一九三九年四月二五日（第二夕刊）二面でも報じられている。そこでは「「自然と人生」に削除処分」の見出しでその出来事を伝えている。

警視庁検閲課では神田区一ツ橋二の三岩波書店発行岩波文庫八八一、二巻徳富蘆花著「自然と人生」第十一版（昭和十四年四月十八日発刊）の表紙より四枚目の写真及び一二四―一二五頁の〝国家と個人〟の一節を廿四日削除処分に付した、大正十四年三月八日付で著者より自発的に同部分の内容不実を理由に抹殺方の要請がありながらこれを掲載してゐたもの

「大正十四年三月八日付で」以下の文章は些か不自然に見える。以前より著者が自ら削除の要請をしていたものの、これに対応してこなかった出版社に対し、「警視庁検閲課」が削除処分を決定した、とのことであり、単純な「検閲による処分」とは言い難い。イレギュラーな文脈が付随しているのである。蘆花は一九二七年に没しているため、この度の問題化はどこから、あるいは誰によってなされたのかが不明なままである。

では、問題となった『自然と人生』第一一刷（一九三九年四月一八日）を見てみたい。これは国立国会図書館デジタルコレクションでも見ることができる。(17)『読売新聞』が報じた「表紙より四枚目の写真」とは、『自然と人生』の初版（民友社、一九〇〇年）一八九頁への蘆花の書き込みを示すもので、「国家と個人」の一部に取り消し線を引

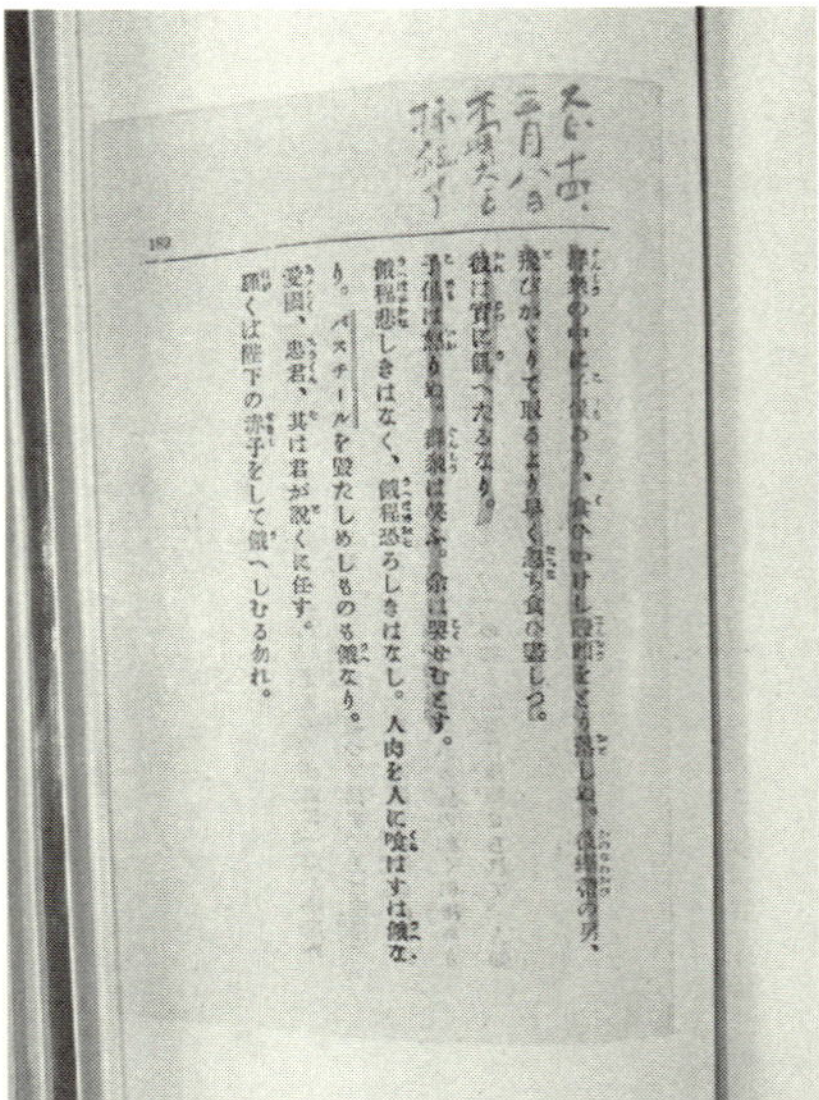

189

群衆の中に子供あり、食ひかけし饅頭をとり落しぬ。彼縄帶の男、

飛びかゝりて取るより早く忽ち食ひ盡しつ。

彼は實に饑へたるなり。

子供は怒りぬ。群衆は笑ふ。余は哭せむとす。

饑程悲しきはなく、饑程恐ろしきはなし。人肉を人に喰はすは饑な

り。バスチールを毀たしめしものも饑なり。

愛國、忠君、其は君が說くに任す。

願くば陛下の赤子をして饑へしむる勿れ。

図９　徳富蘆花『自然と人生』第10刷（1938年8月10日）の口絵。『自然と人生』の初刊に蘆花自身が朱書きしている部分を示している。

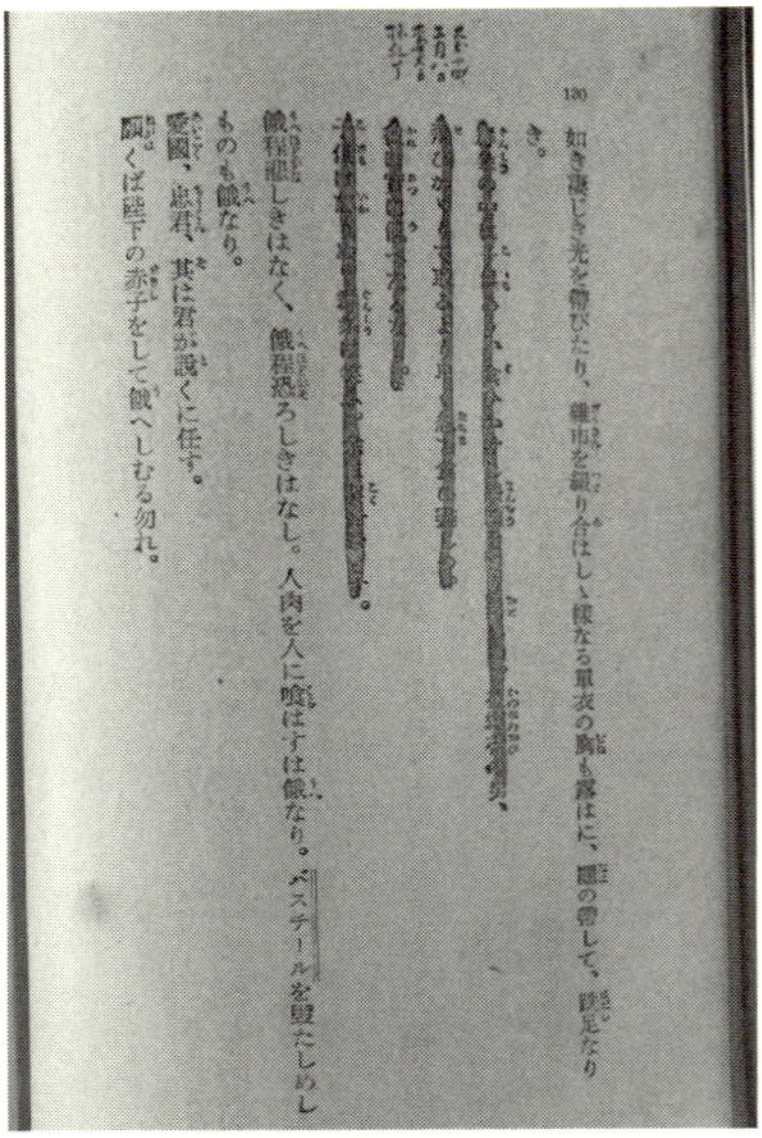

130

如き凄じき光を帶びたり、雜巾を綴り合はし樣なる單衣の胸も露はに、腰の帶して、跣足なり

き。

[redacted]

餓程悲しきはなく、餓程恐ろしきはなし。人肉を人に喰はすは餓なり。バステールを毀たしめし

ものも餓なり。

愛國、忠君、其は君が說くに任す。

願くば陛下の赤子をして餓へしむる勿れ。

図10　徳富蘆花『自然と人生』第10刷（1938年8月10日）「国家と個人」（部分）。蘆花の朱書きを文庫の本文においても再現している。

き、ページ上部に墨で「大正十四、三月八日不実を抹消す」と書いた部分の図版である。岩波文庫ではこの蘆花の書き込みの写真を収録しつつ、文庫の本文でも蘆花の書き込みを再現していた（図９・10）。それが『読売新聞』が伝える「一二四―一二五頁」である。蘆花が取り消し線を付したのは「群衆の中に子供あり、食ひかけし饅頭をとり落しぬ。彼縄帯の男、飛びかゝりて取るより早く忽ち食ひ尽しつ。彼は実に飢へたるなり。子供は怒りぬ。群衆は笑ふ。余は哭せむとす。」という部分で、凱旋を迎える群衆の賑わいと鮮やかに対立する光景である。

真に蘆花の遺志に従うならば、この部分のみを削除すれば事足りる。しかし、一九三九年の検閲を経た結果、この断章の全てが「削除」された。「国家と個人」は、蘆花自身が改稿を望んだ範疇を超えて、凱旋と飢えた人々とのコントラストを伝えるテクストの全てが「削除」の対象となったのである。

第一一刷には、表紙の右上に「削除済」と書かれた紙が貼られている（図11）。中を見ると削除箇所は可視化されている。「削除済」という貼紙は、『自然と人生』の第一三刷（千代田図書館蔵）やフローベル／伊吹武彦訳『ボヴァリー夫人（下）』（第一刷、一九三九年四月一七日。千代田区立千代田図書館蔵）でも確認できるため、過去の所有者ではなく岩波書店による対応だったことが推測される。また、『ベルツの日記　第二部下』第一刷（一九四三年一〇月二〇日）では、表紙に貼紙ではなく「削除済」の印が捺されており、貼紙よりも簡便な対応を取るようになったことが窺える（図12）。

本の中を確認すると、削除後も目次の上では「国家と個人」が残っていることがわかる（図13）。しかし、一二三頁の末尾には「＊124 125頁削除。従って、目次に標題だけ残りしを諒とせられたし。尚『あとがき』中の「口絵の二」についても同前。」と記されており、目次上の削除を行わなかった旨の断り書きが付されている（図14）。「あとがき」についても同様で、口絵自体は削除したものの、「あとがき」では口絵の説明がなされており、その部分は削除がされていないため、〈存在しない口絵の説明を「あとがき」でしている〉という事態が生じている。そのことに対するエクスキューズである。なお、第一二刷（一九四〇年一月三〇日）でも同様である。

このように、ひとくちに検閲の結果としての「削除」と言っても、その背景や事情は一点ごとに異なっている。初刷刊行時の処分であれば、内務省検閲の範疇で内々に対処がなされたはずであるが、例えば『その妹』や『自然と人生』のような事後的な処分の場合は、その出来事はニュースとして伝達され、世間の耳目を引くことにもなったのである。また、そこには書き手自身の意志が様々に見え隠れしてもいる。その一方で、書き手の意志が意図的に読み替えられることにより、出版物に対する処分が成り立っていくケースもあったことがわかる。

（17）国立国会図書館デジタルコレクション（http://dl.ndl.go.jp/info:ndljp/pid/1130565）最終閲覧日：二〇一九年七月二日

図11　徳富蘆花『自然と人生』第11刷（1939年4月18日）表紙。右上に「削除済」と書かれた紙が貼られている。

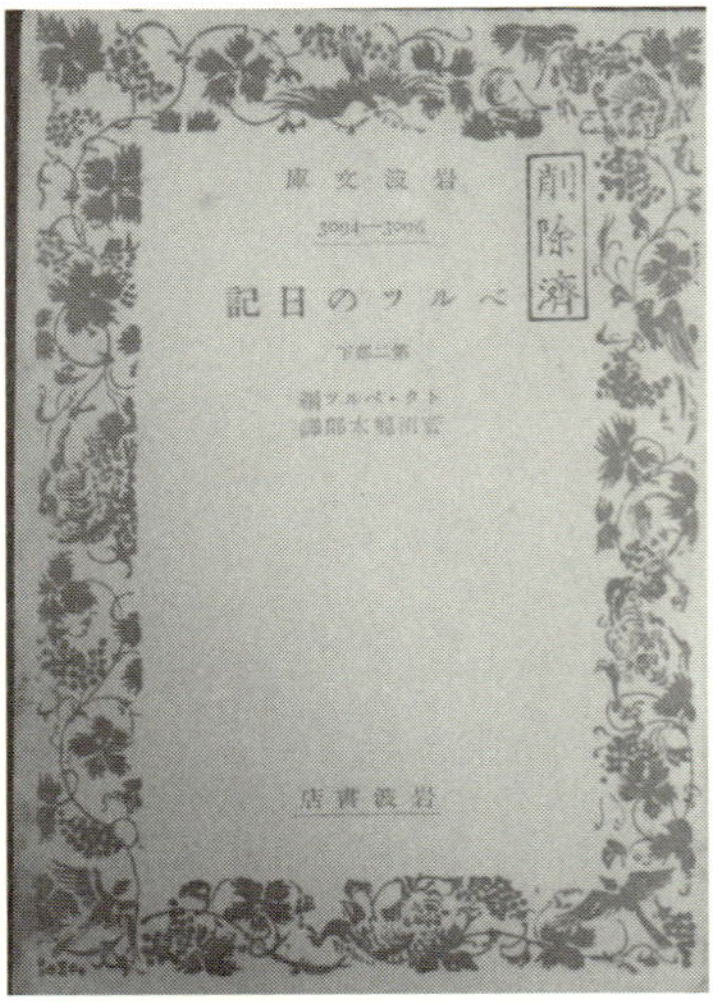

図12　菅沼龍太郎訳『ベルツの日記　第二部下』第１刷（1943年10月20日）表紙。青インクで「削除済」の印が捺されている。

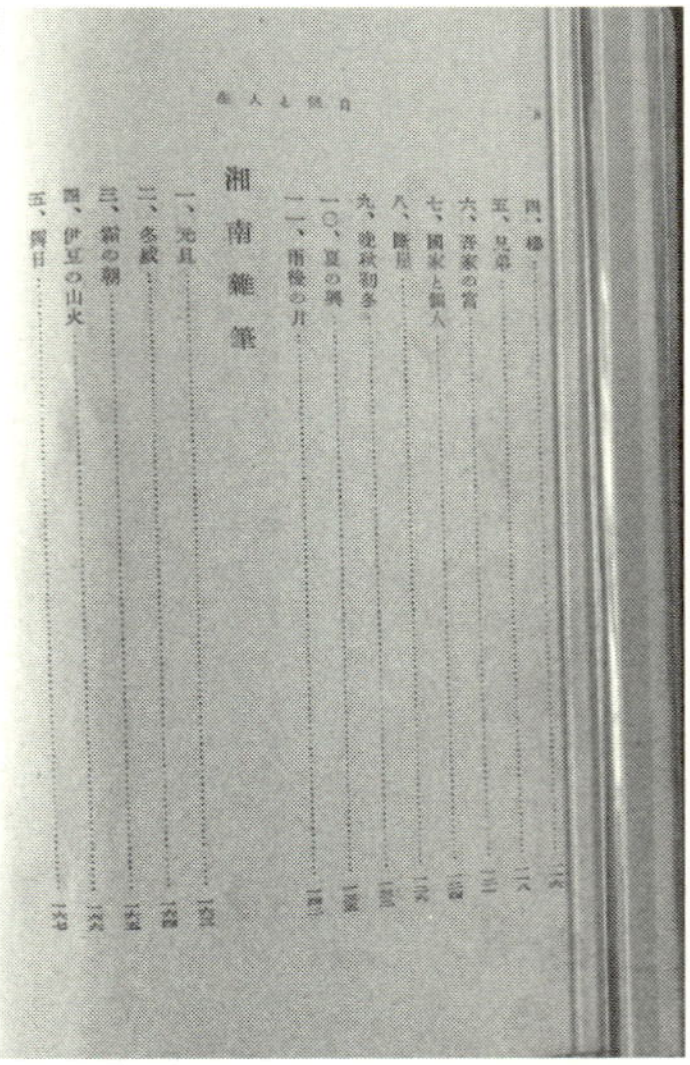

図13　徳富蘆花『自然と人生』第11刷目次。「国家と個人」が残っている。

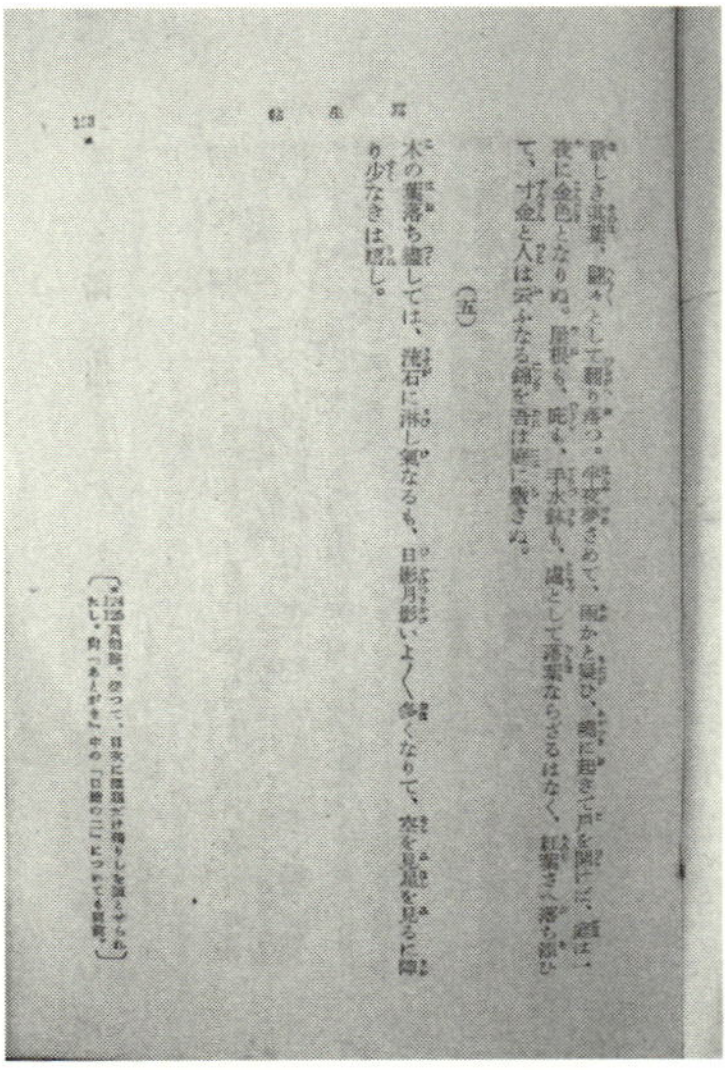

図14　徳富蘆花『自然と人生』第11刷123頁。続くページが削除されている旨が明記されている。

（4）その他（おそらく自主規制）

以下の四タイトルは、処分の内実がはっきりしないために個別の検討が必要である。ここでは次の順に従って記述していく。

（1）志賀直哉『和解　或る男、其姉の死』（初刷）一九二七年一二月五日
（2）ジイド／小松清訳『ソヴエト旅行記（改訂版）』（初刷）一九三七年九月六日
（3）ガルシン／神西清訳『紅い花　他四篇』・『紅い花　他三篇』（初刷）一九三七年九月一五日・一九四三年三月一日
（4）セナンクール／市原豊太訳『オーベルマン』（上巻）（初刷）一九四〇年五月二八日

志賀直哉『和解　或る男、其の姉の死』については、大阪での新聞報道が確認できるのみであり、実際に岩波書店が何らかの対応をしたかどうかも現時点では詳らかでない。ただ、このような記事があることを紹介しておきたい。

> 【大阪電話】大阪憲兵隊では廿一日志賀直哉氏著の創作「或る男、その姉の死」の一部に反軍思想が盛られてゐると陸軍省を通じて内務省へ処分方を要求した
> 問題の箇所は第廿八節で或る男から女への手紙の形式で入営から廿日ばかりで病気になつて除隊になるまでの入営忌避者の心理状態を巧みな筆致を以て表現してをり岩波文庫にも収録されてゐるので断乎処分することになつたものである(18)

（18）「志賀直哉氏の創作槍玉に」『読売新聞』一九三八年九月二二日（朝刊）七面

これが一九三八年九月の出来事だったことは意味深長である。一九三八年五月には国家総動員法が施行され、前年一〇月に発足していた企画院がその実効力を強めていた時期である。出版に関する用紙統制にも、三八年七月からは企画院が関わるようになっていた。つまり、この時期は様々なレベルで軍部が政治や行政への干渉をいよいよ強めていた。ここで再び、岩波文庫に対する検閲処分は、『サーニン』への発売頒布禁止処分と、『文明論之概略』への「次版改訂」処分以外、全て一九三八年以降に起きていることも強調しておきたい。ともあれ、ここで言えることは次のようになるだろう。

志賀の「或る男、其の姉の死」は、内務省検閲はパスしていた。しかし、初刊から一〇年以上を経て、地方の憲兵隊が問題化し、軍部から内務省に要求が届いたことが報道されている。そして、憲兵隊は作品そのものに対し物言いをしたのであり、岩波書店に対してそれを行ったのではない。注目すべきは、作品それ自体への物言いに際して「岩波文庫にも収録されてゐる」ことが、申し立てを正当化していることである。当時における岩波文庫への社会的な影響力の強さを窺うことができる。とはいえ、この時期以降の『和解　或る男、其姉の死』には改変の跡が認められず、大阪憲兵隊の要求に対する内務省側の対応も確認できない。

ジイド『ソヴエト旅行記』は「改訂版」の表記がないものが、一九三七年九月一日付で刊行されている。しかし、同年九月六日を発行日として『ソヴエト旅行記〔改訂版〕』のタイトルに変更され、刊行されている。『ソヴエト旅行記〔改訂版〕』の改訂第二刷（一九三七年九月二〇日）に収められた訳者・小松清のあとがきには次のようにある。

> この訳書は、遅くとも今年一月末から二月上旬に上梓される予定であつたのが、原著が重大な社会的、政治的及び文化的意義と影響をもつものである点を充分に考慮し、この書をして出来うるだけ的確な訳業たらしめ、苟しくも翻訳上の誤謬、混乱、晦渋の跡をとどめざらんことを期して最大限の努力と注意を払つた結

果、予想外に遅れて刊行をみることになつたのである。

「あとがき」の末尾には「一九三七年七月一日」とあり、『ソヴエト旅行記』初刷よりも二ヶ月ほど早い時期に書かれたようである。そうなると、先に見た武者小路実篤『その妹』の「自序」とは異なり、改変に合わせて書かれたものではない。そもそも同書はソヴィエトの共産主義体制を好意的に見ていたジイドが、その評価を大きく変節させたことを示す内容を具えている。文庫の刊行当時、日本国内の共産主義勢力は、一九三三年六月の佐野学・鍋山貞親のいわゆる転向宣言を経て壊滅的に解体させられていた。更に言うと、同書は結果的に共産主義に批判的な立場を取る内容であるとはいえ、「旅行記」が作家の目を通してその国家の内情を知らせるものであることに変わりはない。その刊行に際しては、細心の注意を払ったものと思われる。

さて、ガルシンの『紅い花』は少し不思議な本である。初めに『紅い花　他四篇』として刊行されたものの、第六刷から『紅い花　他三篇』と改題している。短編「四日間」が削除されているのである（**図15**）。しかし、『紅い花　他三篇』となってからの奥付を見ても、初刷は『紅い花　他四篇』の日付のままである。今回は筆者私蔵の第五刷と第六刷を見比べてみたい。

文庫のタイトル自体は変わったものの、刷数を仕切り直すことはしなかったということになる。この間の事情は詳らかでないが、タイトルの付け方には確たる規則がないことが窺える。古典籍の場合でも、例えば書誌を取る際に外題と内題、あるいはその他の題のいずれを採用するかという点が問題になることがある。また、何を「外題」「内題」と名指すかという点でも揺るぎない基準はなく、記録者の裁量に委ねられることもある。書籍のタイトルとは、実はそこまで厳密に制度化されていないのかもしれない。

さて、二つの『紅い花』それぞれの「あとがき」を読むと、ちぐはぐな事態が生じていることがわかる。『紅

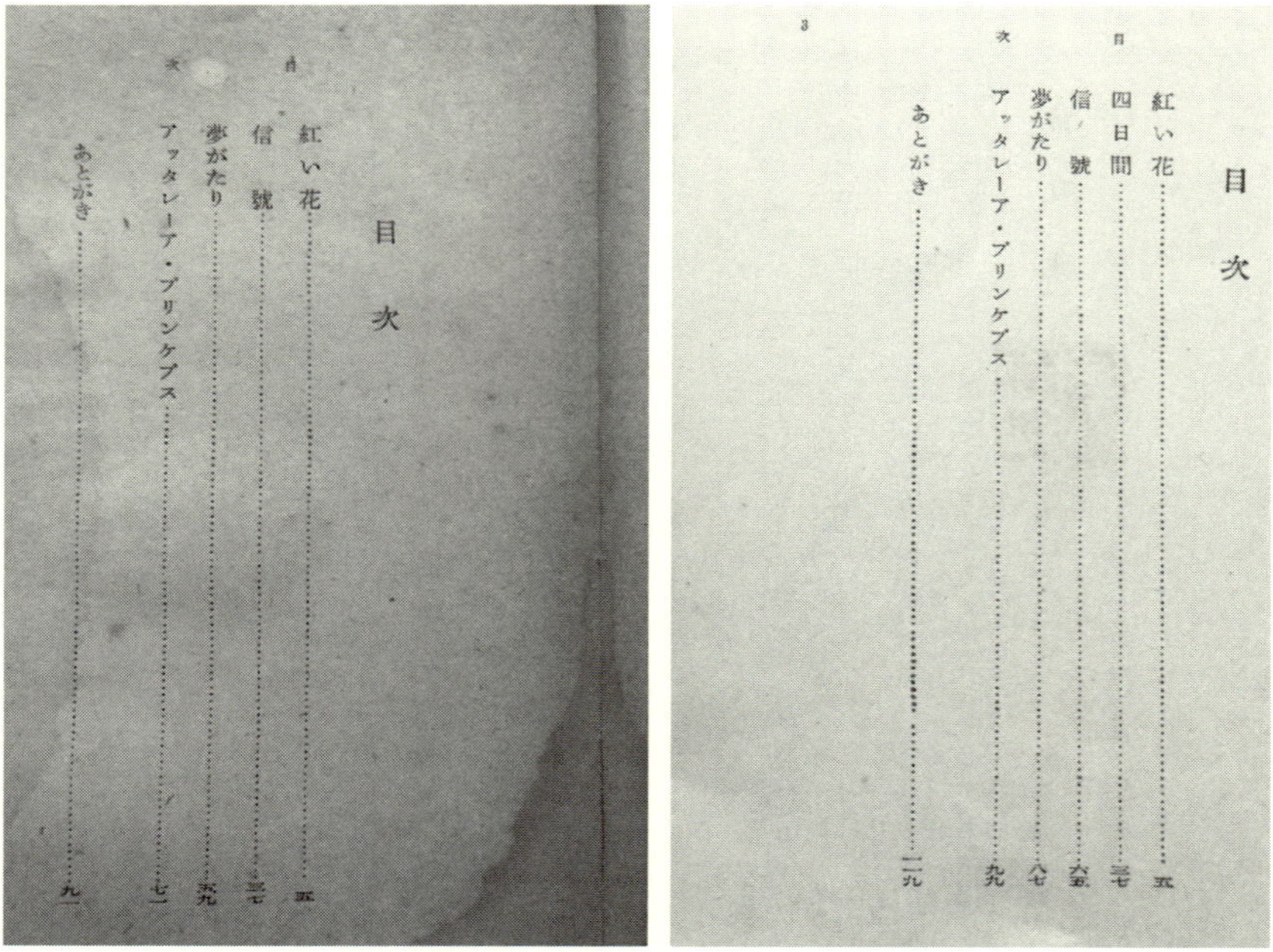

図15　（右）『紅い花　他四篇』（第５刷、1941年4月25日）と（左）『紅い花　他三篇』（第６刷、1943年3月1日）。『紅い花　他三篇』では「四日間」が抜かれている。

い花　他四篇』では「四日間」が採録されているから、当然「四日間」に関する解説も書かれることになる。しかし、『紅い花　他三篇』になっても「四日間」の解説が「あとがき」に残っているのである。文庫のタイトルや実際の作品数には変化があるものの、「あとがき」や岩波文庫としての「１５６５」というタイトル番号には変わりがない。そして結果的に、収録されていない作品の解説が読めるということが起きるのである（図16）。

萩原直幸[19]によると、『オーベルマン』上巻（初刷）では二五八頁が二行アキとなっており、戦後の版ではその部分が補填されていたとのことである。この二行アキについて、少なくとも『出版警察報』に記載はない。おそらく出版する側の判断だったと思われるが、それが訳者本人によるものか、編集側の判断が先んじていたかは詳らかにならない。『オーベルマン』下巻（一九五九年）に収録された、訳者・市原

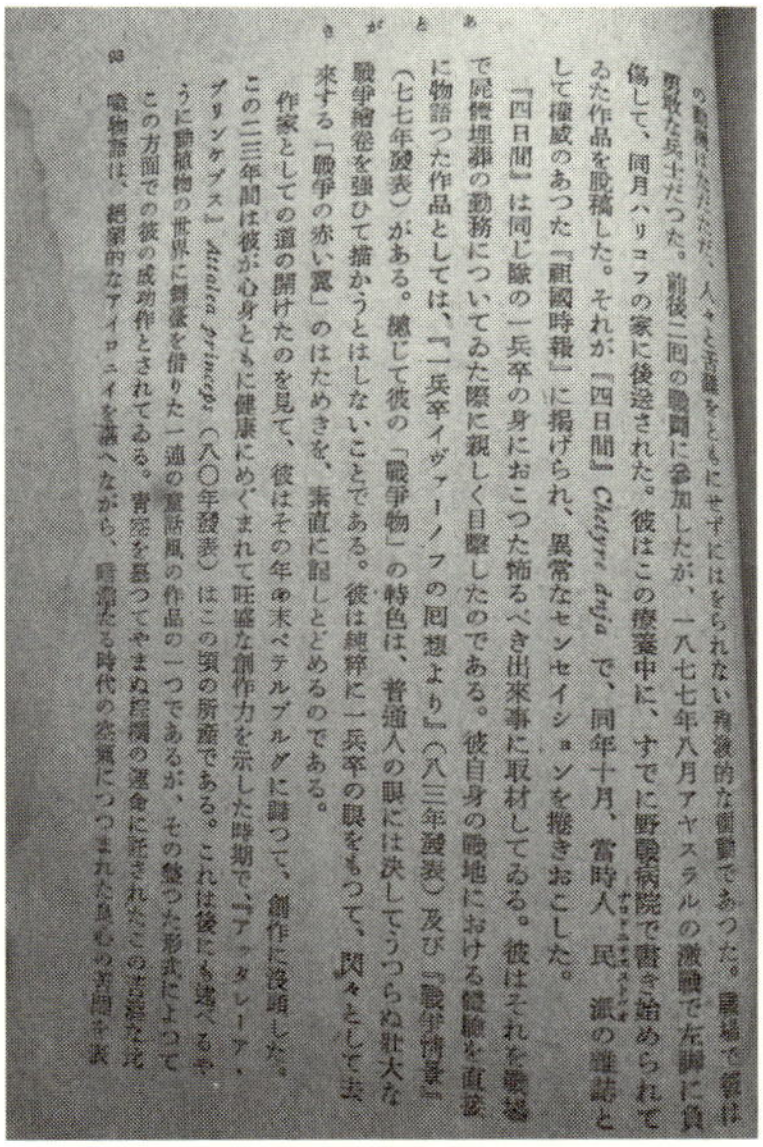
あとがき

の動機はただただ、人々と苦難をともにせずにはをられない殉教的な衝動であつた。戦場で彼は勇敢な兵士だつた。前後二回の戦闘に参加したが、一八七七年八月アヤスラルの激戦で左脚に負傷して、同月ハリコフの家に後送された。彼はこの療養中に、すでに野戦病院で書き始められてゐた作品を脱稿した。それが『四日間』Chetyre dnja で、同年十月、當時人民派の雑誌として權威のあつた『祖國時報』に掲げられ、異常なセンセイションを捲きおこした。

『四日間』は同じ隊の一兵卒の身におこつた怖るべき出來事に取材してゐる。彼はそれを戦場で屍體埋葬の勤務についてゐた際に親しく目撃したのである。彼自身の戦地における體驗を直接に物語つた作品としては、『一兵卒イヴァーノフの回想より』（八三年發表）及び『戦爭情景』（七七年發表）がある。總じて彼の「戦爭物」の特色は、普通人の眼には決してうつらぬ壯大な戦爭繪卷を強ひて描かうとはしないことである。彼は純粹に一兵卒の眼をもつて、閃々として去來する「戦爭の赤い翼」のはためきを、素直に記しとどめるのである。

作家としての道の開けたのを見て、彼はその年の末ペテルブルグに歸つて、創作に没頭した。この二三年間は彼が心身ともに健康にめぐまれて旺盛な創作力を示した時期で、『アッタレーア・プリンケプス』Attalea Princeps（八〇年發表）はこの頃の所産である。これは後にも述べるやうに動植物の世界に假託を借りた一連の童話風の作品の一つであるが、その整つた形式によつてこの方面での彼の成功作とされてゐる。青空を慕つてやまぬ棕櫚の運命に託された[illegible]動物譚は、絶望的なアイロニイを湛へながら、暗澹たる時代の空氣につつまれた良心の苦悶を表

93

図16　『紅い花　他三篇』（第6刷、1943年3月1日）の訳者・神西清による「あとがき」。収録されていない「四日間」の解説が読める。

豊太の「あとがき」は、戦後に改めて書かれたものであるようだが、翻訳を進めていた戦時下の状況について次のように記されている。

たとへ完成しても到底当時の世に出せるものではなかつたし、又私自身、翻訳をつづける気持になれなかつた。この戦争がどんなに無謀でも、苦しくても、国民の一人として、協力しなくてはならなかつた。

「あとがき」に二行アキに関する具体的な言及は見られないが、訳者自身に「世に出せるものではな」いという感覚があったという事後報告は示唆に富む。戦後に補填された該当箇所は、オーベルマンが兵士について語った「戦場で彼らは敵に向つて進む前に、死の確率を計算しなくてはならない。さうなると君の英雄たちは皆罪人になるのだ」という文章である。英雄が罪人になるという思弁は、一九四〇年の時点では問題視されると容易に判断されたであろう。

今回取り上げた、処分の実態が不明な文庫は、いずれも内務省検閲により処分を受けたというよりも、著者、

(19)　萩原直幸「岩波文庫の検閲と『オーベルマン』の削除をめぐって」（『フランス文学』第三〇号、日本フランス語フランス文学会中国・四国支部、二〇一五年三月）

訳者や岩波書店内部での判断である可能性が高い。

三　出版社を起点とした検閲研究の可能性

従来の検閲研究の主だった視座には、次のようなものがあるだろう。例えば、特徴を見やすい特定の刊行物一点に的を絞り、そこから検閲の特色を見るものがある。また、時代を絞るというアプローチがある。これは、「一九一〇年代の」とか、「用紙統制開始後の」といったもので、その時代の検閲の傾向を抽出することに主眼があると思われる。そして、人物に焦点化するという方法もある。「谷崎潤一郎と検閲」、「太宰治と検閲」といった切り口である。あるいは、関東大震災をめぐる報道への規制、原爆に関する言説への検閲など、社会的な出来事に絞った検討手法もある。他にも、資料の出どころをまずは一か所に絞った、「内務省委託本」やプランゲ文庫といった名前が冠される研究もあるだろう。

そうした中で、出版社に焦点を当てつつ検閲と文学との研究を進めていくことは、いかに可能であろうか。あるいは、その方法が何を明らかにするだろうか。意義を性急に言い立てることは慎むべきだが、さしあたり、それは出版社側の検閲への対応を可視化できることだ、と月並みなことを敢えて述べておきたい。岩波文庫に関しては、タイトル数の数え方はどうなっているか（ガルシン『紅い花』をめぐって）、「改訂版」とつけるか、それともさりげなくタイトルを変えるかといった、多様な対応の様相が見えてきた。そして、その選択はどのように行われたのかといった疑問も湧く。

それだけでなく、出版する側に焦点を当てつつ検閲という営為を検討することで、書き手の位置が新たなイメージを以て問われる。時勢に即して該当する言説を封じ込めようとする当局側と、その意向に対応することを免れず、物（商品）としての本の刊行を維持するために様々な判断を迫られる出版社側と、その二極とは別の極に立つことになる書き手――それぞれの思惑や意図が鼎立する中で、テクストは成立する。出版社と書き手との関係が常に幸福であるとは限らないことには、当然ながら意識的でなければならない。この緊張関係のただ中に、テクストの書き手は常に置かれているのである。

今回紹介したものが、岩波文庫に対する処分の全てではない。安倍能成は「恐らく日本の書肆中左翼出版を専門にした本屋以外で、岩波書店くらい当局の弾圧を被ることの大きかったものはあるまい[20]」と述べた。岩波文庫に対する処分以外にも、アジア・太平洋戦争下の岩波書店をめぐっては、津田左右吉の著作刊行に対する蓑田胸喜らの岩波茂雄に対する抗議活動や、それと直接的な因果関係があるとは言えないが、津田と岩波が起訴された、出版法違反に係る裁判（一九四〇―四二年。四四年に免訴となる。）、いわゆる横浜事件の流れの中で起きた、藤川覚や小林勇の検挙（藤川が一九四四年一一月、小林が一九四五年五月に検挙された）など、さまざまな角度から多様な形で出版・言論統制を受けていた。

今挙げたのは岩波書店の「人」をめぐる出来事であるが、今回は岩波書店の「物」（刊行物）からどのような事態を窺い知ることができるかを試みた。実態の紹介に留まり、踏み込んだ考察や結論には至っていないが、こうした事態を各論でいかに捉え返していくか、引き続き検討せねばならない。

【付記】本研究はJSPS科研費JP16K13196の助成を受けたものである。
なお、ここで取り上げた岩波文庫の原本は、筆者私蔵、千代田区立千代田図書館蔵書の他、その多くは牧義之氏所蔵のものである。この場を借りて深く感謝申し上げたい。

(20) 安倍能成『岩波茂雄伝　新装版』岩波書店、二〇一二年、一九〇頁

4

占領期における検閲主体の読書行為
――東京裁判言説の検閲内容をめぐって

金ヨンロン

一　検閲主体の読書行為はいかに捉えられてきたか

検閲研究の目覚しい蓄積とその成果に負いながら、ここでさらなる展開を試みるために注目したいのは、検閲主体の読書行為である。(1)検閲プロセスの様々な段階において行われる人々の読みの特徴をまとめ、それを理論的に捉えることである。

そもそも言論統制を目的として行われる読みを「読書」と言えるのか。亀井秀雄(2)は、「共感に導かれ、理解への期待に促されて進んでゆく「読む」という行為」を「読書」だとすれば、検閲主体が行うのはその「反対の体験」でしかない「反読書的な行為」だと断言した。確かにテクストが及ぼす社会的影響（支配者が危険視する思想の伝播）を危惧し、そのような言説を封鎖すべく、問題箇所を摘発していく読みは、いわゆる「読書」とは異なるだろう。しかし、検閲主体の読みには自明な目的があるからこそ、彼らがテクストに全く共感を示せずに理解を損なわれた場合、検閲の効果は期待できなくなる。検閲の目的を達成するには、作者の意図とテクストの読者（ひいては社会）への作用を明確にするような積極的読みを行わねばならないのである。アンヌ・バヤール＝坂井が「文学が現実に対して影響力を持っているという幻想」を抱く検閲主体を「作家と同じくらい文学を重要視している非常に特殊な読者」であり、「真面目すぎるほど真面目に読む読者」と述べたのは、その意味においてである。[3]つまり、検閲主体の読書行為は、読書の効力に対する異常なほどの幻想を抱きつつ、作者の意図を探る一方で、テクストを読む読者の現場を過剰に想像しながら行われた後、それをもみ消すプロセスへ向かうという、真面目でありながらも反読書的なもの（他人の読む自由を奪う読みであるという意味において）とまずまとめられよう。

ここからもう少し具体的に、検閲者が実際に行った読みの過程と内容を確認する必要がある。本章で扱う占領期におけるＧＨＱ／ＳＣＡＰ[4]の検閲に関しては、検閲文書のマイクロ化やデータベース化[5]により、検閲組織の末端に位置づけられる検閲者の下読みから上級の検閲者の部分的読みまで様々な段階における読みの痕跡を辿る

（1）検閲資料から確認できる検閲プロセスに携わっている者すべてを読書主体として含むため、「検閲者」や「検閲官」ではなく、「検閲主体」という語を用いる。

（2）亀井秀雄「言論統制／反読書的な「読む」行為のはじまり――検閲と発禁の人間学」（『国文学』「発禁・近代文学誌」第四七巻九号、二〇〇二年七月改装版、六頁）

（3）アンヌ・バヤール＝坂井「事象としての検閲と幻想としての読書――谷崎潤一郎をめぐって」（鈴木登美・十重田裕一・堀ひかり・宗像和重編『検閲・メディア・文学――江戸から戦後まで』新曜社、二〇一二年、一〇二頁）

（4）General Headquarters/Supreme Commander for the Allied Powers、連合軍総司令部

（5）米メリーランド大学図書館のゴードン・W・プランゲ文庫に所蔵されている検閲資料の一部がマイクロ化され、国立国会図書館でも確認できるようになった。また、占領期における新聞や雑誌情報データベース化が山本武利を代表とする二〇世紀メディア研究所（20thdb.jp）によって進められ、検閲研究の基盤が構築された。

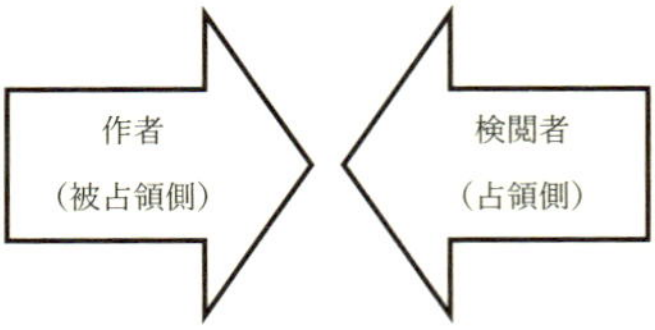

図1　占領期検閲をめぐる共通認識①

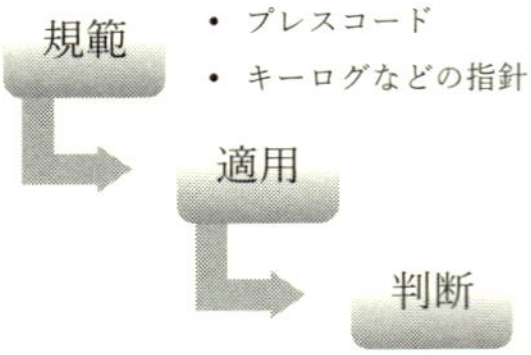

図2　占領期検閲をめぐる共通認識②

ことができる。それらの資料を文学側から体系化した研究者の一人である十重田裕一(6)は、「GHQ／SCAPによる検閲は、プレスコードという「規範」に則って行われているがゆえに、検閲の結果はおおむね類型化することができる」と説明する一方で、それにもかかわらず検閲が「人為的であるがゆえに、「規範」から逸脱した事例が出てくる」と指摘した。実のところ、検閲主体の読むプロセスからは「規範」の機械的な適用、しかも一貫性を欠いた短絡的な読みによる適用が散見される。さらにその対象が文学テクストになってくると、文学というジャンルそのものへの検閲主体の無理解が露呈され、全体の文脈を考慮しない単語レベルでの反応が顕著になり、多くの研究者の批判が集中する結果となった(7)。

それでも占領期における検閲主体の読書行為は、「読書」と称して議論するほどの価値があるものだろうか。前掲の亀井秀雄はもちろん、アンヌ・バヤール＝坂井ですらGHQ／SCAPの検閲となると、検閲主体の読むプロセスを「真面目」とは言えなくなっている(8)。それにもかかわらず、本章でもう一度検閲者の読みのプロセスを追うことにしたいのは、これまで占領期の検閲をめぐる議論の基調にある二つの共通認識を再検討するためである。第一に、作者は被占領側にいて検閲者は占領側にいる、この両者が対立しているという理解である（**図1**）。第二に、占領期の検閲はプレスコードやキーログといった検閲指針が定められており、検閲主体はそれを規範として内面化し、個々のテクストに適用する。適用した結果、違反かどうかを判断し、部分削除にするか、掲載そのものを保留とするかなどを判断する。このような検閲プロセスへの捉え方である（**図2**）。

これから検討する検閲主体の読書プロセスは、このような図式とはやや異なる、より複雑な様相を見せることになろう。複雑さの内実を明らかにすることで、新たな検閲研究の一助になればと思う。

二　東京裁判と検閲という視座

本章では、ＧＨＱ／ＳＣＡＰの検閲における検閲主体の読書行為を分析するにあたって、東京裁判（極東国際軍事裁判）に関わるテクストを対象とする。

なぜ、東京裁判と検閲なのか。ＧＨＱ／ＳＣＡＰ検閲の研究は、脱軍国主義と民主化を掲げた占領政策がその手段として検閲を選んでいたことの矛盾を可視化した。表現の自由を保障するための表現への抑圧という理屈は、当然占領側が主張する「自由」の意味を疑わせ、占領期における改革の評価に悪影響を及ぼす。そして占領政策の一環である東京裁判は、戦争責任と戦後思想の問題を考えるうえで極めて重要な出来事であった。したがって、この東京裁判について書かれた当時の文学、エッセイ、評論など様々な出版物が検閲されていたこと、その内容を明らかにすることは、敗戦直後における東京裁判言説の再検討、ひいては戦後史の再考につながる。

（6）　十重田裕一「解説：第二巻　葛藤する表現と検閲」（山本武利、十重田裕一、川崎賢子、宗像和重編『占領期雑誌資料大系　文学編Ⅱ第二巻』岩波書店、二〇一〇年）

（7）　横手一彦『被占領下の文学に関する基礎的研究』（武蔵野書房、一九九五～九六年）、榊原理智「解説：第二章　小説〈敗戦後〉への想像的読みに向けて」（注6に同じ）など。

（8）　アンヌ・バヤール＝坂井は、ＧＨＱの検閲を扱う箇所で「検閲者は解釈の領域に足を踏み入れることを丁寧に避け、いわば原始的なテーマ追求に止まっている」と述べ、「文学的次元の把握を放棄」していると説明した（注3に同じ、一〇八頁）。

最初に東京裁判言説の検閲に言及したのは、江藤淳である。占領期の検閲研究という分野ではあまりにも有名な『閉された言語空間――占領軍の検閲と戦後日本』[9]の著者である。この本は、雑誌『諸君!』の連載を初出にしており、東京裁判を主に扱ったのは、一九八四年一〇月号(図3)と一一月号(図4)においてである。どちらにも『諸君!』というメディアの性格によって誇張されたタイトルが付けられている。[10] 一〇月号のタイトルである「東京裁判と「奴隷の言葉」」は、占領側が日本人に戦争への罪意識を持たせるため徹底的に計画していたこと、それに毒された言説空間を表現するために用いられた言葉である。東京裁判を否定する論を補強する資料として検閲を用いているのである。

図3 『諸君!』1984年10月号、文藝春秋

図4 同11月号

注目すべきは、翌月号である。「蘆花『謀叛論』も抹殺した東京裁判」というタイトルは、言葉の刺激性という点だけではなく、江藤の検閲研究の特質を的確に捉えているという面でも、ひいては東京裁判言説に対する

検閲の特徴を露わにしているという面でも見逃すべきではない。江藤は、本文のなかで一九四八年五月二六日に『ニッポン・タイムズ』から事前検閲に提出された論説に関する文書を引用している。

《新聞課発第一地区本部宛

一九四八年五月二十八日

別添の「ニップ《マ》タイムズ《マ》」論説に関して、小官は十三時三十分、参謀第二部のD・S・テイト中佐と面談した。中佐の意見以下のごとし。「この時期における掲載に反対する。これは東條が死刑の判決を受けた場合、東條擁護派から提起されると思われる議論と全く同じものである。マッカーサー元帥へのアナロジーが近すぎるので、殉国の志士東條はSCAPによって赦免されるべきであり、他のいかなる判決も徳富のいわゆる明治天皇のおかした誤ちに等しい、という解釈しか成立しないと思う」（二四五頁、傍点引用者）[11]

江藤が引用したこの謎めいた文書は、読者の興味をそそる。掲載を反対されている論説は、東京裁判が行われ

---

(9)　江藤淳『閉された言語空間――占領軍の検閲と戦後日本』（文藝春秋、一九八九年）

(10)　現在流通されている文庫本（注9）は第一部と第二部で分かれており、それぞれ「アメリカは日本での検閲をいかに準備していたか」「アメリカは日本での検閲をいかに実行したか」という比較的にニュートラルなタイトルのみが付けられており、章ごとのタイトルはない。ここで取り上げた『諸君！』一九八四年一〇月号は第二部の第八章、一一月号はつづく第九章にあたる。

(11)　引用は初出による。

る最中である現在において、東條擁護派の議論として読まれる可能性をもつという。しかもそれは、東條英機を「殉国の志士」として許してしまうほどの力があるようである。英語の日本語訳の不自然さや情報の欠如もあって読み難くはあるが、徳富蘆花のいう過ちを犯した「明治天皇」と、東京裁判における「マッカーサー元帥」とが「アナロジー」として認識されるらしい。一体どのような論説が、検閲主体にこのような不安を抱かせたのか。つづけて江藤は、謎解きのように次の文章を提示してくる。以下の文書は、民間検閲支隊長代理のJ・A・トンプソン中佐がこの事件をまとめて民間諜報局（CIS）に回付したものである。

一、別添の論説は「ニッポン・タイムズ」から事前検閲に提出されたものである。

二、論説は二十四人の無政府主義者が天皇の暗殺を企てた明治時代の歴史的事件について述べている。〝秘密法廷〟の最終判決は、無期禁錮十二人、絞首刑十二人であった。この論説のテクストの大半は徳富健次郎のおこなった抗議であり、そのなかで徳富は何故に十二人の無政府主義者の死刑執行がおこなわれるべきでなかったかを説いている。

三、この論説をこの時期に刊行しようというのは、現在刑の判決を待っている戦争犯罪人たちに対して、同情と死刑反対の世論を喚起しようとする巧妙な意図によるものと推察される。一歩を進めれば、それはまたマッカーサー元帥を法廷の判決に赦免を与え得る位置に据えようという企みとも考えられる。（二四五頁、傍点引用者）

この論説とは、徳富蘆花の『謀叛論』をほぼ要約したものにすぎないと江藤は明かす。彼はこの検閲文書の発見を、「日本人のアイデンティティと歴史への信頼」の「崩壊」(12)を目指した検閲と宣伝計画の構造を露わにする良い一例として用いている。「蘆花『謀叛論』も抹殺した東京裁判」（傍点引用者）というタイトルとその下に要約文である「占領当局の検閲政策によれば、大逆事件を扱った蘆花の『謀叛論』さえ東條元首相擁護論に通じるというから、その執拗な意図には驚かざるをえない」（傍点引用者）が続くことからも自明である。このタイトルと要約が著者自身によるものか、編集者によるものかはさておいて、傍点で強調しておいた「も」と「さえ」という助詞の使用から確かに読み取れるのは、検閲政策の徹底さが江藤らの予想をもはるかに超えて、蘆花の『謀叛論』というテクストにまで及んだことである。

しかし、本章の関心に即していえば、この一例は「当局の検閲政策」の「執拗な意図」に収斂させるべきではなく、むしろ検閲主体の読む行為の特徴を表す好例として分析されるべきである。江藤の記事における「も」と「さえ」という助詞が示す通り、ここで検閲主体は過剰な読みを行なっているといえよう。右の引用の「二」でまとめられているように、徳富蘆花の『謀叛論』は明治期の大逆事件とその裁判の結果に対する抗議として書かれたものであり、検閲主体もこのテクストの歴史的背景を十分に認識している。それにもかかわらず、三〇年以上の歳月を経た敗戦直後、帝国日本の戦争を率いた指導者である東條英機が、大逆事件の無政府主義者たちに重ね合わせられるというのは、過剰な読みを通り過ぎて誤読としかいいようがない。歴史的には真逆の方向にあるといってよい二つの裁判を結びつける読みの根拠、その読みを可能にする検閲主体の読書行為のあり方が重要になってくる所以である。

まず、検閲主体が繰り返し憂慮している、この論説を発表するのに不都合な「この時期」とはいつを指すのか。一九四八年五月という判決を約半年後に予定している時期である。この前月には検察側の最終意見が述べられ、東京裁判の結審が行われている。つまり、過去に書かれたテクストが、それが読まれる現在において全く異なる

(12)　同上、二五二頁。

文脈に置かれてしまうことを検閲主体は鋭く意識しているのである。過去の裁判が呼び起こされ、現在の裁判の「アナロジー」として作用することへの警戒は二つの事件の歴史的相違点を承知した上でもなお緩めることができなかったのである。

検閲主体が想像する同時代の読者の読み、とりわけ「アナロジー」の適用範囲は、テクストの書かれた具体的なコンテクストに縛られない。「アナロジー」は、時差も非歴史性も軽く乗り越えられる。おそらく読者は、微かな媒介項をもって二つの裁判を結び付けるであろう。「二十四人の無政府主義者が天皇の暗殺を企てた」として召喚された大逆事件は、一九四七年八月、A級戦犯容疑者二三名の存在に接続するかもしれない。若干の数字の差も問題にならない。「絞首刑」[13]という言葉も、二つの裁判をつなげるだろう。国家の存続にかかわるような大々的な裁判であるということが、様々な連想を促す。読書の現場で常に行われている過去と現在の重ね合わせ方、過去が召喚される瞬間にこそ注目した検閲主体の読書行為は、やはり真面目でありすぎたために、同じテクストを二回も抑圧した結果となったのである。徳富蘆花の『謀叛論』は、一度目は明治政府の思想弾圧に対する抵抗として、二度目は敗戦後における支配者（占領）側への反発として、全く異なる文脈において危険性を有する読み物と認識されたのだ。

以上、GHQ／SCAP検閲における東京裁判というテーマがどのように扱われたのか、江藤淳を通してまとめ、そこから検閲主体の読書行為を考える契機を探った。しかし、このように東京裁判と検閲の問題は戦後思想史を考察する上で欠かせない作業であるのにもかかわらず、その検閲内容はいまだ十分に研究されていないのが実情である。[14]そこで次節からは、具体的な出版物とその検閲文書を取り上げながら議論を進めたい。

三　検閲主体の揺れ：東京裁判を描いた文学――中山義秀「迷路」を例に――

福島県生まれの小説家である中山義秀（一九〇〇～一九六九年）は、早稲田大学文学部出身で横光利一とともに活動しており、戦時中『厚物咲』（一九三八年）という作品で第七回芥川龍之介賞を受賞している。戦後は、時代小説や歴史小説で知られている。だが、中山が敗戦直後に旺盛な執筆活動を行っていたこと、また東京裁判に強い関心を持っていたことはほとんど注目されてこなかった。

東京裁判は一九四六年五月三日から一九四八年一一月一二日まで行われたが、この間に少なくとも二回以上、中山はA級戦犯が裁かれる市ケ谷に出向いている。一回目は証人台に溥儀（旧「満州国」皇帝）が立った一九四六年八月一九日であり[(15)]、これについて中山はエッセイ「猿芝居」（『東北文学』、一九四六年一一月）[(16)]を残している。二

(13)　大逆事件でも東京裁判でも死刑は絞首刑によって行われた。
(14)　管見によれば東京裁判と検閲の問題を扱った研究は、川島高峰「小特集　手紙の中の「東京裁判」―私信検閲・マッカーサーへの投書に見る「戦犯裁判」と民衆―」（『年報・日本現代史』一三号、現代史料出版、二〇〇八年）と山本武利「GHQの検閲体制」（『「東京裁判」論の新たな地平―戦後日本と日本人の精神―：シンポジウム報告書』、極東国際軍事裁判研究プロジェクト主催、二〇一四年一一月二日、於国士舘大学）のみである。
(15)　初めて溥儀が法廷に立ったのは、一九四六年八月一六日である。
(16)　山本武利、十重田裕一、川崎賢子、宗像和重編『占領期雑誌資料大系　文学編Ⅱ第二巻』（岩波書店、二〇一〇年）の第三章に全文が収録されている。鈴木登美による解説では、中山義秀「猿芝居」、鹿地亘「愛国とは何か」、竹山道雄「ハイド氏の裁き」が東京裁判と戦争責任をめぐる評論として検討されており、検閲主体の「誤読」や「誤訳」の問題にも触れられている。

回目は、被告たちの最終判決の日である一九四八年一一月一二日であり、この日に同じく裁判所に来ていた川端康成はエッセイのなかで中山を見かけたと書いている。(17) 興味深いのは、東京裁判に数回参観し、その経験を書いた中山の文章が検閲されているということである。

ここでは一九四七年六月号の『群像』に掲載された小説「迷路」が事前検閲で部分削除の処分を受けていることに注目したい。検閲文書には、①ゲラ（図5）、②手書きの報告書（英訳ノート）（図6）、③タイプされた報告書（図7）の三つの種類が存在する。

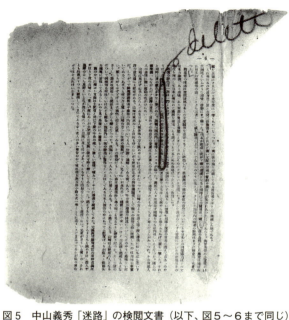

図5　中山義秀「迷路」の検閲文書（以下、図5～6まで同じ）
①ゲラ

①ゲラから見ていこう。「迷路」の焦点人物である山崎が東京裁判を傍聴した際の経験を語っている部分、とりわけ証人台に立った溥儀を描写しているところのゲラ（六頁）が違反可能性を疑われて切り取られている。そのなかで二箇所は「　」で括られたうえ、一部が線で囲まれ、後者の囲みには「delete」というメモが記してある。以下、問題の箇所を原稿から復元した。

「これ等日本の代表者達（被告人たち、引用者）と彼（溥儀、引用者）との間に終戦前までどれほど篤い友誼や信頼や誓約や親近さが示されあつたことであらう。共甘共苦の合言葉

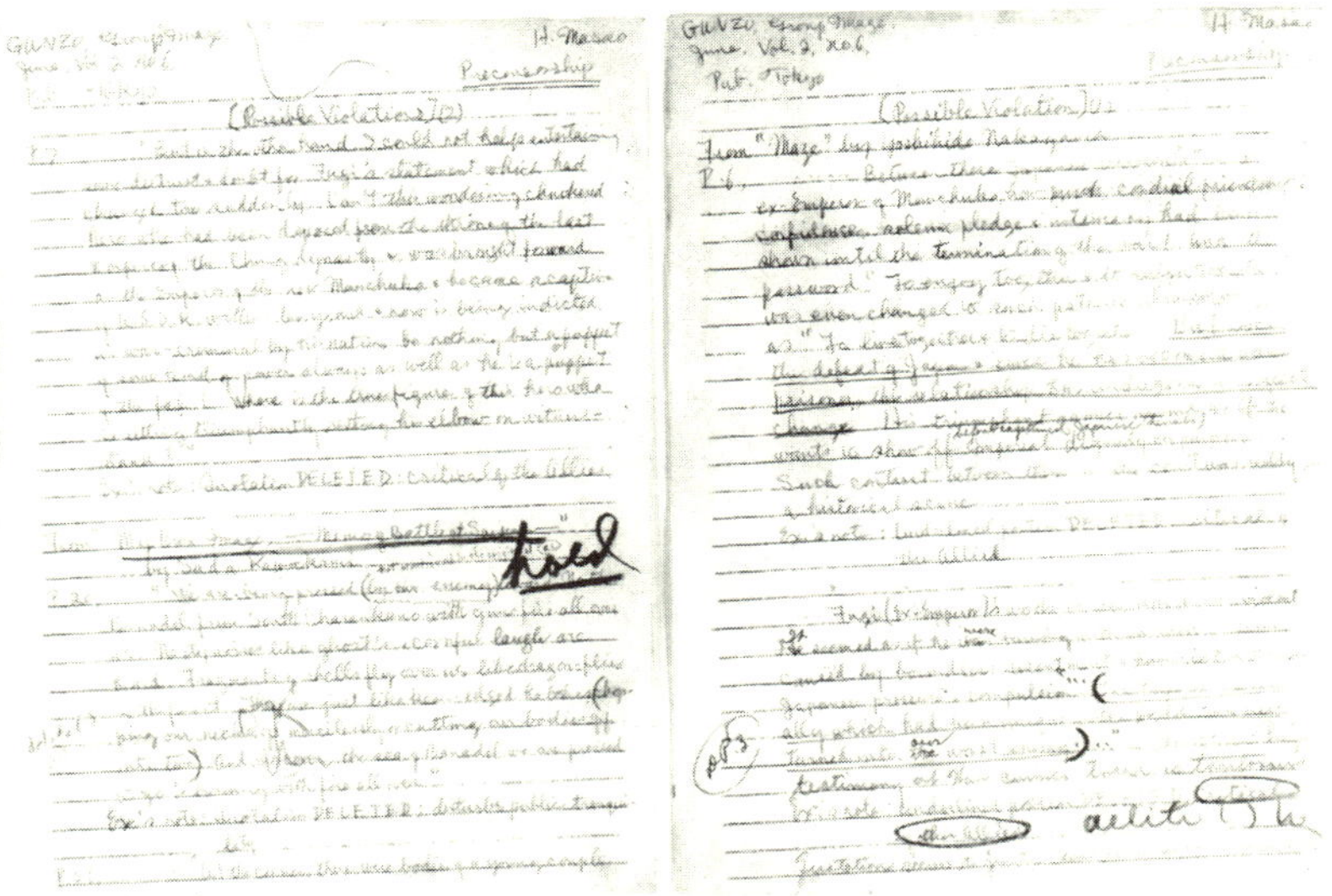

図６　②手書きの報告書（英訳ノート）

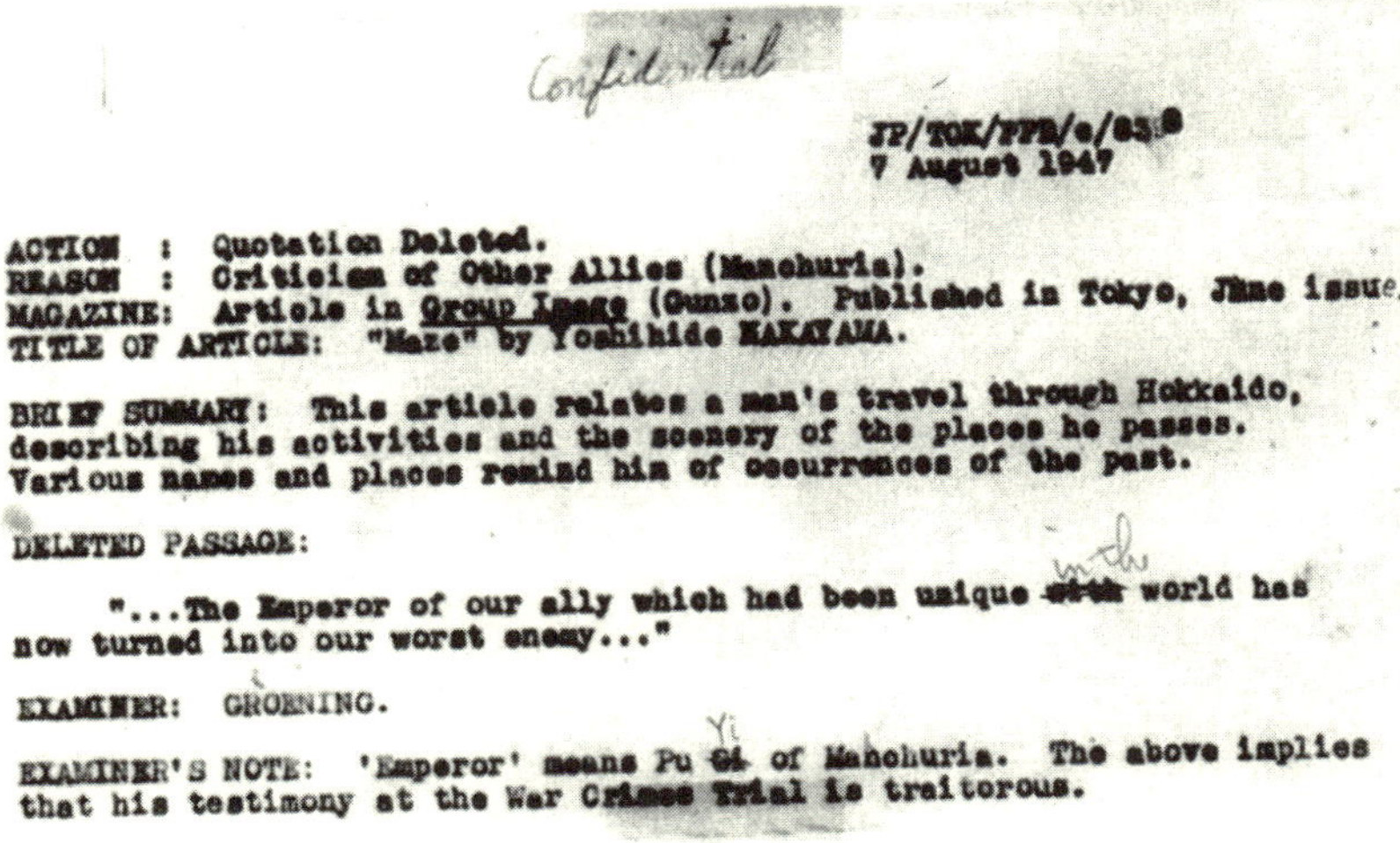

Confidential

JP/TOK/FPB/c/83[illegible]
7 August 1947

ACTION : Quotation Deleted.
REASON : Criticism of Other Allies (Manchuria).
MAGAZINE: Article in Group Image (Gunzo). Published in Tokyo, June issue.
TITLE OF ARTICLE: "Maze" by Yoshihide NAKAYAMA.

BRIEF SUMMARY: This article relates a man's travel through Hokkaido, describing his activities and the scenery of the places he passes. Various names and places remind him of occurrences of the past.

DELETED PASSAGE:

"...The Emperor of our ally which had been unique ~~with~~ in the world has now turned into our worst enemy..."

EXAMINER: GROENING.

EXAMINER'S NOTE: 'Emperor' means Pu ~~Gi~~ Yi of Manchuria. The above implies that his testimony at the War Crimes Trial is traitorous.

図７　③タイプされた報告書

が同生同死といふやうな悲愴な措辞にまで変つた。日本が敗退し彼がソ連の捕虜となると同時にこの関係は一変した。彼の昂然とした態度は捕はれた日本の英雄等の前でことさら王者らしい威を誇示しようとしてゐるかのやうに見える。さうした法廷内の両者の対照はまさに歴史的な光景だつた。」

「溥儀の辞色は一語は一語よりはげしくなつていつた。彼は日本の圧迫と強制にたいする限りない憤激と屈辱と復讐の意志に燃えてゐるかのやうだつた。世界に二つとなかつた盟邦の君は今や最悪の仇敵と化した。」彼は声をふるはして何やら叫ぶと拳をふりあげて台を一撃した。それと同時に彼の顔色がサッと青ざめた。神聖な法廷内に驚愕とショックが起つた。満廷の人々は思はず固唾をのみ廷内はしいんとなつた。階上の拡声機からながれだす通訳の言葉で彼はその時自分の愛妻は日本軍人の手によつて毒殺されたものであると叫んだことがわかつた。その刹那人人の表情に感動の色がひらめいた。

かつては日本の指導者たちでいまは戦争犯罪者として裁かれている被告人たちと溥儀との関係の変化が敗戦直後の日本という現実の象徴、すなわち「歴史的な光景」として捉えられている。それを一言で表現しているのがまさに二番目の引用の囲み、「世界に二つとなかつた盟邦の君主は今や最悪の仇敵と化した」という文章で、この箇所が最終的に部分削除の対象になっている。ちなみに二番目の引用は、溥儀が自分の妻が日本軍人に毒殺されたと述べるところであり、東京裁判の一つのハイライトといえるような劇的な場面である。

以上の部分を中心に英訳が行われ、②手書きの報告書（英訳ノート）[18]になっていくのだが、そこには次の判定者のための注釈や説明、理由などが書き加えられている。手書きで英訳を記したExaminerの名前はH. Masaoになっており、さらにM. Kitaharaによってチェックされたと書いてある。実際、H. Masaoの英訳は、M. Kitaharaによって数カ所修正され、太い線で強調されている。そして③の最終的にまとめられたタイプ文書には「EXAMINER：GROENING」と表示されている。[19] 少なくとも三人のExaminerが現れた検閲文書から窺えるのは、まず、Examinerたちはみなテクスト全体の読み手、もしくは部分的な読み手であると同時に、次の判定者のためにテクストの要約、注釈を行い、違反可能性がある箇所の摘出とその理由を説明しなければならない報告書の書き手でもあるということである。また、「世界に二つとなかつた盟邦の君主は今や最悪の仇敵と化した」という文章は、少なくとも三人以上の検閲主体が繰り返し読み、英訳し、修正し、報告書にしていくなかで絞られて違反箇所として確定されたのである。

③タイプされた報告書の内容をもう少し詳しく検討しよう。「BRIEF SUMMARY」には、この小説が一人の男が北海道を旅しながら経験したことや見た景色を描いており、そうしたなかで彼が過去の出来事を呼び起こしていると概要がまとめられている。その次に本文は、「世界に二つとなかつた盟邦の君主は今や最悪の仇敵と化した」という削除箇所のみが英訳されている。面白いのは、この文章だけではなぜ検閲の対象になるのか、判定者に意味が伝わらないということである。そこで「EXAMINER'S NOTE」が付けられ、「ここでいう「君主」とは満州の溥儀のことであり、この箇所は東京裁判における彼の証言が裏切りのようなものであることを暗示している」（傍点引用者）という説明が必要になったわけである。

次なる判定者への配慮として目を引くのは、まず言語の問題である。英訳では問題箇所の「盟邦」が「ally」

(17)　川端康成「近事」（『群像』第四巻一号、一九四九年一月）
(18)　検閲文書は必要に応じてのみ原文（英語）を記す。また、日本語訳は全て筆者によるものである。
(19)　検閲プロセスの全貌については、山本武利『ＧＨＱの検閲・諜報・宣伝工作』（岩波書店、二〇一三年）六八〜六九頁の「ＰＰＢ検閲のフローチャート」を参照してほしい。ここでは、テクストの読み手として検閲文書に登場するExaminerのみに絞って検討を行う。

と訳されており、検閲の理由において「他の連合国への批判 Criticism of Other Allies（Manchuria）」の「連合国」も英語では「Allies」であるため、混同が予想される。そこで説明が必要であると判断した Examiner が注釈を付けたのである。検閲主体は検閲の対象になる「満州国」への批判を複雑な歴史的文脈とともに英訳し、報告書に仕上げ、次なる検閲の判定者に渡さねばならない。そしてこのことは、いみじくも日本の「ally（盟邦）」であった「満州国」が戦後の現在においては「Allies（連合国）」として日本を裁く立場にあるという、まさに「迷路」が表現しようとした「歴史的な光景」を刻印してしまっている。

さらに重要なのは、ここで検閲主体が行なっている行為は、単に規範を適用して判断するというプロセスではないということだ。次なる判定者の最後に位置づけられる連合軍総司令官＝マッカーサーを頂点とした占領機構の体制を常に考慮しつつ、彼らが行うのは、被占領者＝戦時共同体であった読者の読みのプロセスを体現することである。多くの日本人の読者は、この部分から溥儀への批判を読み取るであろう、そしてそれは、占領目的に合致しないという二つのことを同時に考えるのである。実際にこの判断は多くの場合において日本人によって行われたと推測される。山本武利の指摘通り、検閲に携わる者の九割強は日本人であったからである[20]。

このように検閲主体は、占領者側の規範を適用するだけではなく、同時にかつての戦時共同体であった読者の読みを想像／体現しながら読みを進めねばならない。残る問題は、複雑な読書行為を経てなぜ小説の全体の中で一部のみが問題にされたのかということであろう。占領側の提示したプレスコードやキーログに照らしながら、被占領者側の読みを再現した際、検閲主体が最初の下読みの段階から問題視した部分（溥儀が描かれた箇所）は、小説の中にどのように位置づけられているのか。次節で考えたい。

四　反復される状況と思想的課題

「迷路」の現在は、一九四七年九月末である。場面は、大きく三つに分けられる。一）焦点人物の山崎が北海道に訪れ、旧友に会う場面、二）北海道訪問の当初の目的（嫁いだ娘が家を捨てて北海道にいる愛人のところに逃げたのでそれを追うため）が明かされる部分、三）そのついでに旧友と旅行をして温泉宿で村の女性たちと戯れて帰るという内容である。東京裁判を傍聴した際の話は、一）に含まれている。検閲文書③の「BRIEF SUMMARY」で一人の男が北海道の旅をしながら過去の出来事を呼び起こすと報告されているように、東京裁判の傍聴は山崎の回想として挿入されている。しかし、問題は過去の召喚がどのように行われているかにこそある。

山崎の旧友とは、東京で知り合った文学青年である宮地である。故郷の北海道に戻ってきた宮地は、いまは旭川共産党支部の書記を務めている。「山崎が文学から政治性を排除していることを知つてゐた」宮地は、最初現在の仕事を山崎に言うのを躊躇う。宮地の告白の後、山崎が彼とともに党支部へ行き、戦後の共産党関係者の姿を見たことで戦時中を思い起こす契機が作られる。まず山崎は戦時中に治安維持法によって検挙されたマルクス主義者たちの判決が行われた裁判を傍聴していた経験を思い出す。

山崎は共産党の公判を思ひだすと共に近頃傍聴した戦争裁判のことが連想された。彼が傍聴したのは前満洲皇帝溥儀が証人台にのぼつた二日目である。前皇帝は戦争中盟邦の君主として我が国へ来朝した。（五頁）

---

(20)　山本武利は、「検閲の現場で郵便その他のメディアと対応していた受付、仕分け人、検閲者の9割強が日本人雇用者であった」（『GHQの検閲・諜報・宣伝工作』岩波書店、一三〇頁）と述べている。

その後、裁判の傍聴という経験を媒介にして山崎は東京裁判を「連想」するのである。小説の分量から考えれば、むしろ東京裁判を描くために戦時中の裁判を用いたといった方が正しいかもしれない。いずれにしても山崎がこの二つの裁判を結びつけるのには、敗戦直後のコンテクストも働いたであろう。共産党関係者が釈放され、政治運動を再建しつつある時期、彼らを弾圧していた政治家たちが被告として裁判に立っているという状況である。そしてここから山崎は、第三節ですでに確認した場面、旧「満州国」の皇帝の変貌振りを冷ややかに回想していくわけである。共産党と戦時中の指導者たちとの逆転した状況は、溥儀と被告者たちとの関係の激変を表すための下敷きであったといえよう。「文学から政治性を排除している」つもりの文学者＝山崎が見せる連想のプロセスは、決して「政治」と無縁ではないのだ。

治安維持法によって共産党が弾圧された裁判と、その弾圧の主体であった指導者たちが戦争責任を問われて裁かれている東京裁判を重ね合わせる奇妙な小説の構造は、第二節で検討した大逆事件の裁判が東京裁判に重ね合わせられる可能性と響き合う。現在進行中の東京裁判が常に過去の裁判にまつわる記憶を喚起してしまうということに対して、検閲主体も小説の書き手も強く意識していたことは明らかであり、それは当然記憶と想起のプロセスを共有できるであろう戦時共同体＝同時代の読者の読みを根拠にしてのことである。

このような小説の展開を追っていた検閲主体が最初からまた最終的に立ち止まったのが、溥儀への批判を露わにした箇所である。北海道という土地において共産党の状況の変貌、盟友が仇敵になったことに象徴される旧植民地の変貌を再確認し、敗戦の日本の現在を眺める。こうした流れで溥儀表象が位置づけられたことが検閲主体によって注目され、切り取られたのである。もちろん検閲主体の複雑な読書過程を想像するまでもなく、部分削除の理由をめぐっては簡単な答えを用意することもできよう。検閲文書に書かれた通り、溥儀への批判が「他の連合国への批判 Criticism of Other Allies（Manchuria）」に値するからだということである。しかし、それはなぜ書き手は東京裁判を描く際に溥儀の姿を中心に据えなければならなかったのか、それをなぜ検閲主体は最後まで見逃すわけにはいかなかったのか、この二つの質問に対する十分な答えにはならない。検閲文書に現れる読みの過程が規範の機械的適用でないことを根拠づけているかぎり、検閲の意味を最終的に報告書に記載された検閲の理由にのみもとめることはできないのである。

むしろここで注目したいのは、東京裁判に関わるテクストで検閲処分を受けたものを調べていくと、溥儀を描いている場面にしばしば出会うという事実である。つまり、中山義秀の「迷路」に類似した溥儀表象が東京裁判を描く書き手によって繰り返されており、またそこが検閲主体の要注意箇所としてあったことが分かる。いくつか例を挙げよう。

大宅壮一(21)は、「溥儀皇帝の悲劇」という文章で溥儀への憎悪を露骨的に表している（**図8**）。「たとへば、金か暴力で無理に一緒にさせられた女でも、十年以上も同棲生活をつづければ、少しは男に情がうつるのが自然であり、急に別れ話が出たからといつて、男の悪口ばかりがなり立てるのはをかしい」という文章は、陳腐なジェンダーの比喩を用いて敗戦の現在を帝国に対する植民地の裏切りと捉える典型をなしている。書き手は「金か暴力で無理に一緒にさせられた」という植民地化の過程における暴力を露呈してまでその裏切りへの憤慨を表さずにはいられなかったのである。

「Propaganda」という理由で削除処分になったのは、溥儀の詩を引用しながらそこに天皇への気持ち、日本国への気持ちが現れたと主張している部分である。大宅の言葉を借りれば、「少しは男に情がうつ」っていた証拠を

(21)　大宅壮一「溥儀皇帝の悲劇」（『光』第二巻一二号、一九四六年一二月）事前検閲で部分削除、理由は「Propaganda」と記されている。

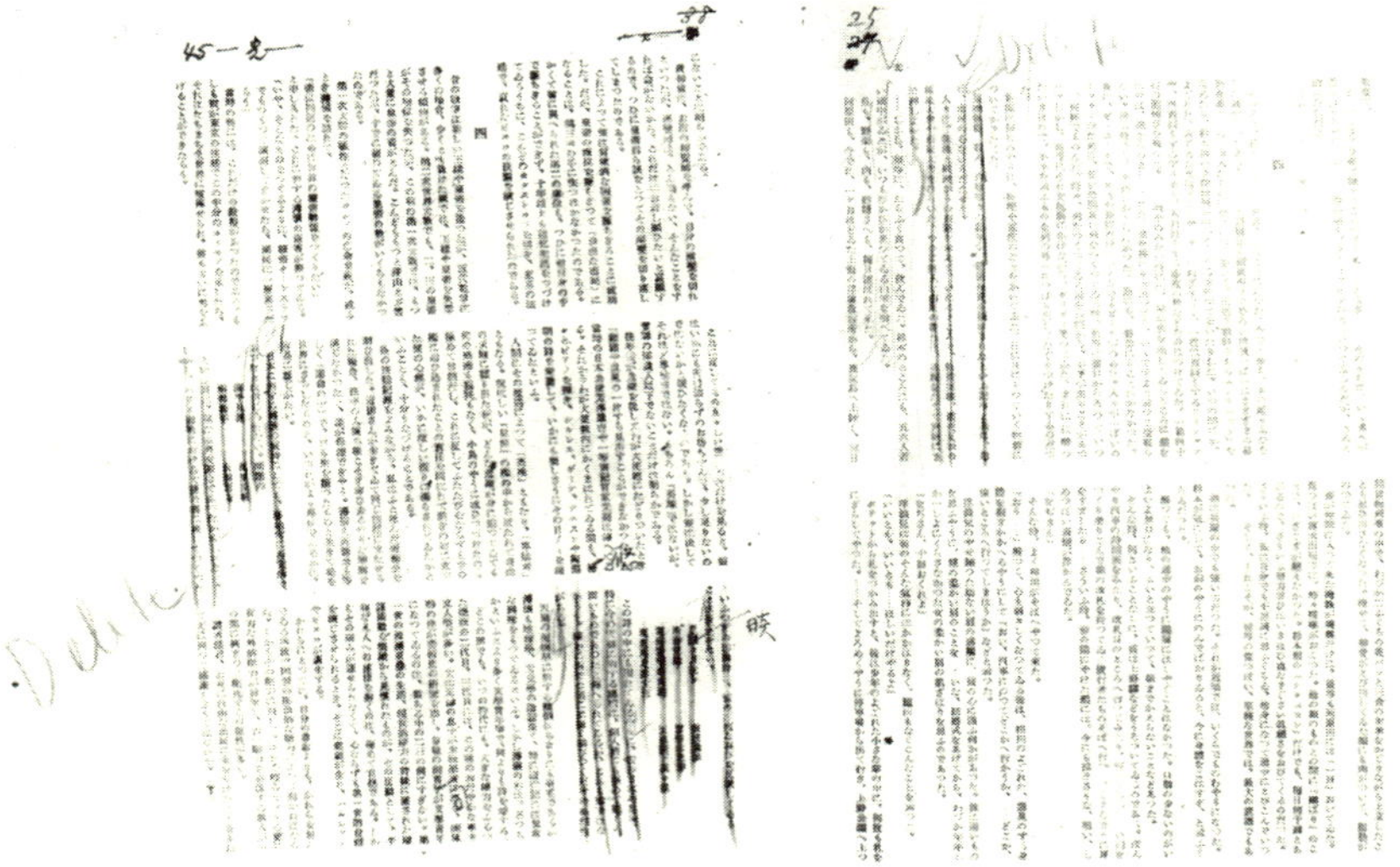

図８　大宅壮一「溥儀皇帝の悲劇」のゲラ

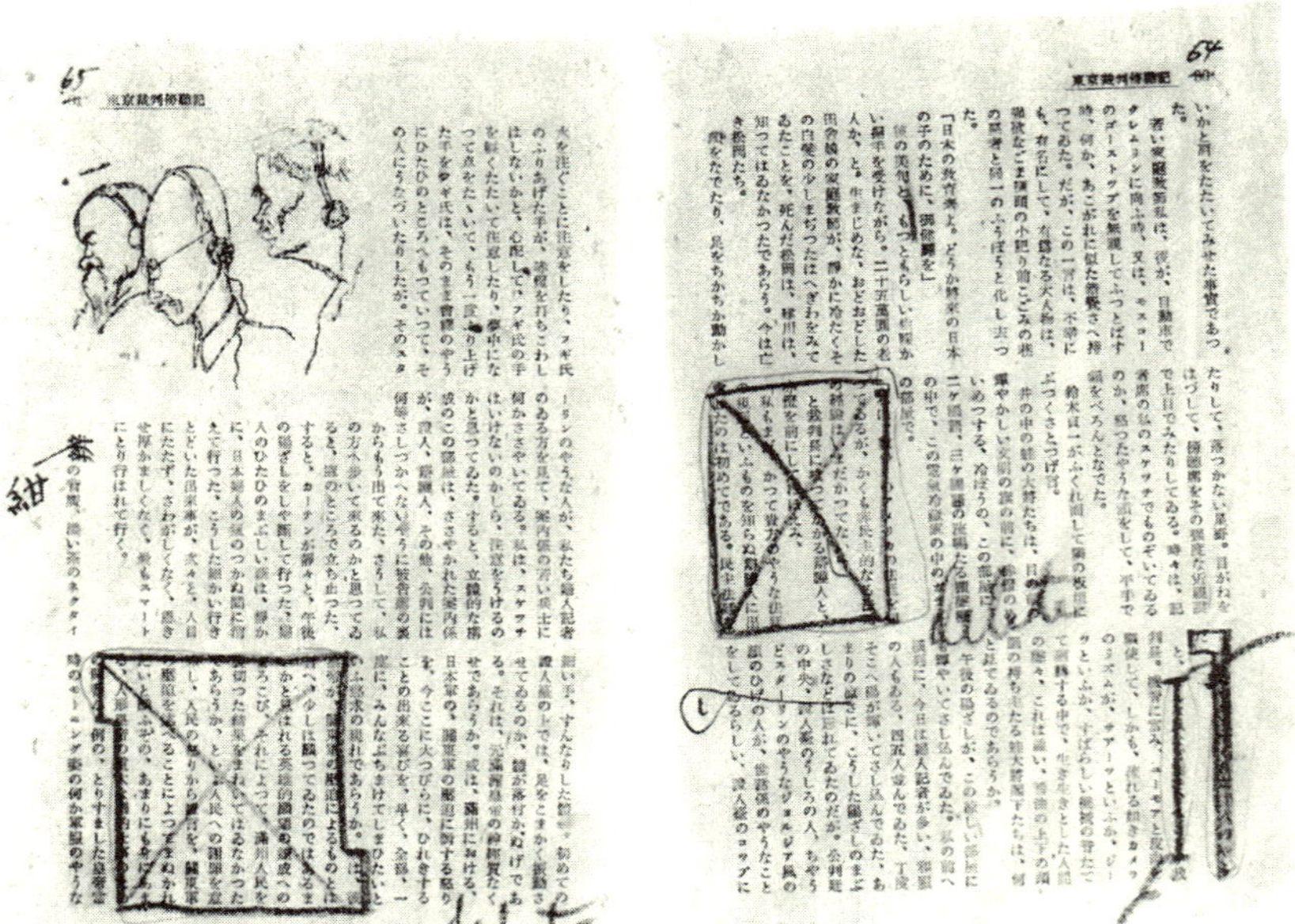

図９　赤松俊子「東京裁判傍聴記」のゲラ

提示した箇所といえようか。結局、この詩を通して大宅は、法廷で全て日本軍人によって強制されていたという溥儀の証言が嘘だということを述べたいわけである。雑誌『じんみん』に掲載された東京裁判傍聴記(22)にも「皇帝が、関東軍の圧迫によるものとは言へ、少しは願つてゐたのではあるまいかと思はれる」という部分が見える（図9）。

しかし、これらの箇所が検閲主体によって摘発され、報告書に書かれていく際にその理由は「Propaganda」「Criticism of Allies」「Criticism of Occupation」(23)など統一されていないし、理由の正確さに関して特に問題視された形跡もない。そうすると、検閲主体が小説の全体を読むなか、この箇所に問題ありという判断が先にあって、理由などはカテゴライズの作業としてあったと考えることができる。このことは、第一節で提示した**図2**とは異なる検閲現場の様相を示す。検閲主体は、規範を内面化して適用するというより、むしろ読む行為を通して抽象的規範の中身を埋めていったということである。

さらに突き詰めなければならない問題は、東京裁判を描くテクストが検閲される際になぜ溥儀表象が注目されたのかということである。占領下の日本において東京裁判を描いた文章は、直接に東京裁判を批判したり戦犯を擁護したりすることで、露骨的な過去への賛美を表すものはあまり多くない。検閲の対象になった多くは、溥儀への批判から明らかなように旧植民地への憎悪といった、より間接的な表現である(24)。大宅に代表されるような書

---

(22) 赤松俊子「東京裁判傍聴記」（『じんみん』第八号、一九四六年一二月）検閲文書は確認できないが、ゲラに部分削除の箇所が示されている。

(23) 横手一彦『被占領下の文学に関する基礎的研究　論考編』（武蔵野書房、一九九六年、二八〜三〇頁）に「掲載禁止・削除理由の類型（Categories of Suppressions and Deletions）」がまとめられている。

(24) 当然溥儀が批判される背景には、彼が証言台に登った時点において東京裁判がまだ現在進行中であったという事実が影響していると考えられる。裁判の判決が出る前に彼の証言がもたらす影響力に対する不安があったと推定される。

き手の旧植民地に対する批判的眼差しや激しい感情は、かつて戦時共同体であった当時の多くの日本人読者に共有されていたであろう。そしてまさにこの共有された気持ちがコンテクストになって、日本人、もしくは日本人の読者を想像する「迷路」の検閲主体は「世界に二つとなかった盟邦の君主は今や最悪の仇敵と化した」という部分を取り出したのである。その上に溥儀、すなわち植民地の裏切りが暗示されていると占領者の理解を助けるためのメモを書き加えたといえよう。つまり、検閲主体は間接的な表現から戦時共同体の一員であった書き手の欲望と読み手の読みとを先取りし、占領者側と被占領者側の間を行き来しながらその表現を摘出していったわけである。

まとめよう。軍国主義を廃止し、民主化を進めるという占領目的を達成するという大きな占領改革の地図のなかに東京裁判も検閲制度も位置づけられていた。そうすると、溥儀の裏切りを暗示しているような書き方は、占領改革の否定であると同時に帝国主義の復活へつながっているという判断によるものになる。そしてその判断が検閲に関わっていた多くの日本人によるものであることが重要である。つまり、軍国主義の排除と民主化の実現という占領政策を遂行するうえで、多くの日本人の検閲主体の読書行為が、その目的の曖昧さを具体化させたという見方もできそうだ。このような見方をあえてしてみるのは、検閲制度を肯定するためではもちろんなく、GHQ／SCAPの一方的な規制システムとして検閲を捉えてきた論理の消極性を再考するためのものである。そのことによってはじめて占領軍の検閲によって閉じられた敗戦直後の日本の言説空間（図1）において戦後思想が主体なき始まりであったという江藤淳式の検閲研究も再検討を迫られるのだ。

五　検閲主体とその読書行為を捉えなおす

本章では、検閲する側＝連合国／検閲される側＝日本という二項対立的図式を外すことで、検閲主体の読書行為が「規範」の機械的な適用に止まらないこと、言い換えれば「規範」の機械的な適用（カテゴライズ化）に至るまでの複雑な読書過程の反復にこそ注目した。

プレスコードとキーログの解釈によって規制は行われる。だが、その対象が文学となると、当然文学テクストの解釈が行われ、規範とテクストの解釈の突き合わせによって規制如何が決まってくる。個別テクストの解釈が規範の解釈と出会うことになるのである。このように検閲行為は読みをめぐる攻防でしかない。表現を規制するためには、まず自らの読みを露出しなければならず、表現が規範に反する場面を抽出し、場面をめぐる検閲主体の想像力を文章化せねばならない。その際、規範そのものの解釈が働く。この反復である。

しかし、この規範をどのように解釈して適用するかという問題に縛られている点で、検閲者の読みを個人的で特殊な読みとみなすことはできない。日本人の検閲者の存在は、彼らが共同体の読みを想像する立場にいると同時に共同体の読みに拘束されていることをも示すからだ。個別の読みを普遍的な読みとして提示しなければならない。それは、報告書に示された通りである。要約と注釈と理由をまとめて占領者を説得するように作られた論理的な報告書である。

忘れてはならないのは、判例が重なることで法の条文が意味する中身が埋められていくように、それぞれの検閲行為が当初の不確かで抽象的であった規範の内実を具体化し、機械的に適用可能なものにしていくということである。東京裁判の例から確認したように、「満州国」の溥儀に対する批判を繰り返し「連合国批判」として摘発する検閲行為の反復によって、溥儀への批判は「連合国批判」というカテゴリーのキーワードに含まれることになったのである。しかし、そこには検閲主体の戦時中の記憶とそれに誘発された過剰な読みが反映されており、占領者より戦時共同体であった読者の読みを想像できる立場にいるという言語的・状況的優越感は、彼らが度々解説者になって過剰な解釈を披露するように仕向けていた。また、検閲主体は敗戦直後に溥儀や旧植民地に対する嫌悪を共有することで検閲すべき箇所を見つけ出す一方で、同箇所を消すことではじめて戦後の体制に適したテクストが生まれると判断したのであった。

このように占領期における検閲主体の読書行為を考察し、検閲の対象として言葉が抽出されていく過程を追う作業は、戦時共同体がいかに戦後を出発したのか、その思想的背景を素描することへと接続するのだ。

5

在日朝鮮人文学と自己検閲
――GHQ検閲と在日朝鮮人コミュニティーの狭間にいる「編集者・金達寿《キム・ダルス》」の葛藤を考える

逆井聡人

一　「自己検閲」の範囲

これまで占領期の検閲に関して卓越した研究成果が積み上げられてきたが、そのなかでも「自己検閲」という問題は、しばしば重要視されつつも、未だ捉えどころのない課題として残されてきたように思える。「自己検閲」とは、検閲制度下、あるいはその影響が継続する状況下で、表現者が自らの創作物に対して問題視されそうな表現を書かない、削除する、言い回しを変える等の処理を行う行為を指すと、とりあえず言うことが出来るだろう。他にも「自主規制」や「自粛」という言葉で表現されることもあるが、その場合、範囲は表現者だけでなく編集者や出版社等の組織、あるいは社会全体までをも含むことにもなる。この章では、より広い範囲の規制システムを想定しつつも、文学者個人の個別的な規制に焦点を当てたいため「自己検閲」という言葉を使って、考察を進めたい。

十重田裕一と宗像和重は『占領期雑誌資料大系　文学編　第五巻』の解説で、占領期に検閲を受けた本文が、検閲を受けた形そのままで占領後にも流通していくことを指摘し、検閲とそれを承認するという書き手の意識について問題化している。(1)あるいは、紅野謙介は『検閲の帝国　文化の統制と再生産』の序文で検閲という制度が「帝国と植民地という歴史的事実を踏まえながら、支配する／支配されるという単純な構図に収まりきらない、文化の生産と再生産をめぐる非対称でアンバランスな現場」であることを述べている。(2)

二〇一〇年以降に出版された二つの主要な検閲研究書の中で提起されているのは、江藤淳の『閉ざされた言語空間――占領軍の検閲と戦後日本』（文藝春秋、一九八九年）の中で訴えられた「勝者（アメリカ）」による「敗者（日本）」への抑圧の装置としての検閲という認識からの離脱であり、また帝国期の内務省検閲と占領期のＧＨＱ検閲を連続性の中で見直すことで、帝国崩壊後に残された負の遺産が引き続き文学の表現を規制してきた状況を明らかにすることだった。こうした研究の成果によって被害者として日本人を位置づけるような認識は相対化され、より能動的な表現者としての書き手を前景化することがなされたと言えるだろう。そして、表現者の機微として「自己検閲」の問題が浮上してくる。

しかし、「抑圧者／被抑圧者」というパラダイムを揺るがすものとして「自己検閲」を考えたとしても、それで直ちにオルタナティヴなわかりやすい認識の枠組みを手にできるわけではない。むしろ「自己検閲」という観点を導入することは、中央の権力と作家あるいは編集者などの表現者の重層的な関係性とその複雑さを改めて意識させる。

例えば、「自己検閲」を抑圧的な検閲権力に対する作家の主体的で戦略的抵抗として捉えてみたとしてみよう。(3)確かに、制限された状況の中で、出版可能な表現を見つけ出し、検閲制度自体をなし崩しにするような可能性を内包していた、と言うことはできるかもしれないし、これで書き手を受動的な被害者としての位置から抵抗者として引き上げることはできるかもしれない。ジョナサン・Ｅ・アビルは、検閲制度が逆説的に記録保管作業との連携の中で進められたこと、そして検閲との折衝から垣間見える作家や編集者の抵抗を見出し、制度の読み直しを試みた。しかし、一方で規制の内面化が究極の検閲にもなり得るということもアビルは繰り返し述べている。(4) つまり、書き手がある程度はその規制自体を承認し、内面化しているという点に着目してみれば、やはり再び「抑圧者／被抑圧者」の網の目に捕らわれることとなる。

さらにこの「規制の内面化」という問題も一筋縄ではない。仮に書き手が既にある程度文壇で地位のある日本人文学者が自己検閲を行った場合には、「日本人対占領者」という分かりやすい図が描けるために、占領軍が設定したプレスコードを内面化したと、とりあえずはいうことが出来るかもしれない。しかし、より周縁に追いやられた書き手が表現しようとする場合、果たして占領軍だけが内面化する圧力であったのだろうか。

この章では、この自己検閲の問題を在日朝鮮人文学者・金達寿の占領期における検閲との格闘の中から考えていく。その際に明らかにするのは、金達寿が表現者としての立場を確保するために誰の論理を内面化し、また誰に対して自らの言動の正当性を訴えかけていたのか、その多面的な自己像を作り上げていく過程である。

(1)　十重田裕一・宗像和重「第五巻解説　占領期文学の本文と検閲の再検討に向けて」『占領期雑誌資料大系　文学編第五巻』、岩波書店、二〇一〇年、二―三頁。

(2)　紅野謙介「はじめに」紅野謙介、高榮蘭、鄭根埴、韓基亨、李恵鈴編『検閲の帝国：文化の統制と再生産』新曜社、二〇一四年、八頁。

(3)　このような読解の試みは、金ヨンロン『小説と〈歴史的時間〉―井伏鱒二・中野重治・小林多喜二・太宰治』(世織書房)の第五章(「××を書く、読む―小林多喜二『党生活者』(一九三二)」および、第六章(「小説の書けぬ時間―中野重治「小説の書けぬ小説家」(一九三六)を中心に」)のなかで既に行われている。

(4)　Jonathan E. Abel, *Redacted : the Archives of Censorship in Transwar Japan*, University of California Press, 2012.

二　金達寿が回想する「検閲の苦労話」にある矛盾

金達寿は在日朝鮮人文学の嚆矢として、在日朝鮮人発行の雑誌だけでなく、日本人発行の主流文芸誌にも度々文章を書いてきた。戦前から既に同人誌等で小説を発表していたが、本格的な始動は一九四五年八月の日本敗戦後、朝鮮人の帝国日本からの「解放後」になってからである。その「解放」の中で金達寿は作家としての執筆活動のほかに、在日同胞の生活支援のために組織的な運動に奔走し、また雑誌の編集者としても活動を始める。

一九四六年四月には彼の執筆活動の主な舞台となる『民主朝鮮』を創刊し、その編集長となった。この雑誌は、「朝鮮と朝鮮人とに対する日本人の誤った認識を正すための雑誌を出したい(5)」という意図のもとで企画され、在日朝鮮人の苦境に同情的であった日本の左派知識人も度々文章を寄せるような、在日朝鮮人主体でありつつも幅広い読者層を持った総合雑誌である。幾度かの出版停止や再刊という紆余曲折を経つつも、一九五〇年まで続いた。『民主朝鮮』終刊後も、金達寿は同様の趣旨を持った『新しい朝鮮』、『日本の中の朝鮮文化』、『季刊三千里』等の雑誌の創刊に関わり、編集長を歴任する。一般的には「玄界灘」や「朴達《パクタリ》の裁判」等の小説を書いた文学者として、あるいは「渡来人」という言葉を導入した古代史家としてのイメージも強くある人物だが、本章で注目したいのはこの〈編集者〉としての金達寿像である。

占領期に本格的な活動を開始した金達寿にとって、当然彼の執筆と編集という仕事は、検閲と否応無く付き合わざるを得なかった。そのために、彼の解放直後を回想する文章では、度々「GHQ検閲で苦労した」という話が出てくる。次の引用は、「雑誌『民主朝鮮』のころ」という雑誌『季刊三千里』に出たインタビュー形式の回顧録であるが、ここで金はGHQ検閲について次のように説明している。

しかしＧＨＱは違うんです。アメリカは言論の自由というのが建前でしょう。だから検閲していないと世間に思わせなくてはならない。それでゲラ刷を提出させ、引っかかる部分に青線を引いて返してくる。するとその部分の活字を組み直して、あたかも削られてないかのようにしなくてはいけない。これには時間がかかるんだ。東京のＧＨＱまで持って行って、検閲が終わるまで十日以上かかることもあるわけで、発行がどんどん遅れてしまう。(6)

ここで気がつくのは、金が小説家というよりはむしろ編集者の立場から事前検閲を回想し、その行程を説明しているということだ。その上で、特に厳しかった検閲として、一九四八年四月の阪神教育闘争を挙げている。一九四七年一〇月に日本政府はＧＨＱ／ＳＣＡＰの内部組織ＣＩＥ（民間情報局）からの指令を受けて、在日朝鮮人の子どもたちへの民族教育を正式な教育として認可せず、文部省の決めた教育を行うよう強要するという旨の通告を出す。この通告に対して、民族教育を守ろうという運動が在日朝鮮人コミュニティーの内部から起きた。この運動を抑え込もうとした警察および軍政部と在日朝鮮人の間で対立が朝鮮人側に死者を出すほどに激化し、最終的にはＧＨＱが初の「非常事態宣言」を出すまでに発展する。この一連の運動が神戸・大阪を中心に展開したために、阪神教育闘争と呼ばれている。

この闘争に関して『民主朝鮮』は特集を組むこととなった。金達寿が同じ記事の中でこの特集について次のよ

（5）「わが文学と生活（六）「民主朝鮮」と「新日本文學」のこと」『金達寿小説全集五』筑摩書房、一九八〇年、三三五頁。
（6）「雑誌『民主朝鮮』のころ」『季刊三千里』第四八号、一九八六年一一月。

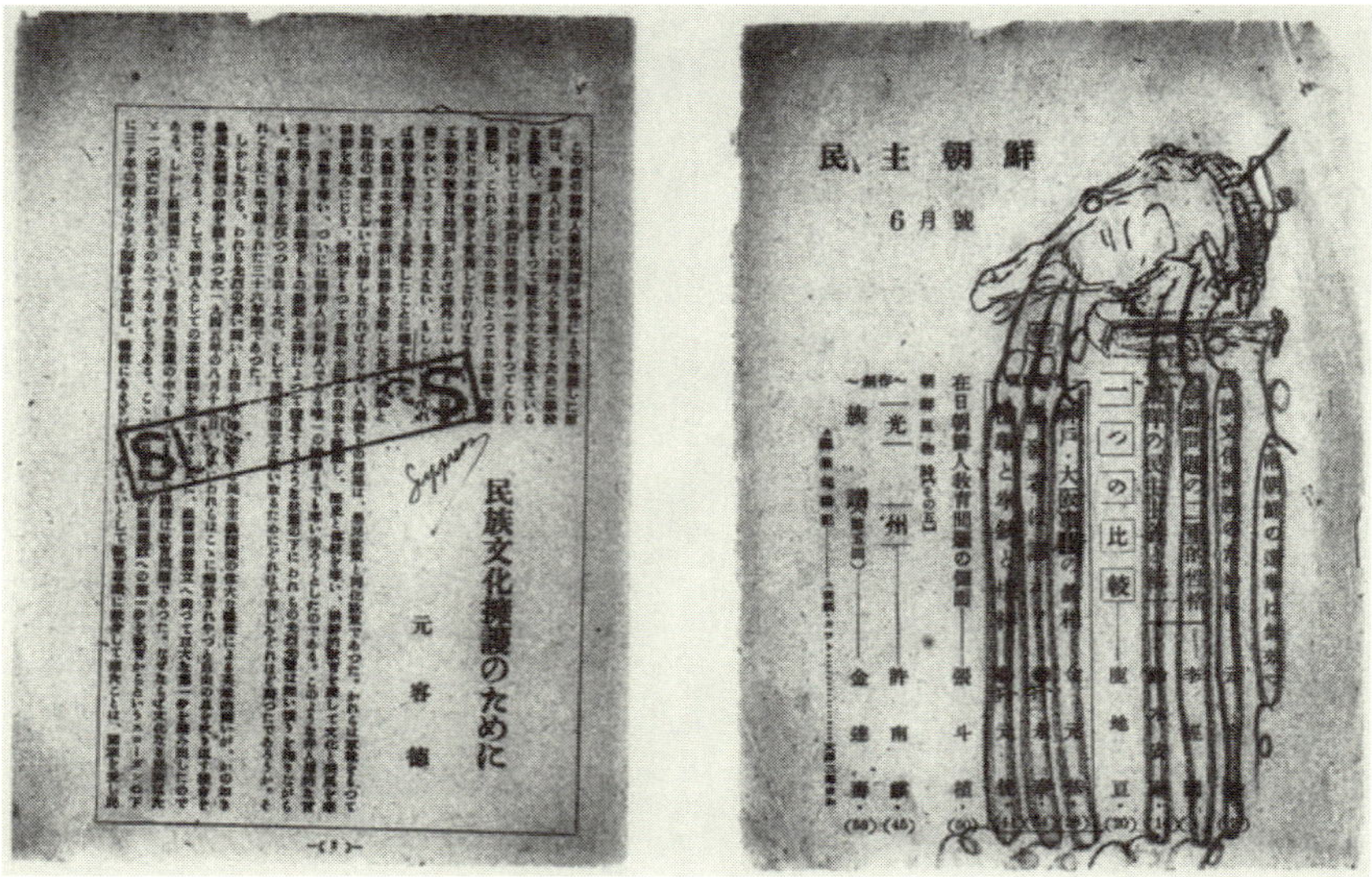
民主朝鮮
6月號
民族文化擁護のために
元容徳

図1　『民主朝鮮』1948年6月号への検閲

うに述べている。

> ぼくと元容徳が神戸や大阪まで取材に行って、聞き書きをしたりして書いたんです。今ではよく覚えていないけど、まともにGHQ政策を批判、糾弾する調子の文章だったんでしょうね。それで六月号は発禁になってしまい、そのために次の号まで発行できなかったということもあった。

図1は、この発禁処分を受けた六月号の目次である。印のついた文章は全て削除であり、ここで分かるように、ほとんどの記事が削除されており、発行が不可能になった。この処分については、金達寿の他の回想の中でも度々語られ、他の在日朝鮮人の出版に関する研究でも占領期を語る際には、抑圧の象徴としてしばしば参照される例でもある。

先の雑誌『三千里』の記事四〇年近い月日の過ぎた回想であるが、実のところ金達寿はまさに検閲が行われている当時にもGHQ検閲について記述している。例えば

「華燭」という一九四九年が初出の小説の中にも、この検閲と出版をめぐる苦労が物語化されている。

現在の日本において出している私たちのような進歩的な雑誌ならば、どれもそうであったが、検閲のために全頁が組み終わってもなお組版のままに一週間か時には二週間以上もそのままにおいてから、そして必ず組み直しをして、印刷にかからなければならなかった。(7)

このようにGHQによる検閲の具体的な手順が記されており、金達寿はGHQ検閲下における雑誌の編集プロセスを網羅的に把握していたことがわかる。この時期は多くの雑誌が事前検閲から事後検閲へ移行し、全体としては規制が弱まる時期ではあるが、それでも検閲は続いていることは事実であり、また後にも詳述するが、左派の言説に対してはそれまで以上に監視の目が向いている。そのような時期に、あえて検閲のことを直接言及するということは、検閲に対して殊更強い意識があったと言ってもいいだろう。また、一九五五年に出版された『前夜の章』という書籍でも「あとがき」の中で「検閲といえば、これは戦後にも決してなくなったわけではなく、このなかにもその検閲に悩まされた(8)」と述べている。

このように見てくると、金達寿はGHQ検閲をめぐって様々な経験をしており、苦労を重ねてきたことが分かる。GHQ検閲の実施時期に金達寿の名義で出された文章を調べてみると、ペンネームで書かれたものを除いて五一件ある。(9)それだけの文章を書いていれば、当然検閲処分を受けた回数も多かったように思える。さらに、こ

(7)　金達寿「華燭」(初出時は「或る工場の物語」『東洋文化』一九四九年五月)引用は『金達寿小説全集』第一巻、筑摩書房、一九八〇年、二〇四頁。
(8)　金達寿「あとがき」『前夜の章』、東京書林、一九五五年、三五四頁。

の時期は小林知子が指摘するように朝連（在日本朝鮮人連盟）に属する左派の在日朝鮮人発行の雑誌は特に厳しい検閲が課せられていたということも併せて考えれば、相当の被害を受けたであろうことが予想できる。(10)

しかしながら、それら金達寿名義の五一件の文章を見てみると不思議なことに、訂正等の処分を受けている文章がないことに気がつく。占領当時も、占領が終わった後も、そして四〇年を経た後でも繰り返していた「検閲の苦労話」と、この事実は大きな隔たりがある。果たしてこの矛盾はどのようなことを意味するのだろうか。ここで覚えておきたいのは、金達寿が繰り返す検閲の回想が、編集者目線で語られていたということである。

三　在日朝鮮人に対する検閲に関する先行研究

金達寿の「検閲の苦労話」の矛盾について追求する前に、一度在日朝鮮人に対する検閲に関する研究をまとめてみたい。

在日朝鮮人が発行した出版物に対する検閲に関しては、これまで数は多くはないまでも、幾つかの重要な研究が行われてきた。小林知子と小林聡明の研究がその代表的なものとしてまずあげられるであろう。二者とも在日朝鮮人が発行した日本語雑誌を中心として膨大な一次文献を整理し、またそれぞれの出版物の在日コミュニティー内での位置付けや、それに対する検閲状況まで説明している。

例えば、小林知子の「GHQによる在日朝鮮人刊行雑誌の検閲」では、在日朝鮮人発行雑誌に対するGHQの検閲の態度の変化を捉えている。一九四七年前半までの傾向として、右派左派の区別なく、アメリカ・ソ連による朝鮮の信託統治に対する批判がある文章は、総じて削除または発禁という、ある意味で〝無差別的〟な態度を取っていた。しかし、一九四七年後半以降から、左派的主張に対する処分が増加し、またその基準が厳格になる、と指摘している。[11]

また関連した別の論文「ＧＨＱの在日朝鮮人認識に関する一考察――Ｇ－Ⅱ民間諜報局定期報告書を中心に」では、その占領軍の朝鮮人に対する態度の変化をＧＨＱ内部の政治力学の変遷とともに説明している。検閲を担当したＣＣＤ（Civil Censorship Detachment：民間検閲支隊）は、民間諜報を担当したＣＩＳ（Civil Intelligence Section：民間諜報部）の内部組織であり、ＣＩＳは公安全般の指導監督を担当していたＧ－２（参謀第二部）の下部に位置付けられる。Ｇ－２は反共主義者として知られたチャールズ・Ａ・ウィロビーが部長であり、「対敵諜報を扱い、在日朝鮮人問題を政治的な関心から認識する性格が強かった」[12]ことから、特に一九四七年以降「共産主義に支配されたもの」として認識し始めることを明らかにしている。先の検閲に関する論文と合わせて考えると、一九四七年以降に在日朝鮮人発行の雑誌に対して反共主義というフィルターを通した検閲が強まることが分かってくる。

小林聡明の『在日朝鮮人のメディア空間：ＧＨＱ占領期における新聞発行とそのダイナミズム』では、在日朝鮮人コミュニティーにおける主要紙『解放新聞』『朝鮮新報』『新世界新聞』『国際タイムス』『国際日日新聞』を網羅的に検討している。その中でＣＩＳが、『解放新聞』を「親ソ新聞」と分析していることを示し、小林知子が指摘した在日朝鮮人発行メディアに対して政治的圧力が強まったことを裏づけしている。[13]

（9）「20世紀メディア情報データベース」調べ、〈http://20thdb.jp/search〉、二〇一八年七月三〇日アクセス。
（10）小林知子「ＧＨＱによる在日朝鮮人刊行雑誌の検閲」『在日朝鮮人史研究　第二二号』在日朝鮮人運動史研究会、一九九二年九月。
（11）小林知子「ＧＨＱによる在日朝鮮人刊行雑誌の検閲」前掲。
（12）小林知子「ＧＨＱの在日朝鮮人認識に関する一考察―Ｇ－Ⅱ民間諜報局定期報告書を中心に」『朝鮮史研究会論文集第三二集』緑陰書房、一九九四年一〇月。
（13）小林聡明『在日朝鮮人のメディア空間：ＧＨＱ占領期における新聞発行とそのダイナミズム』風響社、二〇〇七年。

このように、二者の研究は在日朝鮮人発行の新聞・雑誌メディアの資料整理と、それらに対する検閲の全体的な傾向を明らかにした。一方で、総体的把握を目的としているため、個別具体的な記事の内容とそれに対する検閲処分の検討にまでは踏み込まず、雑誌媒体を一つのユニットとして捉えている。もちろん方法論的には不可避な作業であり、研究の成果は疑いようのないものであるが、それ故の一つの弱点として「検閲者（GHQ）／被検閲者（在日朝鮮人）」という構図が固定的に設定されてしまうことは指摘しなければなるまい。さらに小林知子論文では政治的な文脈に着目しているために、冷戦に対応した「抑圧者／被抑圧者」という政治的抑圧関係がより明確に提示される。

こうした固定的図式を崩し、在日コミュニティ内部の言説力学を詳細に分けようとする研究は、実のところ早いうちから提出されている。ヒサン・ユンは『第二次世界大戦後の日本国内の朝鮮語出版と占領軍による検閲』[14]という二〇〇四年にメリーランド大学に提出した博士論文の中で、占領期に出版された朝鮮人による朝鮮語メディアとそれに対する検閲に関して論じている。この中で興味深いのは、朝鮮人メディアが占領軍から厳しい検閲を受けていたということを確認しつつも、朝鮮人メディア自体が右派・中道・左派に明確に別れて互いに対立していたことを明らかにしている。またそれぞれのメディアが、在日コミュニティー内部の社会的、政治的コンセンサスを強める役割を果たしていたと述べる。

一九四八年に朝鮮半島の南北に二つの国家が成立すると、在日朝鮮人の多くが所属していた民族組織である朝連（在日本朝鮮人連盟）と民団（在日本大韓民国居留民団）が、それぞれ北の朝鮮民主主義人民共和国と南の大韓民国との結びつきを強め、互いに対立するようになって行くが[15]、朝鮮人メディアにおける左右対立もその構造と同じように変遷して行くのだ。そしてそれぞれの陣営で、意見を統一化するような内部圧力があったことをユンは雑誌の分析を通して指摘する[16]。

さらに、こうした在日コミュニティー内部の差異を指摘する以上に重要なのは、在日朝鮮人発行の朝鮮語出版物に対する検閲に、朝鮮人の協力者がいたということの指摘であろう。ユンは「朝鮮人の翻訳者が、第一読者として、審査し記事を操作する者として、直接的かつ強力に在日朝鮮人が読む朝鮮語出版物に影響を与えていた」として、朝鮮人の検閲協力という重大な問題を提起する。(17)この問題だけでも、様々な、より大きな議論へ――例えば朝鮮人の帝国日本への協力との構造的な連続性――と接続することが可能になるようなことではあるが、一先ずここでは占領期の在日朝鮮人発行メディアに対する検閲に、単純な「アメリカ＝抑圧者／朝鮮＝被抑圧者」というナショナルな図式を容易に当てはめることが出来ないであろうことを指摘しておきたい。在日朝鮮人とい

---

(14)　Hee Sang Yoon, *The Korean Press in Japan After World War II and Its Censorship by Occupation Authorities* (Doctoral dissertation), Digital Repository at the University of Maryland (DRUM), 2004.

(15)　一九四八年から朝鮮戦争勃発にかけて、二つの「祖国」との結びつきを、それぞれの民族団体が強めていく過程を外村大は「祖国志向型ナショナリズム」と呼んでいる（外村大『在日朝鮮人社会の歴史学的研究―形成・構造・変容』緑陰書房、二〇〇九年、四二五―四五八頁）。

(16)　"Ch.4 Korean Leftwing Oriented Press in Japan," "Ch.5 Korean Rightwing Oriented Press in Japan," "Ch.6Korean Mid-Road Oriented Press in Japan" のそれぞれのチャプターで、右派、中道、左派のメディアが詳細に検討されている。（Yoon, op.cit.）

(17)　"Research has identified two main Korean co-censors or translators. Their names were Youngchu Chung and Yl Hyun. This dissertation illustrates how Korean translators, being the first readers, screeners and controllers of articles, directly and powerfully influenced the Korean publications that Koreans in Japan read. The research determined that these two Korean translators had extensive authority to make censorship decisions on their own. When they reported their opinions and suggested possible actions to English censors they were nearly always approved without question." Ibid, p.267.

う民族コミュニティー内部でも、政治的対立があったこと、それぞれの陣営内に同調圧力があったこと、そして同胞に対する検閲への協力者がいたということを念頭におくと、在日朝鮮人に対する検閲という問題はより複雑になってくる。

高榮蘭は、二〇一四年に出された『検閲の帝国』のなかに収録されている論考「占領・民族・検閲という遠近法――『朝鮮/韓国戦争』あるいは『分裂/分断』、記憶の承認をめぐって」のなかで、まさに占領期の在日朝鮮人が出版する際に意識せざるを得なかった内部圧力（あるいは「自主規制」）について論じている。高は、金達寿の中編小説『日本の冬』（日本共産党機関紙『アカハタ』に一九五六年八月一八日から一二月三一日まで連載、翌年四月に筑摩書房から単行本で出版）とそれをめぐって『アカハタ』誌上で繰り広げられた論争を直接の題材にしながらも、一九五五年の日本共産党分裂が終焉した日本共産党第六回全国協議会（いわゆる六全協）[18]以降、いかに在日朝鮮人が抱える問題が共産党内部の議論の俎上から外され、「朝鮮―民族」の問題に収斂させられてきたかを考察した。また、占領期の日本における朝鮮人の位置を、六全協以後の共産党と左派在日朝鮮人との関係性という遠近法の中で再設定していることを指摘し、GHQによる直接的な検閲という問題を越えて、「狭い意味での『合法的』な検閲、『合法的』な暴力を意識するだけでは捉えられない、より広い文脈から言葉をめぐる「規制」について考えなければならない」と述べている。[19]つまり、それまでの固定的な「検閲者＝抑圧者＝GHQ／被検閲者＝被抑圧者＝在日朝鮮人（あるいは左派の日本人知識人）」という対立図から離れるために、「自主規制」も含めた重層的な力学を見ることを提案している。

四　金達寿の自己検閲

さて、改めて金達寿と検閲の関係について考えて見たい。まず自己検閲という問題を考えるにあたって、当然その痕跡の追跡をしていかなくてはならないが、自己検閲という作業はほとんどが書き手の頭の中で行われるものであり、決定的な証拠を提示することは難しいため、状況からの推測にならざるを得ないことも否めない。

例えば、ここでは一九四七年一〇月の『新日本文学』に出版された「八・一五以後」を見てみたい。この作品は敗戦直後の日本が舞台となる短編小説で、金達寿自身がモデルである主人公の「李英用」が同胞を支援する組織を設立することに奔走する様子が描かれている、自伝的な作品である。初出の際には、検閲による削除はなかったにも関わらず、一九五〇年に単行本『叛乱軍』（冬芽書房、一九五〇年五月）に収録される際には二五〇〇字程削除されている箇所がある。一九五〇年というと当然ＧＨＱ検閲はすでに終了（一九四九年一一月に終了）してい

---

(18)「五〇年問題」と呼ばれる日本共産党分裂の発端は一九五〇年一月ソ連コミンフォルムの機関誌に発表された「日本の情勢について」と題された日本共産党批判であり、その是非を巡って二派に分裂するという抗争が起こった。徳田球一・野坂参三といった日本共産党主流派が構成する「所感」派はコミンフォルムによる批判に対して米国による日本占領という文脈を強調し、コミンフォルムと距離を置く独自路線を歩むことを宣言する「所感」を発表する。一方、コミンフォルムへの共感を表明する宮本顕治・蔵原惟人らは「所感」に反対するが、主流派からは分派を先導する「国際派」として名指され激しい対立をすることとなる。最終的には、所感派の筆頭である徳田球一が中国で死去したことが発表され、六全協の開催によって分裂状態に終止符が打たれた。しかし六全協以降の日本共産党における決定的な変化として、分派の統一と同時に朝鮮人共産党員の事実上の切り離しがなされる。この時期、民族対策委員会（民対）では「在日朝鮮人運動の転換について」が議題となり、朝鮮人党員の日本共産党からの離党、民対の解消が決定されている。

(19)　高榮蘭「占領・民族・検閲という遠近法―『朝鮮／韓国戦争』あるいは『分裂／分断』、記憶の承認をめぐって」前掲『検閲の帝国：文化の統制と再生産』、一四九頁。

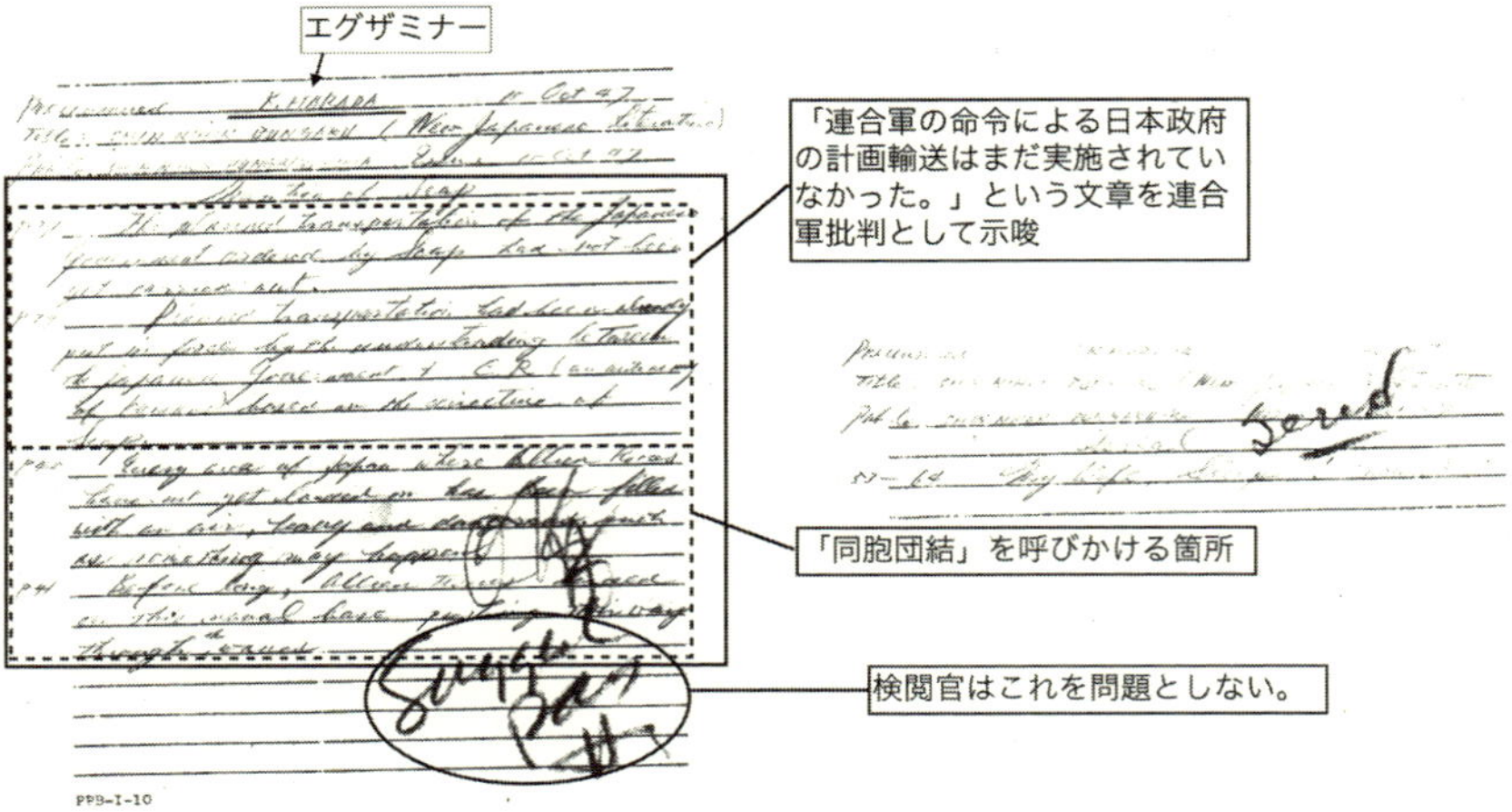

図2　「八・一五」初出時の検閲文書（日本語注記は逆井による）

るので、単行本出版の際に検閲が直接かかったわけではない。

その削除された箇所は、主人公が数人の朝鮮人青年たちに向けて白頭山に潜伏して日本軍と戦った金日成や中国の「同胞義勇軍」を挙げながら雄弁に団結を説くところから始まり、しかしその途中で「僕のように新聞社にいたことのあるものは敵であつた彼らの戦意を煽り立てたのだ」と述べ、日本に協力した過去に対する「激しい後悔」に立ちすくむ様子が描かれている。

実のところ初出時に削除処分はなかったものの検閲はされており、その検閲文章はプランゲ文庫に存在している。**図2**がその検閲文章である。

具体的にこの検閲文章を見てみよう。まずそもそも『新日本文学』という雑誌は日本共産党周辺の文学者が創刊した雑誌であり、かなり初期の段階からＣＩＥによって「極左」の雑誌とされてマークされていた。そしてその『新日本文学』のこの号に対する検閲文章の多くの部分がこの金達寿の作品に割かれている（大きな四角部分）。エグザミナー（下読みをする役割）はK.Haradaと署名されており、このエグザミナーから見て、この「八・一五以後」という小説は、処分を受ける可能性があるという判断がされたために、問題の箇所が英訳されている。

前半部分は、「連合軍の命令による日本政府の計画輸送はまだ実施されていなかった。」という文章が小説内にあるということを指摘して、これが連合軍批判に当たるのではないかと示唆している。後半部分は、先ほどの「同胞団結」を呼びかける箇所である。これも共産主義の称揚として危険視されていると考えられる。しかし結局のところ上位にいる検閲官は、エグザミナーから上のように“suggest”されているにも関わらず、問題としないで“pass”している。そのために、この箇所はそのまま出版された雑誌に掲載されることとなった。

ではなぜ検閲をパスしたにも関わらず、一九五〇年の単行本出版時に自ら二五〇〇字の削除を行なったのだろうか。出版時の一九五〇年五月は朝鮮戦争の勃発の直前である。そしてこの数ヶ月前の一月から三月にかけて、外国人登録第一次切替が行われる。これはＧＨＱおよび法務省主導のもと、在日朝鮮人がそれまでの帝国臣民の名残の残る曖昧な法的立場[20]から公的に外国人へと切り替えを促すものであり、さらに法務省は「韓国」および「大韓民国」という国籍しか認めなかった。そのため多くの朝鮮籍を保持しようとした人々は無視されるばかりか、三月二〇日までに五〇〇〇人の朝鮮人が外国人登録令違反の登録未申請または登録妨害容疑で検挙された[21]。

(20)　解放直後の在日朝鮮人の法的位置付けは、アメリカ国務省・陸軍・海軍三省調整委員会（ＳＷＮＣＣ）内部の極東小委員会（ＳＦＥ）によって四五年一一月一日に出された「日本占領及び管理のための連合国最高司令官に対する降伏後における初期基本指令」第八項に規定される。この項目では朝鮮人は「解放人民」として扱うべき、と記されているが、他方、「必要な場合は敵国民として取り扱っても良い」と規定した。この場合「敵国民」とは「日本国民」のことであり、つまり朝鮮人は「解放人民」と「日本国民」の二重規定の間に置かれたことになる。翌年一一月には在日朝鮮人は日本の「すべての国内法と規定に従う」と日本政府によって修正され、「解放人民」よりも「日本国民」としての規定が強化される。さらに四七年五月の外国人登録令では「外国人」とみなされ入国管理の対象とされる。このように、日本の国内法を強要しながら「外国人」としても管理するダブル・スタンダードな在日朝鮮人政策が確立した。

つまり、検閲終了後ではあってもＧＨＱと日本政府による在日朝鮮人への抑圧がなくなったわけではなく、むしろその圧力は高まる一方であった。

またこの時期は、在日コミュニティー内部でも北の共和国寄りの左派と南の韓国寄りの右派の対立が激化した状況でもあった。当時左派の知識人として指導的な立場にいた金達寿にとって、削除箇所に書かれている帝国日本への協力の過去の告白は、自らの立場を危うくするものであったであろうことも予想できる。すなわちこの改稿作業は、占領軍への危惧とともに、左右含めた在日朝鮮人同胞への配慮であった可能性が高い(22)。

いずれにせよここで確認したいのは、まさにこのような検閲の過程を金達寿が編集者として見てきた上で、自分の文章が各層の読者（エグザミナー、検閲官、在日同胞）によってどのように読まれるかということを強く意識していたということである。

別の例を見てみよう。第一節で阪神教育闘争の特集をした一九四八年六月号が発禁処分を受けたということは既に述べたが、この号には金達寿が当時連載していた「族譜」という小説の第五回が掲載される予定だった。その6月号自体が発禁になったために、プランゲ文庫のデータ上では、この「族譜　第五回」は検閲処分を受けたものと登録されている。そしてこれが、金達寿名義で出た五一件の文章のうち唯一の処分となっている。しかしながら、実際にＣＣＤの検閲文章を見てみると本文に対する処分は一切なく、そのままの形で一九四八年八月号に掲載されている。そして『民主朝鮮』に連載された「族譜」全九回の全てが処分を受けることなく掲載されている。

『民主朝鮮』は在日朝鮮人が発行した雑誌の中でも特に読者の多かった雑誌であり、またＣＩＥには『新日本文学』や『解放新聞』同様に「極左」として認識され、検閲終了の一九四九年末まで事前検閲が解除されなかった数少ない雑誌の一つである。それ故に、阪神教育闘争の特集号に限らず、ほぼ毎号のように削除や掲載不可という処分を受ける記事や作品がある。例えば、当時の在日朝鮮人文学者としては金達寿と双璧をなす許南麒《ホ・ナムギ》の連作詩「朝鮮風物詩」は計四〇回掲載のうち一二回が削除、あるいは掲載不可の処分を受けている。

そうであるにも関わらず、編集責任者である金達寿の文章は一度も処分を受けていない。いや、むしろ編集責任者であるからこそ、検閲の範囲を承知していたということであろう。つまり『民主朝鮮』の編集活動を通して、何が危険視されるのか、どこまでが検閲官に許容されるのかということを、政治状況の変化と共に知ることができる立場にいた、ということである。

最後にもう一例を考えて見たい。一節で少し触れた『前夜の章』という書籍の「あとがき」の中で、金達寿は「検閲に悩まされた」と述べているが、その後の文章で具体例として「前夜の章」という表題作のことを話している。

> それは一九五二年にかいた『前夜の章』で、今度は、日本の内務省の警保局にかわってアメリカ占領軍の検閲だが、私はこのなかで当然「アメリカ海軍」とかかなければならないところを、「新しい海軍」などと苦しい書き方をしている。彼らのしたこと、していることにふれることは法度であった。(23)

---

(21) 佐藤信行「資料　在日朝鮮人―解放後一九四五～五三年の軌跡―」『季刊　三千里』四八号、三千里社、一九八六年一一月。

(22) この在日コミュニティーに対する配慮に関して、本稿ではさらに踏み込んだ検証は行わないが、この箇所に関しての詳細な議論は拙著『〈焼跡〉の戦後空間論』の「第８章　異郷の空間性―金達寿「八・一五以後」で行なっているため、そちらを参照のこと。

(23) 金達寿「あとがき」『前夜の章』、三五五頁。

しかし、この「前夜の章」という小説は一九五二年四月の『中央公論』が初出である。当然ＧＨＱ検閲は終わっているために「あとがき」の回想とは矛盾するし、現にプランゲ文庫にも一九四九年一二月号以降の『中央公論』は保管されていない。また、実はこの小説には「四斗樽の婆さん」[24]という草稿があるのだが、こちらも執筆時期が一九四九年一〇月二〇日以降で、検閲に引っかかるとしたら一ヶ月の間に引っかからなければならないことになる。しかも検閲文章は保存されていない。そのために、おそらくＧＨＱを意識して自発的に「新しい海軍」という言葉を使ったとしか考えられない。

五　視線の内面化

「八・一五以後」や「前夜の章」におけるテクストの改変や金達寿の文章における検閲処分が皆無であるという事態は、彼の自発的な自己検閲によるものだということが考えられる。そしてそのような改変が必要と判断した理由は、当然同時代の政治状況にある。一九五〇年六月二五日の朝鮮戦争の勃発と検閲が終わっても一九五二年まで占領が継続したこと、そして反共産主義政策がますます強化されて行ったことが挙げられる。

もちろんそうであるなら日本人作家たちだって一緒で、なぜわざわざ朝鮮人作家の自己検閲を特別視するのか、ということになる。しかし、一つ決定的に違うことがある。それは在日朝鮮人組織、金達寿の場合は朝連および解散後の後継組織（朝鮮人団体協議会や在日本朝鮮人総聯合会）ということになるが、その内部において彼自身の立ち位置を正当化することは、単に体面の問題ではなく、文字通りの意味で死活問題であったのだ。在日朝鮮人内部の対立は、左派右派の対立だけでなく、左派内部でも日本共産党の分裂が反映した、暴力を伴う激しい抗争があった。その様子は金達寿自身が小説「日本の冬」で詳細に書き記している。そしてそれが、金達寿が「検閲

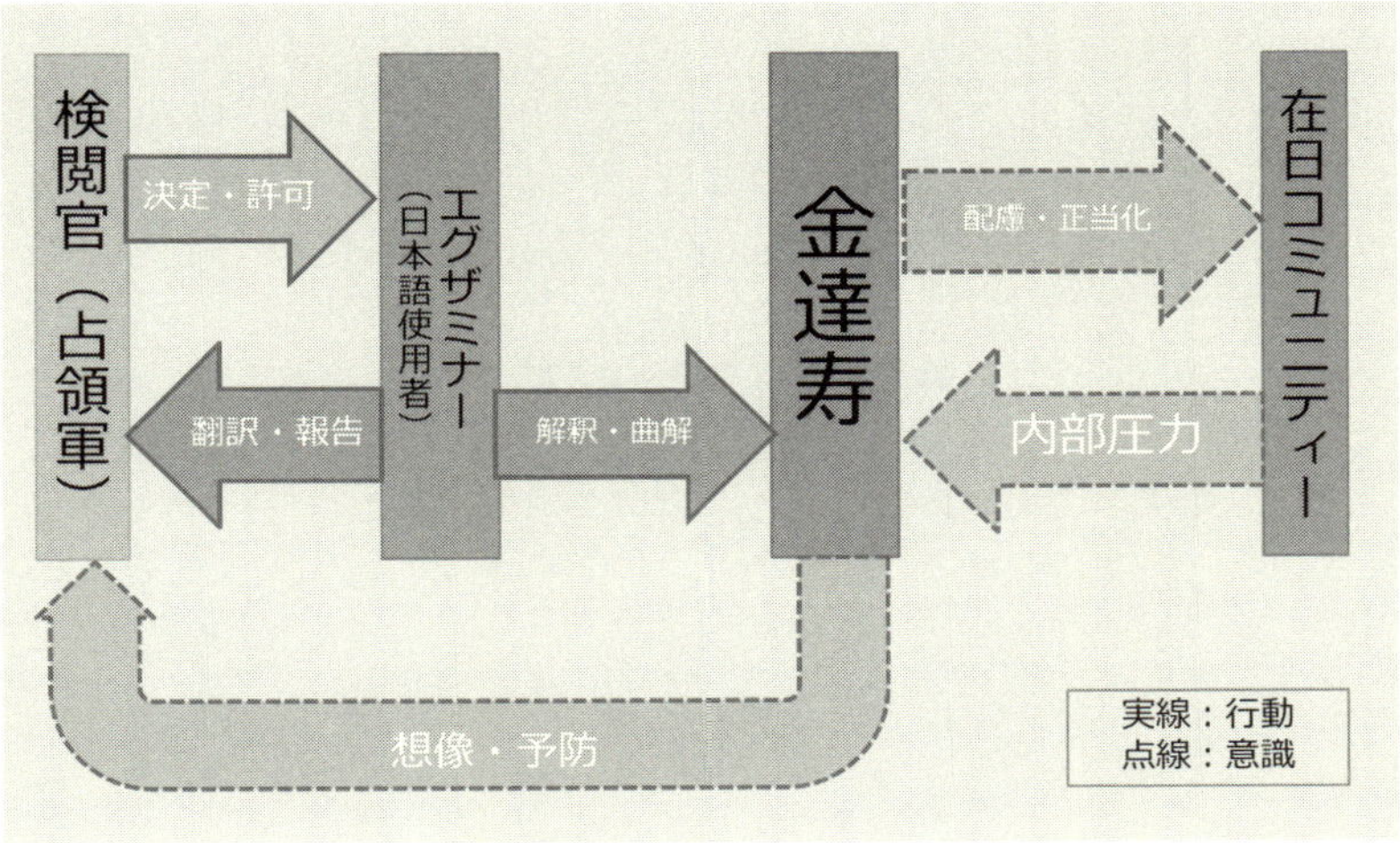

図3　視線の内面化

で苦労した」ということをあえて繰り返さねばならなかった理由でもある。

図3はこれまで論じてきたことを図式化したものであるが、ここで考えたいのは「誰の視線を内面化するのか？」という問題である。日本人作家における自己検閲の問題を考える際もこの問題は議論されるが、それは基本的に「占領者の視線の内面化する」、ということで議論されてきたかと思う。しかし金達寿の場合は、より複雑な関係性の中におかれてしまう。

朝鮮人作家であるという特性によって、日本人であるエグザミナーに曲解される可能性を考慮しながらも、金達寿は編集者であることから占領者が許可を出すであろうギリギリの線というのも予想できた。だからこそ、そのラインを越えな

---

(24)『金達寿小説全集　第一巻』の「改題」には『新神奈川』に「一九四九年三月から一〇月まで九回連載」と記されているが、国立国会図書館憲政資料室に所蔵されている『新神奈川』の第一号は一九四九年五月発刊であり、最終号の十月号まで金達寿の作品は掲載されていない。物語時間は一九四九年一〇月一九～二〇日であり、このことからも『新神奈川』の発行状況とすれ違う。

い表現に抑えることで、監視の厳しい状況下においても、ほかの朝鮮人文学者と比べて検閲処分を避けることができたのである。しかしながら、彼は在日コミュニティーの、特に左派陣営において指導的立場にあるために、自らの正当性を確保しなければならなかった。故に、繰り返し「検閲の苦労」を長年にわたって強調することで、自己検閲の正当化を企てたのである。

この金達寿の同胞コミュニティーに対する緊張感を、彼が解放以前に『文芸首都』で出版した「塵」（一九四二年三月）と解放後に改稿して『民主朝鮮』で出した作品「塵」（一九四七年二月）、「塵芥船後記」（一九四七年四月）の差異から読み取ることが出来る。

一九四二年の「塵」は、玄八吉という朝鮮人の屑屋が主人公の短編小説である。屑拾いを生業にして、日々懸命に生きていた彼は、ある時Ｄ町にあるＤ工場から出される塵芥を処理する権利を野尻という日本人から買い取ることができ、朝鮮の郷里に田を買うために金を稼ぐことに邁進する。そこに徐民喜という、Ｄ町で協和会の幹部をしている人物が登場する。(25)徐民喜は八吉を訪れ、塵芥処理の権利を譲れないかという話を持ちかけてくる。その裏には日本人の中村という古鉄商がおり、徐に仲介を依頼していた。徐民喜は日本語を流暢に話し、有名な日本の保険会社で働いていることから、身なりの良い格好をしており、一見日本人と見紛うような人物として描かれている。八吉は、この日本人然とした徐民喜に恐怖する。しかし最終的に八吉は敬泰という名の日本の新聞社で働く記者に相談をし、敬泰と八吉の二人で徐民喜に立ち向かう。そして、徐は敬泰に対して敗北感を抱くことで、塵芥処理の権利を諦めるという結末になる。この敬泰という人物は、本文からは日本人か朝鮮人かがはっきりと判別できないように描かれており、読み方によっては、日本人が朝鮮人同士のもめ事を仲裁しているようにも読めるようになっている。

一方で、一九四七年版の「塵」、「塵芥船後記」（のちに「塵芥（ごみ）」として一つにまとめられて単行本『朴達の裁判』（筑摩書房、一九五九年）に収録される）では、敬泰の代わりに「私」という一人称の語り手が登場し、「私」の回想という形でテクストが再構成されている。そして、一九四二年版でも登場した徐民喜はここでも登場するのだが、「共和会の幹部」という肩書きは削除されている。一九四二年版では、八吉が徐を恐怖する理由は、日本人然としていることであったが、戦後版では「朝鮮人であること」自体が恐怖の対象となっている。

八吉は日本人ならば殴られようが蹴られようが恥も外聞もなくどんなことをしてでも負ける気はなかったが、同胞である朝鮮人は怖かった。朝鮮人は自分たちのことを何もかも知っている。空とぼけることはできないのだった。(26)

また結末で、徐民喜が権利を買い取ることを諦めるのは一九四二年版と同じだが、戦後版では徐の反応が単に敗北感を感じた表情と記されるだけではなく、以下のような会話に変わっている。

「いやあなたが出馬しては、これは負けました。どうも、……わかりました」

（25）協和会は、戦時下の日本でつくられた朝鮮人統制組織である。日中戦争が始まって戦時体制が確立したために、不足がちな労働力を補充するために朝鮮人の労働動員が必要となった。そして動員されて増加する朝鮮人人口の治安対策と日本人への同化（皇民化）を目的とする組織として、協和会は特高警察を中核にして組織されることになった。協和会は、朝鮮人同士の監視・密告を助長することを行い、同胞内部での軋轢を生み出す原因ともなった（樋口雄一『協和会―戦時下朝鮮人統制組織の研究―（天皇制論叢5）』社会評論社、一九八四年）。

（26）金達寿「塵芥（ごみ）」『金達寿小説全集　二』筑摩書房、一九八〇年、七八頁。

「いろいろとあなたの方もいい分はあるだろうと思いますが、あの通りです。あの通り震えていますから、安心させてやってもいいですか」

「いやどうも、――負けました。よくわかりました。そのかわり今日は私と一つ付き合って下さい。一杯飲みましょう」

徐民喜はさすがにてれて、泣き笑いのような表情でそういうと、飾りハンカチをとってチンと鼻をかんだ。(27)

一九四二年版では、八吉と徐民喜の対立が「日本人」への距離感とそれによる社会的地位の差によって強調されている。敬泰と徐民喜の関係性も、敬泰が朝鮮人か日本人かが曖昧なところに、徐が敗北感を覚える理由がある。一方で一九四七年版では、八吉の恐怖が同胞である朝鮮人に対してであることは明示されているし、徐民喜が「私」に「負けました」と言うのも、「あなたが出馬する」こと、つまり同胞の朝鮮人を困らせていることに対して朝鮮人から糾弾されることへの後ろめたさを感じていると読むことができる。だから、徐は「私」との関係修復のために「一杯飲みましょう」と提案するのだ。

クリスティーナ・イはこの改稿に着目し、「この改稿によって、敗北と解放を分ける境界線が日本人―朝鮮人から朝鮮人―朝鮮人にハッキリと引き直された」と指摘する。(28) 戦時下における日本人―朝鮮人のパワー・ポリティクスの問題が、戦後においては朝鮮人内部におけるアイデンティティ・ポリティクスへと移行しているということをいみじくも指摘しているのだ。このイの議論を本章の議論に寄せるのであれば、八吉が必死の思いをして手に入れた権利を掠め取ろうとする徐民喜への恐怖が、「日本人」という上からの抑圧の形式ではなく、「同胞」の内部から崩壊させるような不気味さに変わっていることは、ポストコロニアルの状況で生活を継続しなくてはいけないという八方塞がりの閉塞的な在日朝鮮人コミュニティー内での、互いを縛り付ける緊張感として表現されていると言っても良いであろう。

戦時下における協和会という監視機構がなくなっても、金達寿をはじめとする在日朝鮮人の表現者たちは、新たな国際政治状況と国家的・民族的階層関係《ヒエラルキー》の中で、引き続きお互いを監視し合い、自らの言動が曲解される恐怖の中で、慎重に身振りを選択していかなくてはならなかった。ヒサン・ユンが論文の中で指摘したＧＨＱ検閲への朝鮮人協力者の存在も、単にアメリカの帝国主義への「協力者」というレッテルを貼るのではなく、このような複雑化した権力関係、そして人間関係の網目の中に置き直さなくては、その葛藤は見えてこないだろう。

六　精神史としての「自己検閲」と今後の展開

改めて、「自己検閲」とは何か。これの問題は、高榮蘭が言うように単に制度としての検閲を詳らかにすることだけでは見えてこない。「自己検閲」を考えることは、文学者の、編集者の、そして社会に存在する様々なコミュニティーの置かれた政治状況、歴史状況を把握し、その中で展開された個別の精神活動に目を向けることであろう。その意味では、検閲制度が有るか無いかに関わらず、「自己検閲」というのは常に表現の創出過程に否応なく関わってくる社会と個人との相互作用なのかもしれない。もちろん、そのようにまとめてしまうと、あまりに茫洋としたレベルの話になり、安易な一般化に転じてしまい、制度の暴力性自体が軽視されてしまうという

(27)　同上、八〇頁。

(28)　“With this change, the dividing line between loss and liberation is sharply redrawn from Japanese-Korean to Korean-Korean.” Christina Yi, *Colonizing Language: Cultural Production and Language Politics in Modern Japan and Korea*, Columbia University Press, New York, 2018, p. 113.

危険性を持ってしまう。

しかしながら、それでも今後の検閲研究においては、従来の制度の研究を積み重ねると同時に、制度の外側への意識は常に要請されるものであると考える。今回の議論で改めて強調したいことは、検閲とは検閲するものとされるものの二者関係では捉えられない、ということである。具体的に言えば、占領期のＧＨＱ検閲は、アメリカと日本という二国をあらかじめ設定するだけでは、その時期に出された出版物の生成過程は見えてこない、ということだ。本章では在日朝鮮人と検閲の関係を考えたために、必然的に朝鮮半島が視野の中に入ってきたが、左派という文脈では当然ソ連や中国、そしてその内部事情が日本の出版物の生成と分かちがたく結びついている。あるいは朝鮮南部におけるアメリカ軍政（ＵＳＡＭＧＫ）や西ドイツにおける連合軍検閲とＧＨＱ検閲の連動性という問題を考えることも、検閲の流動性を捉える上では必要なことであろう。

本章では、あくまで金達寿という長いキャリアを持つ文学者のある一点の創作活動に焦点を当てたものであるので、自然と議論は限定的なものになった。しかし、制度に収まりきらない「自己検閲」の有り様を見たことで、より広がりのある研究の展望が開けたことは成果として記しておきたい。

〈ラウンド・テーブル〉

見えざる〈統制〉に近づくために

尾崎名津子　金ヨンロン　逆井聡人　牧 義之　村山 龍

1　複雑な検閲プロセス
――従来の分かりやすい図式を解体する

金　今回、みなさんがどのような見通しをもってそれぞれの資料を用い、検閲に関する論文を書いてこられたのか、改めて思い知らされながらご論考を面白く読ませていただきました。みなさんの仕事を敢えて一言で言うと、検閲のプロセスはそれほどシンプルではないということになるのかなと思いました。つまり、検閲を理解するために今まで提示されてきた、いささか分かりやすい図式を解体しようとしている。そういう試みだと思いました。

そのために行ったのが、まず研究対象を戦略的に選ぶということですね。図書館職員にフォーカスを当ててみたり、出版社側から検閲を考えたり、表現者でありながら検閲制度の内部で企画・運用に携わった人を取り上げたり、そして編集者と表現者を兼任した二重の立場を持つ在日朝鮮人や、GHQ／SCAPの検閲を遂行する日本人検閲者に注目したりといった、戦略的な対象の選定という部分が共通していると思いました。その上で、検閲の過程がシンプルではなく複雑であるということを可視化して示すために新資料を用いた。では一体、どういう分かりやすい図式が今まで論じられてきて、それをどのように解体したのか、叩き台として簡単に五つくらいにまとめてみますね。

一番目は、最も分かりやすい図式です。抑圧者・検閲者がいる一方で、被抑圧者・表現者がいる、つまり両者が対立するという理解です。しかし、この図式では表現者であると同時に検閲者であった佐伯郁郎という存在を十分に説明することができない。編集者兼表現者である金達寿（キム・ダルス）の存在もやはりこの図式を解体しやすくするものだったと思います。

二番目は、（検閲を含めた時の権力に対して）協力者か抵抗者かという二項対立です。牧さんの論文では、事務文書を残して目録化した図書館の職員というのは、協力者でもなく抵抗者でもなく、どちらかに簡単に分類できないような存在だったと言っていますね。それから尾崎さんが一九四〇年の岩波文庫に着目し、当時の岩波文庫が戦場の教養を構築する役割を果たす一方で、検閲の主な対象でもあったことを論じました。図書館の職員や岩波文庫が戦時体制のなかで協力していたのか、それとも抵抗していたのか、そう簡単に捉えられないことは、明らかです。

そして三番目は、一番目ともつながりますが、占領期の検閲を考える際の、連合国対日本という図式です。これは日本人検閲者を考えたり、朝鮮人がGHQ／SCAP検閲の協力者として現れたりする事例から解体できるものです。

四番目は、検閲行為を破壊とみなすか、生産（もしくは構築）とみなすかという問題です。検閲といえば、テクストから何かを削除したり、テクストそのものを禁止したりといった、破壊のイメージを持ちやすいんですけれども、そうではなくて新たなテクストを生産するという面もあるのではないか、ということです。このことは、もちろん検閲を肯定するために持ち出した問題提起ではなく、慎重に考えるべきところですが、例えば村山さんが提示した児童文学の指示要綱を見ると明らかです。それは、まさに教育、理想、指導としての統制だったからです。ここに戦場の教養を構築しようとした岩波文庫の例も入ると思います。そして文学の表現に関しても規制によって新しい表現や方法が創られていくという面は見過ごせませんね。だから検閲が生産の場でもあるという視点は、近年よく議論されている論点の一つになります。

最後に五番目として、検閲のプロセスを、規範（検閲基準）というものがあってそれを適用していくものと理解することです。その際に検閲者が規範を内面化すると、検閲研究でよく言われますが、「内面化」とは具体的にどのようなことを意味するのでしょうか。どんな過程を通して内面化は行われるのでしょうか。GHQ／SCAP検閲の場合、プレスコードというのは、そう簡単に内面化できるものではないと思います。そこに書かれている言葉は非常に抽象的なもので、現場の検閲者たちが残した資料、その悩みの痕跡は、検閲行為がプレスコードを単に受動的に受け入れてテクストに適用するだけのことではなかったことを明確に表しています。この問題は後ほど逆井さんの論文を議論する際に問題になると思いますが、自己検閲、自主規制、内部圧力の問題とも絡まってより複雑な様相を見せます。

ここまで私たちの議論が共通して提示しようとした「検閲プロセスの複雑さ」を述べてみましたが、ご意見があれば伺いたいと思います。「いや、私がやったのはそんなことじゃない」というところからでも構いません。

2　論じる側の政治性と時代が反映される

村山　一番目に佐伯の話が出てきたのでそこから考えていこうかと思います。これまで一般的に検閲官というとイメージされるのは、三谷幸喜の映画の『笑の大学』（三谷幸喜原作・脚本。心の底から笑ったことがない検閲官・向坂睦男と、劇団『笑の大学』座付作家・椿一の「台本直し」の攻防を描く。二〇〇四年公開）のような、ハンコをバン！　としかめ面をして捺しているような検閲官たちだったと思います。映画では結局、検閲官と演劇の脚本のシナリオライターが共同制作のようなことをやっていくんですが、実態はもっと複雑だった。エディターとしての金達寿の場合もそうだし、あとは検閲官・佐伯の場合にそれが顕著な問題となるわけですが、彼らは表現者でもある。その辺を考慮すると検閲側が表現者に近づいてくるというよりは、表現者の側が検閲の側に依拠しながらやっていくこともあったんじゃないでしょうか。

自分たちの表現が、規制のかかる中でどれだけ可能なものなのかというところを、もっとも詳しく知っている人がふるまうと「なるほどこの辺はパスされるものなのか」というような一つの理解を同時代の他の作家たちに見せていくことになる。何かそういった通路のようなものを用意していったのが、こういう人たちだったのかと思えるところではありますよね。その意味でも、金さんが言ったように、シンプルではないというまさにその通りだと思います。

逆井　村山さんの論文の最初の部分に、かなり明確に書かれていましたけれども、戦後からの見方が今まですごく強かったわけですよね。その戦後民主主義がベースになった歴史観の中で検閲という制度が見られていったために、検閲する側が公権力で、表現者が個人みたいな対立を想定する。そして、そこに抑圧と抵抗の関係性を、戦後からの遠近法で捉えていた、と。成田龍一さんの論文を引用しながら言われているように、「大正デモクラシー」を「戦後民主主義」と短絡させた上で称揚し、一九三〇年代から敗戦までを「負の歴史」としていくような戦後的遠近法が、検閲という制度の意味づけを規定してきた。

でも実際の検閲は大正教養主義から総力戦体制へ、そしてそれが戦後体制へという連続性の中で作られていく。つまり20世紀前半の歴史を断絶と見るか連続性と見るかが、検閲をどの評価軸に立って論じるのかということと強く結びついている。「戦後」が全面的に見直されている今だからこそ、明らかになってきたことだと思います。

尾崎　ええ、だから論及しようとする側の政治性が正面から問われる領域であると思います。今だから書けることは多分たくさんあって、そういう問いの立て方のレベルでも、これまでとはきっとどこか大きく違うんだと思いたいです。

村山　論及する側の政治性というのは非常に大きい問題だと思います。これまでできなかったことが多くあると思うのは、佐伯郁郎の資料を見せてもらうために人首文庫に行ったんですが、その人首文庫の佐伯研二さんがおっしゃるには、櫻本富雄さんだったり……。

尾崎　畑中繁雄だったり。

村山　戦時下の文学者の動向を調査・研究していた人たちが、どうも郁郎が資料を持っているらしいということを知って、何度か手紙を送って見せて欲しいというようなことは言ったようなのですが、結局、話が流れたようです。やはり色々と難しかったんでしょう。そもそも郁郎自身が戦後ほとんど当時のことを語らなくて、たった一回だけ語った例の滑川道夫たちとの対談の後にも、滑川と冨田博之に対して郁郎は何度も手紙を送って、あの内容をもう一回改めさせて欲しい、喋り過ぎたかもしれない、消したいところがあるんだというようなことを書いて送っていたようなんですよね。でもまあ大丈夫ですよ、あれくらいだったら何も問題ないですよ、みたいなやりとりがあったりということを考えると……やはり検閲官というものが、特高警察とは違うとはいえ、自分たちのやってきたことを語りにくいし、何か語った瞬間にその言論弾圧を行っていた極悪非道な存在として裁かれてしまうという心配があったのだろうと思います。実際、特高がそうして裁かれていったというようなことを意識するわけですよ。そうすると、自分たちからそういう発言もしにくくなって、資料も廃棄はせずに一応持っているが積極的には出すことはない。それでご遺族がしっかり価値を理解してくれて遺しておいてくれればいいですけれども、多くの場合は分からずに昔のお父さんの仕事の書類がいっぱいあるから捨ててしまおう、といったようすで捨てられていくのだろうと思うと、今、私たちが声をあげて、調査を進めていく意義があるのではないでしょうか。

現在、相当時間が経って、我々は同時代性なども考慮して、わりとフラットな立場から話ができるところに来たように思います。かつて櫻本富雄さんや山中恒さんがそうであったように、自分たちが直接的にそうしたものに取り込まれていたがゆえの強い批判とか、それに対する嫌悪とは少し違う位置から考えることができる。

そうした諸々の状況のなかでいろいろな資料も出てきやすい時期にたまたま私たちがいて、特に私はそういうことでは恵まれたと感じています。論及する側の政治性と時代、今だからこそというのは大きいのかなということを常々考えています。

逆井　牧さんが長野図書館の資料に触れた経緯がまさにそれですよね。二〇一五年に戦前・戦中・戦後を見直そうという企画の中で、こういう発禁の話が出てきたということですよね。

牧　タイミングもあったし、その企画に携わる人の目的にもよると、僕は思っています。例えば、村山さんが佐伯家の人たちと出会えたことは、すごく運が良かったと思う。僕は別の検閲官のご遺族（ご子息）に会って話をうかがったことがありますが、お父さんは自分の仕事のことをほとんど言わなかった、とおっしゃっていた。息子さんから見れば、自分の親父の過去の仕事に対する興味はおそらくなかったと思うし、家にさまざまな本が並んでいても、その由来を聞いたりはしないと思います。

今だからこそ、純粋に「資料をまず見せて下さい」という姿勢で関係者を訪問することができるかも知れない。図書館の事務文書を調査する際に僕が気をつけていることは、職員の方に「下手に利用されたら困る」と思われないようにすることです。そもそも事務文書は非公開のものであるし、存在するかどうかを現職員が把握できていない場合がほとんど。存在していても、求めた範囲以上には出してもらえない側面もあります。「どう使うかはまだ分からないのですが、調査をしたいのです。どんなものがあるかを、まず調べたいのです」というふうに、調査の先に考えられる利用目的については、ひとまず明言はしないでおきます。調査の積み重ねによって見えてくる実態もあるからです。文書に対する意識をいかに解きほぐしながら調査を進めていくか。なかなか難しいところではあります。

その一方で、プランゲ文庫や国立国会図書館憲政資料室の資料など、多くの文献や目録データが集まって、誰でも便利に使えるようになってきた。それを上手に活用して、いろいろな引き出しを持ちながら、自分の考えを組み立てていけるようになった。それが、現代の僕らの有利な点だと思います。

3 「規範の内面化」とは?

牧 さきほど、論じる側の政治性という話がありました。それは、先行研究をどう乗り越えていくのかということを考える際にも、意識せざるを得ないことだと思います。例えば、金さんの論文を読んでいて考えたのは、文学的な想像力を検閲官が持っていたということが資料から見えてきた時に、それを文学研究者としてどう評価するのか、という問題です。「読解力がある」と考えるのか、それとも「深読み」としてしまうのか、あるいは「誤読」と片付けてしまうのか。

検閲官たちについて、先行研究が「文学に対して真面目ではない」と論じていたとするならば、それをどう評価したらよいのだろうか。検閲官の多くは、文学が好きな人たちだったかも知れないけれど、文学者ではなかった。その中でも、ある人がその当時の想定できる読解を飛び越えるような読みをしてしまった、と言えるのかも知れませんが、それをどう評価して、論じればいいのか。すごく難しい問題だと思いました。

それと関連して、今回の企画で何度も出てきた「規範の内面化」という問題。ロバート キャンベルさんが言われた、「図書館の人たちは、規範をどう内面化していたのですか?」という質問に対して、僕ははっきりとは答えられなかった。分からなかったから。そもそも、「規範を内面化する」とはどういうことなのか。これは自己規制の問題とも関わってくると思いますが。

尾崎 内面化という用語は検閲研究に限らず近現代文学研究全般でよく使われていますが、内面化されているという事態をどう実証できるのかということでしょうか。

逆井　加えて規範はそんなに実体化できないですよね。金さんの論文の中では結構その問題が見えてきましたが、法律が実施される時というのは、例えば法律が決まったと同時にその規範が確定しているわけではなくて、あくまで判例というものが積み重なることによってその内実が決まっていく。

だからその「どう規範を内面化したんですか」という質問には規範というものがまずあって、それを内面化する受け手がいる、というこの二項対立がやはり前提にある。それを崩そうとしている人たちが単純に質問を返してしまうと、同じ俎上に乗ってしまうことになるんです。だからその質問に答えられない。

金　キャンベルさんは私にも「規範」について質問されました。私は発表の中で、検閲者が検閲行為を繰り返しながら、抽象的であった規範の中身を埋めていくとか想像するとか、そういう言葉を使ったんですよね。検閲を行う時、まずその基準になるプレスコードを理解したうえで、テクストを読解しなくてはいけない。例えば、「連合国への批判」の場合、この短い言葉が何を指すのか、解釈が必要になってきます。それはテクストを読んでいく過程でその都度行うことで、その反復を経たのちに、「あ、満州国に対してこんなことを言っている、だからこのテクストは「連合国への批判」にあたる」、というふうに機械的なカテゴライズ化ができるようになる。もちろん全く同じテクストは存在しないため、繰り返しとは言っても当然個々のテクストを読んで「連合国への批判」という判断を下す際には揺れが生じますけど。とにかく、この過程によって「連合国への批判」という規範の中身が埋められ、創造されると表現したのです。

それに対してキャンベルさんは「規範というのは、作られるものですか」と議論の前提に関わる質問をされたのです。逆井さんが話したように、規範というのがやはりあって、それを内面化した検閲者が検閲を行うという前提がこれまでの検閲研究にはあったわけで、そのために規範の機械的適用という検閲者への批判をよく耳にしてきたわけです。しかし、実際に、EXAMINER'S NOTEなどの検閲文書を通して見られる検閲過程の複雑さは、その前提に修正を求めてきているのではないか。この検閲プロセスにおいて「規範」をどう捉えるのかというのが、検閲を捉えなおすうえで、難しいけれども、重要なポイントになるのかなと思います。

4　検閲者の「読み方」

牧　少し論から外れてしまうかも知れませんが、金さんの考えを聞いてみたいところがあります。作品を読んで問題がある部分を抽出しなければならないような検閲官たちは、作品の全部を読んでいたと思いますか？

金　私が扱った検閲文書に関して言えば、一番最初の読み手はだいたい読んでいて、ほぼすべてのページを英訳までしているんですよね。なぜこんな無駄なことをやっているのかと思うくらい、十ページ以上にわたって全訳をしたりする。その次に検討する人々は、おそらく部分的読みしかしなくなると思いますが。

牧　その時の姿勢は、例えば僕たちが文庫本を開いて最初から読む時と同じではないですよね？　問題がある場所を探さなければいけないという使命感がまずあるわけで。

逆井　スキャニングしてるんですよね。

牧　その時にやはり単語が引っかかってくる。「薄儀」とか「皇帝」とか「軍部」とか。その中から特に問題がある場所を抽出しようとすると、「読解力がある」とか「文学的想像力がある」とか言えそうなのだけれども、どこまで彼らの作業を文学的な営為として考えたらいいのでしょうか。

逆井　村山さんの論文を読んで笑ってしまったところがあったんですけれど、佐伯がまず検閲係に行くわけですよね。だけどそこには警察学校出身の人たちしかいなくて作品が読めない、だからそこにちゃんとした読み手を、ということで菊池寛が主張して、その対策として佐伯たちが採用されたわけですよね。しかし結局その後に、上層部から「文学好きが読解して楽しむ場所ではない」と言われて資料の方に移された、という。それを読んだ時に、「あ、理想の読者的な検閲官というのもいたのかも」と思ったんです。

金　GHQ／SCAP検閲でもやはり同じようなことが起こっているんですよ。検閲の対象となるテクストを読んでいてすごく楽しくなってしまって、全部訳してみて、短い報告書の中でものすごい読解力を見せてしまうような検閲者が。それに対して次の判断者が「ちょっとやり過ぎじゃない、この人」というようすで「パス」と一言を書くんですよ。つまり、検閲主体がどのような読みを行なっているのかを考える際には、個別ケースを見る必要とそれぞれのプロセスを詳しく検討する必要が出てきます。先ほども述べたように、下読みの人と部分的読みだけで判断する人とは違う読みをしていたはずなんです。だから理想的読者が存在し得るのは、やはり下読みを行う人々の中であって、上層の判断者になればなるほど検閲は事務的な仕事として終わる可能性があります。この違いがこれまであまり議論されてこなかったような気がするんですよね。検閲者のそれぞれの段階における読みのレベル、読みのモードというか。

尾崎　今の話を単純化してしまうかもしれないのですが、チボーデよろしく読者をリズール（liseur、精読者）とレクトゥール（lecteur、普通読者）に二分するとして、佐伯が異動させられた例でも金さんの最初の読み手の例でも、結局リズールの方が排除されていくと捉えてよいでしょうか。つまり「精読するな」ということですよね。精読されては困るというものだったのかなと思うんですよね。

おそらく実際の読みとして歓迎されるのは、先ほど牧さんが仰っていたような、例えば週刊誌の中で自分の見たい記事だけ即座に見つけてそこだけ読み、それでまた棚に戻す、立ち読みのような感覚なのではないかと想像します。

村山　書籍の量を考えれば、本当に一人一人が丁寧に読み込んでしまうと、実際に回らないだろうということもあるし、今尾崎さんや牧さん、逆井さんが言ったようなスキャニングという言葉がわかりやすいですよね。単語を拾い上げて「はい、この単語使ったからアウト！」とするのが、一番分かりやすい。

我々も大学で学生のレポートを見る時にもわりとそういうスキャニング作業をするじゃないですか（笑）。まずざっとそのスキャニングをやった上で、「ああ、これはこれこれこういうことを論じているんだな」と、ある程度の目算を立ててからもう一回詳しく読む、というようなことを考えると、〈規範〉というものは解釈に関わるものなんですよね。この文章がどのように解釈されるのかということをめぐる問題だと思うし、内務省の検閲のかけ方の場合には特にそうだったと思う。詳しく「これを書いたらアウトだ」みたいな単語集があったわけではなくて、――だから作家たちは「どんな単語を使ったらアウトなのかを教えてくれ」ということを行っていくわけですが――そういったことを考えると、割と大きなことだけ言っておいて、あとは自分たちで解釈しろということにして、解釈をした段階で規範の内面化というのが起こるのではないかと思います。

尾崎　その点では、内務省検閲でもＧＨＱ／ＳＣＡＰ検閲でも本質的なところでは差はない、という気がしてきます。

村山　その時々にあわせた解釈をしていく点では同じだと思います。最初に読み手になる検閲官も金さんの論文であったように「読者」であって、それはある種日本全国に散らばっている読者の代表者のような形でまずは読んでみて、そうして読み込み過ぎだと言われれば、「〈日本人〉はこの文章を見たらこんなふうに読むはずだよ、俺はそう思うんだ」というような解釈を提示する。

それが徐々に積み重なって規範になっていくと考えると、検閲の規範を作っていくのは検閲官たちの持っている規則とかではなくて、検閲官たちが意識している極めて同時代的な、非常にベーシックな読みなんじゃないかと思うんですよね。規範を内面化していく時っていうのは、そういう解釈を積み重ねていって、その積み重ねられた解釈がまた人々の中に流通していってというような形で流れていくのだとは思うんです。

5　大衆も検閲する

逆井　これを言うと議論が拡散してしまう気がするのですが、もしそうだとすると検閲官が同時代的にある程度共有されるだろう読みのようなものを想定しているということですよね。

村山　そういうことですね。

逆井　だとすると一般の読者というのが果たしてどこまで検閲官と違ったのかということも考えるんです。というのは、例えば『中央公論』や『改造』を読む時に、一般の読者も検閲された・されていないというのはもう既に分かっているわけです。だから、例えばプロレタリア文学者の作品が雑誌に出た時とかは、一般の読者にもある程度検閲的な目線が内包されていた可能性もある。

牧　それは戦前期の話ですか?

逆井　戦前の話。あるいは戦後でもそうだと思うんですけれども、雑誌を手に取った一般読者が、掲載された小説を読みながら「あれ、この文章よく引っかからなかったな」と思うわけですよね。その時に検閲者的目線が共有されているということにならないですか。

金　そうですよね。牧さんの論文からすれば、図書館職員が昔の作品を持ってきて「今だとこれは戦犯図書だ」というようなことですね。別にその人々は検閲官ではないんだけど、今これが危険だという目線を持っている。

逆井　現代の私たちで言えば、3・11のすぐあとに放射能のことを書いてある本が出た時に「ここまでよく書けたな」などと思うわけです。だからその時その時の、「言っていいのかな、これ」みたいなものがある。その感覚を検閲官だけが持っていたわけではなくて、一般に共有されていたものであるというふうに考えると、検閲は制度で収まらない話になってくる。

金　牧さんが言ったようなスキャニングを一般の読者もしていた可能性は十分あるんですよね。その言葉に敏感な反応を示したであろう読者。だから検閲者を読者というとき、それは個人としての読者ではなく、やはり共同体の中での読者なんですよね、想定されている読者を体現しようとするわけなので。

村山　おそらくそういう視点はありましたよね。実際にあった事例としては、金子龍司さんが書いた論文（「「民意」による検閲――『あゝそれなのに』から見る流行歌統制の実態――」、『日本歴史』七九四号、二〇一四年七月、五五～七二頁）で、レコードに関しての指摘があります。当時エロ歌謡といったものが流行った時期に、美ち奴の「あ、それなのに」が検閲をパスして流通したら、市民たちから「こんな扇情的なエロ歌謡を、当局はパスさせて売るなんて！」というように苦情投書がいっぱい来て、結局後付けで発禁になったという話がある。

今回分析対象とした児童読物の検閲も、一応佐伯たちの建前としては投書に応じて私たちは検閲をより強化することにしました、ということになっているので、読む側や見る側（大衆）は絶対にその意識は持っていますよね。

金　ここで表現者の話へつなげると、自己検閲や内部圧力が問題になってきますね。尾崎さんの論文にある、水平社運動に関わる人たちからの要望に関する話は、内務省とは違うところから来た苦情による検閲なんですよね。何でしたっけ。

尾崎　『蕪村俳句集』です。その点については牧さんが『伏せ字の文化史——検閲・文学・出版』のなかで森田草平の『輪廻』を取り上げつつ、詳しいところまで明らかになさっていますけれども。もう一つ、志賀直哉『和解　或る男、其姉の死』のケースもあります。大阪の憲兵隊が陸軍省を通して内務省へ処分の要求をしたという報道です。

金　水平社運動に関わる人々、憲兵隊、こういうところからくる圧力の問題は、逆井さんの論文ですと、在日朝鮮人コミュニティの内部圧力とも関わりますね。テクストを読んでどの表現がダメなのか判断するのは、必ずしも内務省、GHQだけではなかった。敗戦直後だともっと明らかですよね。戦争に負けて今はマッカーサーが統治している時代だ、この表現は絶対ダメだということを、日本人が真剣に考えるわけです。同時代においてこの表現が適切かどうか、表現を制御するのは、そのような感覚です。その感覚をもつ主体が表現者であれば自己検閲になっていく。

牧　敗戦を迎えて一度その「読み」がリセットされますよね。内務省検閲が一度止まって、そこからよく分からないのだけれども、GHQが検閲をするらしいという話があって。おそらくはごく一部の一般読者も、検閲が実施されることは分かっていただろうと思います。性的なものは解放されて街中にあふれていく一方で、政治的なもの、あるいは歴史的なものがどのように排除されたのかというのは、実は相当見えにくいものだったと感じます。

僕の論文で書いたことですが、図書館の中で相当な量の本が無くなっていたわけです。二百何冊が無くなったというのは、考えてみると本棚の三段分くらいがパッと無くなったという感じ。その時の衝撃は、分かる人には分かっただろうと思えます。戦前期の図書館は基本的に閉架式だから、一般の利用者には分かりにくい部分なのですが、かつてそこで読んだ本のカード目録がいつの間にか消えていたことに気がついた人は、おそらくいたと思われます。

「規範」ということを考えると、金さんの論文の中で「読みを先取りする」という言葉がありました。やはり検閲官の視点というのは、戦前も戦後も、誰よりも尖っていて、そうではないようなことまで嗅ぎつけてしまうような、言葉の裏の裏の裏まで考えなければいけないことを仕事とした人たちの集まりなのでしょう。

ただ、一般の人もそこに関与したかどうかというのが、戦前と戦後の大きな違いとしてあると思います。特に、英語ができる民間人。仕事の内容を言ってはいけないのだけれども、そこで働いている人たちは、実は役人でもない。その人たちの視点は、戦前期に読書をしてきた中で得た歴史的な経験とか知識とかに基づいて読解をしていたはず。少なくとも、検閲のプロフェッショナルではなかった。

問題箇所を見つけるのは、まずキーワード探しから始まったと思います。そこから少しずつ、日米の関係性を踏まえて文脈が読み解けるようになってくるとか、上司の言っていた、あるいは掲示されていた条件の意味が理解されて、その結果が検閲事務に反映されるのかも知れない。そのような「段階」が、GHQ検閲の中に見えてくるのではないかと感じているのですが、金さんはどう考えます?

金　そうですね。与えられたキーワード（プレスコードやキーログ）が具体的に何を指すのか、試行錯誤を通してだんだん検閲を主導する上官の意図を摑んでいく。確かに今お話を伺っていて、検閲制度が定着していくまで様々な段階においてどのように読みが行われているのか、さらに検討していかなければならないと思いました。

6　世界情勢によって変わる検閲の規範

尾崎　金さんは東京裁判の表象というテーマで考察なさっていますが、裁判自体が検閲の業務と同時進行で日々展開してしまうから捉えにくいかもしれないですけれど、徐々に「検閲者が東京裁判を理解してきたな」という感触というか、検閲者の視線の質が変わる過程が見えてくる、ということはありましたか。

金　例えば、溥儀の証言は、最終判決が行われる前に行われており、それが判決に影響することは確実です。このような東京裁判の進行状況を検閲者が理解しておらず、政治的コンテクストがわからないと、テクストにおける溥儀の描かれ方を見ても、表現者の意図や読者への影響を探ることは困難だと思います。とにかく、検閲主体がどこまで裁判を理解していったのか、それを時期ごとに、また個別ケースごとに明らかにするのは難しいですが、やはり重要なことでしょうね。

いま調べているのは、敗戦直後において日本以外の帝国主義、植民地の問題に言及している言説が検閲の対象となっているケースです。戦時中に書かれているテクストも厳しく削除されたりしていますが、それはおそらく検閲者が東京裁判を理解してのことだとも考えられます。日本を除いて、他の帝国主義を批判することは、東京裁判で絶対アウトですからね。フランスの植民地問題を言ったり、アメリカの原爆の話をしたりするのが、一番危ない。東京裁判が何を裁いて何を裁かないのかという、裁判への理解がないと、検閲者は占領側の意図に即した検閲を行えない。その状況判断というのが、時期ごとにどのように変化するのか、これから検討しなければなりません。

逆井　在日朝鮮人発行の雑誌に関しては、結構分かりやすく時間的な変遷があります。小林知子さんの研究（小林知子「ＧＨＱの在日朝鮮人認識に関する一考察――Ｇ－Ⅱ民間諜報局定期報告書を中心に」『朝鮮史研究会論文集　第32集』緑陰書房、一九九四年一〇月）で明らかになったことですけれども、検閲が始まってすぐの時は、占領軍の政策を批判する内容であれば、在日朝鮮人発行の雑誌の右派でも左派でもあまり関係なく検閲されているのだけれども、一九四七年の末頃から一九四九年にかけては明らかに左派に限定されて削除されていく。

そして、それは世界情勢と関わっているわけです。一九四七年以前まではまだ冷戦構造がそこまで確立していないので、検閲が主に取り締まっているのは占領国、あるいは連合国に対する批判です。今金さんが言ったように、特に占領政策が批判される際に、連合国軍の帝国主義が一緒に批判されることになるから、表に出てきて欲しくない。だから占領政策が帝国主義と結び付くような言説に対して、すごく神経を尖らせていた。

それに対して、一九四七年以降、特に中国の国共内戦で共産党軍が強くなってから、あるいは朝鮮半島における信託統治に関して北と南で軋轢が出てきて、どっちが選挙やるのかみたいな話になってくるのが、やはり一九四七年後半です。それと合わせて対共産主義、反共の文脈がかなり検閲にも出てくる。同時期に起こっている政治的状況とともに検閲の規範が変わっていくんですよね。

金　新しいキーログが出てくる理由がそれなんですよね。新たな状況が出現したり、政治的な出来事によって占領政策の根本が揺らぐようなことがあるたびに、キーログをはじめとする検閲基準が変化する。だから検閲者は、東京裁判を理解するために継続して情報を更新していかなければいけないんですよね。その最新の情報と同時代の世界的文脈を理解して、それに当然英語ができて、テクストを判断する能力がある。検閲主体はよっぽどのエリートでなければなりませんね。

7　個人に焦点を絞った検閲研究の可能性

牧　人に絞った研究は今までにあったのでしょうか。例えば、金さんの論文に「H.Masao」という人が出てきます。この人の検閲に関する研究は成り立つのでしょうか?

金　「H.Masao」ではありませんが、実は注目している存在はいます。『新日本文学』を徹底して深読みしている人で、余計なところまで英訳をして、上の判断者がめんどうくさがると、いや、あなたが読めていないだけ、と勢い込んで解説してしまうような人なんです。そういう人はやはり個人レベルでの研究をする価値があるかもしれません。

牧　この人だからこう読んだのか、というようなことが分かったら面白い。

逆井　太宰治の『トカトントン』が英訳（Osamu Dazai 'A Sound of Hammering'. Translated by Frank T.Motofuji. *Japan Quarterly*. Apr 1. 1969）されるのがかなり早いんですよ。一九六〇年代に訳されるんですけれど。その翻訳者（Frank T.Motofuji）のことを調べたら日系アメリカ人の二世でした。戦時中は日本語の教師を米軍でやっていたようで、これは証拠がないのですけど、こういう人が検閲官だった可能性は高いですよね。

『トカトントン』冒頭の玉音放送を聞く場面で、将校の「皆ひとり残らず自決して、もって大君におわび申し上げる」っていうセリフが英語版では消されています。それがそのまま翻訳として出版されて、今でも流通していますね。もちろん、翻訳する際にすでに削除されているものを使った可能性もあるので、だからと言って彼自身が検閲したかどうかまでは分からないのですが、もし彼の名前が検閲文書に出てくれば、その検閲官が検閲して後々訳者になっていたというケースは一つ実証できる。まあこれは全然確実ではないですけれども。

金　例えば、大学生が検閲に参加していて、英訳の練習をしたいがために、あえてやらなくてもよさそうな部分まで全訳をする。そうすると次の判断者が英語のチェックを細かくしてくれるんです。体験談などを通して、もしくは検閲文書に現れる検閲者の名前で絞って、個別ケースを見ていくことは確かに成り立ちそうですね。

尾崎　金さんが仰っていた『新日本文学』にやけに拘る検閲官のモチベーションがどこにあるのか、気になります。

金　気になる……。

逆井　欲望がある……。執着がある。

金　だからその人が、戦時中に何をしていたかが気になるんですよね。

尾崎　元憲兵も占領期の検閲作業に従事していたようですね。

金　内務省検閲が分からないと、私は左翼が言いたいところ、考えているところを一番知っている、みたいなことはやはり言えないんですよね。

牧　内務省検閲は、検閲官の顔がよく見えるんです。経歴とか、何歳くらいだとかというデータがあって。

尾崎　位階や昇進のタイミングから給与額まで分かる。

牧　そう。GHQ検閲は名前と性のイニシャルは分かるけれども、そこから先を見てみたいという感じがします。

金　山本武利さんがおっしゃっているんですよ（山本武利『GHQの検閲・諜報・宣伝工作』岩波書店、二〇一三年）。検閲にかかわった人々の多くはエリート層で今偉くなっているので、検閲したことを明らかにしたくない場合が多いと。

牧　最近山本武利さんが、木下順二に関する文章を書いていらっしゃいましたよね。

金　あの記事（「CCD検閲者資料から検証する――GHQの検閲者Kinoshita Junjiはあの木下順二か」『出版ニュース』二四八一号、二〇一八年五月中・下旬）は興味深いです。木下順二、実は私も注目していて、最近検閲に関してではありませんが、別の論考（金ヨンロン「戦争裁判が甦る契機―木下順二『神と人とのあいだ』を手掛かりに―」『日本文学研究ジャーナル』九号、二〇一九年三月）で扱っています。彼は、東京帝国大学英文科出身のシェイクスピアの研究者です。でも木下自身も検閲されているんですけどね。

尾崎　処分を受けているんですか？

金　知っている限りでは、一件だけ受けています。敗戦直後にものを書く人ですから当然検閲文書は多く発見されていますけど。もっとも影響力のある戯曲家の木下が検閲する側でもあり、される側でもあったことが明らかになれば、新しい研究ができそうですね。

8　コミュニティの内部圧力による自己検閲・自主規制

金　内部圧力の問題と自己検閲、自主規制をどう考えるかというのはあまり正面切って言われてこなかったと思うんですよね。自分が所属しているコミュニティからの見えない圧力が、実は内務省検閲よりも怖かったりする。GHQよりも怖い在日朝鮮人コミュニティ、そういうところを見ていくことこそ、複雑で重要だと思います。

村山　逆井さんの論考を読んでいて、冒頭の辺り、規制の内面化の話をしているところで、「「抑圧者／被抑圧者」の網の目に捕らわれる」とか、あとはその後「より周縁に追いやられた書き手が表現しようとする場合、果たして占領軍だけが内面化する圧力であったのだろうか。」という、まさにその話をされているんですよね。その問題に触れているのが今回はGHQの――金達寿が対象であるから戦後の検閲の――話ということになりますが、一方で戦前の内務省検閲が行われていたような時代に、例えば朝鮮半島の人々のコミュニティの中で、書いている人たちが当然いたわけです。その人たちの中で、何を書くべきとか書かない方がよいみたいな、圧力のようなものはあったのでしょうか。

逆井　あります。私も専門じゃないのであまり詳しいことは言えないんですけれども、それこそ張赫宙（チャン・ヒョクチュ　一九〇五年―一九九七年。金史良とともに日本文壇で活躍した朝鮮人作家の嚆矢とされる）などが相当気にしながら書くんですよね。あるいは金史良（キム・サリャン　一九一四年―一九五〇年？）の「光の中に」（芥川賞候補作）という作品の最後の方、これはかなり批判がありますが、主人公が自分の朝鮮人としてのアイデンティティを認めつつ、でも帝国の制度の内部の中で収まっていく。それは金史良がすごく外を意識していたというか、要するにそういう終わり方をしない限りは出版できなかったという、いわゆる同じ在日コミュニティを意識したというよりは作家としてやっていくために自主規制したような話になると思います。一九三〇年代にどんどん朝鮮人作家が日本の文壇に出てきますが、彼らはその時に相当意識をしていますよね。

村山　その時の意識の仕方みたいなものが、GHQの検閲に移り変わってから、大きく変わってくるのは、具体的にはどういうところなんでしょうか。それとも変わらないんですか。

逆井　うーん。まず内部のコミュニティに対して決定的に変わるところは、特に金達寿の場合は、過去に帝国に協力的な行為をしたことに対する反省が言える時と言えない時というのがあって、一九四五年八月から一九四七年ぐらいまでだったら「協力はしたけれども自分はそこから反省をして、今の独立に向かって運動しているんだ」と言える。しかし、四七年以降だと協力したということすら言えない。「自分は純粋な民族主義の人間だから、この運動を盛り上げていくだけの資格があるんだ」という自己規定になっていきます。そういう純粋なもの以外を許容しないような国家、つまり共和国が一九四八年にできて、韓国との対立が出てくる。そういう曖昧さが許容されなくなっていくのが、戦後の内部圧力の一番特徴的なところです。

戦中、一九三〇年代からGHQ占領までの時期というのは、その時期その時期のホットなトピックというか、これは書いてはいけないというのも多分あったと思いますけれども、戦後はやはり自分たちの同胞を裏切ることに対する意識というのがすごく強烈ですよね。だから自分が直接独立運動に参加していなかったとしても、参加していた人たちを裏切るようなことは言えない、という感情はすごく強いです。

牧　その、言えるか言えないかというのは、後々に振り返った時の言葉から分かるんですか？　それとも作品の内容から？

逆井　作品の改稿からですね。一九五〇年になって、今までは普通に書いていた過去の行為の反省みたいなものが消されていくという、改稿が行われるんですね。だから私が発見したのは作品の変化からです。ただ後に金達寿自身はあちこちに回想録を書いていて、その中でも「あの時はこうだった」という話は出てくるので、それも参考にしていますが、むしろ回想録で言っていることの方が、改稿作業と矛盾している。だからこの矛盾はなんだろうと調べていくと、改稿過程が見えてくるという感じです。

牧　金達寿が『叛乱軍』を書いた時に、二五〇〇字程度削除したとありますよね。それは、何を慮ったのでしょうか。作家が自分の身を守るためなのか、コミュニティを守るためなのか、それとも冬芽書房を守るためなのか。何の意識なんだろうって思うんです。戦前期だと、例えばある箇所を伏字にするとか、文字を削るというのは、無事に刊行するための手段でした。中身の一部分を削って検閲をパスした結果、守られる誰かがいるという意識は、あまりなかったと思うんです。だからこの場合に、金達寿は何を守ろうとしたのかが、よくわからない。

逆井　そうですね、これは証拠をどこから持ってくるのかっていうのが本当に難しいですよね。状況的に見ていくしかないんですけれども。当然一九五〇年には検閲制度は終わっているので、検閲制度に対するものではない。つまり事務的な配慮ではないと思うんですよね。

そうすると、まず金達寿の作品を読む層というのが圧倒的に在日の人たちと一部の日本人だったわけですよね。もう少し後になってくると金達寿自身がかなり有名になってくるので、多少読者層も広がってくると思いますけれども、単行本を出す時やはり気にしていた一番のターゲットは、在日コミュニティだと思うんですよね。圧倒的に読む人たちがそこにいたので。

牧　冬芽書房は、在日コミュニティ向けの本を出していた出版社ですか？

逆井　それははっきりと言えないですが、『人民文学』の編集が置かれていた出版社ではありますので、読者層は予想できると思います。

牧　コミュニティから冬芽書房に、刊行をやめろという声が挙がるのを気にするのは、分かる気がします。ＧＨＱが要因ではないとすると。

9　書き手に及ぶ身の危険

逆井　この時期は左派でも相当分裂していますよね。だから共産党が分裂しているのと同時に、在日の左派も国際派と所感派で分かれている。金達寿が『日本の冬』に書いていますが、暴力的な対立というのがあり、特に当時は所感派がすごく強かったこともあって、国際派に属していた金達寿の仲間は火炎瓶を投げられたこともあったわけです。まさにその始まりの時期だっていうことを考えると……。

金　今の話はすごく重要で、書いた者の身に危険が及んでくるんですよね。検閲によって書籍の刊行ができるかどうかというレベルの問題にとどまらず、自分の身体を守れるかどうかというレベルの問題になってきている。戦時中の話で言えば、中野重治は、「転向」後の文章で、みんな勘違いしていると言っているんですよ。「検閲のことをみんな分かっていない。検閲によって小説が出版されるかされないかが怖いのではなくて、連れて行かれて拷問を受けて、命にまで関わることが私は怖いんだ」というようなことを多喜二の死後に言うんです（金ヨンロン「治安維持法体制下における中野重治の転向五部作と伏字問題――「小説の書けぬ小説家」を中心に」『日本文学』二〇一五年一一月号）。

検閲のみならず、書き手は自分が書いた文章によって、属しているコミュニティからどう理解され、または誤解され、どのような暴力的な場面に遭うことになるのか、まで想定しなければならない。書いたものから波及する影響力と書き手の身に及ぶかもしれない危険を想像することは、大げさな妄想のように思えるかもしれませんが、金達寿や中野重治など、実際の状況としてあったわけですよね。

牧　自己検閲の目的と言えるものでしょう。何のためにやったのかは、時期によって大きく異なるし、その人の属性によっても変わってくるわけです。

金　行政と司法との関係、そして政治の問題。つまり内務省検閲が司法権力とコラボレーションした時、検閲制度がふるう圧力です。果たして書物に対する問題に収斂して検閲を考えていいのか。書いた者、それを編集した者の身まで拘束してしまうような、司法制度がバックにあるという問題ですね。尾崎さんの論文に出てくる津田左右吉がまさに良い例ですが。

尾崎　幾重にも処罰されるという見方もできます。私見ですけれども、内務省検閲の場合、司法処分まで至った場合に誰が処罰を受けるかというと、まず著者です。そこに出版社も加わります。具体的には社主であることがほとんどだと思いますが、編集者があげられる場合もあります。これでワンセットという印象があります。一方、行政処分としての処分では、人ではなくて本という物に対してなされる点が根本的に異なります。

10　異なる権力の共同歩調
――佐伯郁郎と阪本越郎

村山　基本的には行政ですよね。司法まで行くケースはありましたか?

尾崎　全体的に見るとやはり少なく、その中でも一九三八年以降に増えるという印象です。

牧　見せしめの意味が出てくる時ですよね。

金　『蟹工船』はだいぶ早い時期の、見せしめの一つだったんですよね。

村山　小林多喜二は検閲で逮捕されたんじゃない。違う事項ですよね?

金　不敬罪です。『蟹工船』の問題箇所は、天皇に差し上げる缶詰に石ころでも入れてしまえ、みたいな。

尾崎　献上品だと言って。

金　そう、献上品。そこが難しいところですが、小説の一部なんですよね。作中人物の会話で不敬罪になる。内務省検閲とは違うんですが、やはり司法の問題ですね。そこで今回面白かったのが、村山さんの論文の文科省と教育指導のところなんです。

尾崎　児童推薦図書のところ。

村山　これもなかなか一筋縄ではいかない問題なんですよね。内務省と文部省が共同歩調でやろうと決めたのも、この時児童推薦図書を動かしたのも、阪本越郎という文部省の役人なんです。その阪本と佐伯郁郎との、お互い詩人であったということもあるので、相当個人的な関係があった。その関係性の中で立ち上がっていることなので。省庁同士の垣根を超えたコラボレーション的なものというよりは、たまたま個人的にそういうことをやれる位置にいる二人がいたから、示し合わせてやってみたといった流れなのではないかという気がするんですよね。それも詳しくは分からないんです。それを論証できるような例えば佐伯と阪本の手紙のやりとりだとかの資料が本当はあればいいんですが。それは今のところ発見されていないので。

金　コラボを実際にやったかどうかの確証はないけれど、常に連動していたということはやはり言えるんですよね。

村山　そうですね、それはあると思います。

金　本来だったら独立すべきところが一緒になって、見せしめの暴力、抑圧的な場面を作っていったということが、検閲の問題を考えるうえで詳細に検討していかなければなりません。言論統制、言論弾圧みたいな言葉で括るだけでなく、そこをもう少し具体的に見なければならない。

11 「統制」の中の「推薦」制度

尾崎　少し整理して伺いたいのですが、児童推薦図書の方が時期的に後から出てきたということですか。

村山　後です、はい、そうです。

尾崎　指示要綱が成立した後になってからですか。

村山　そうですね。指示要綱が一九三八年の十月ですね。

尾崎　それで、児童推薦図書が一九三九年の六月ですよね。

村山　半年くらいあとなんでしょうか。一九三八年十月から三九年六月まで。あ、八か月か。八か月後にやるんです。

尾崎　内容を分け合っているわけではなくて、零次案にあるものが児童推薦図書の中に入っている。

村山　そうです。装釘の話が入っている。その点では両者の間に了解があったと言えると思います。ただ、それも完全とは言えなくて、たとえば言葉尻の問題なのかも分からないですが、指示要綱の方だと「教訓的タラズシテ教育的タルコト」というふうに言っているのが、この児童推薦図書の推薦要綱の中には「教訓的で、しかも児童の興味を阻害する虞もなく」と、「教訓的」を認めているので、なんかそのあたりがうまく意思疎通ができていなかったのではないかと思います。「教訓的」と「教育的」の意味内容の違いというのは指示要綱の中ではすごく大きかったはずなのに、うまく伝達されていないのかなというようなポイントは本当に不思議です。

牧　推薦図書に関する先行研究はありますか？

村山　推薦図書に関しては、児童読み物系の研究をやっている人たちが多くなさっています。推薦図書にどういうものが選定されて、それによって内容がより〈良い〉ものへどう変化していったのかというようなことは、宮本大人さんたちがやっていらっしゃるので、そういう、内容に関する先行研究（宮本大人「薄れてゆく輪郭――児童読物統制下における子供向け物語漫画の「絵物語」化について」（『白百合女子大学児童文化研究センター研究論文集』、二〇一七年三月）など）はありますね。どういうものが推薦されるのか、推薦図書以前と以後でどう変わったかといった研究です。

牧　選定の条件に関するものは？

村山　条件に関する研究というのはあまり見ない気がします。そもそも零次案自体が誰も知らないものだったので、まずはこれをどう考えるかから始まると思います。これまでも児童推薦図書の要件の中を見ていけば、指示要綱の内容を押さえているということはわかっていたわけですが、それが零次案の内容と被るというようなことを見ることで、より直接的に「あ、両者が初期段階から共同歩調をとっていたな」ということが鮮明になる。

金　そうすると推薦図書というのは、削除していくだけではなくて、作っていくことでもあるんですね。図書館はどうですか。図書館も自主規制によってアーカイブが形成されるんですよね。今も図書館に行くと図書館おすすめの本とかが前に出ていたりしますが。

牧　図書館にも、文部省の推薦図書リストがありました。各県の中に一つ、中央図書館を指定して、そこから各地域の図書館にリストが送られていく。推薦図書を買う資金は、中央図書館が出します。お金が中央から分配されていく形ですね。こういうものを読め、というリストを作る一方で、こういうものは読むなというリストも作って、本を抜いていった。空いた棚に推薦図書が並んでいくという感覚です。

金　一九四〇年に戦争に持っていった岩波文庫のリストは岩波自身が選んでいるんですか?

尾崎　いえ、陸軍に選ばれて。

金　面白いですね。

尾崎　各タイトル五千部ずつ、という要請を受け、印刷用の用紙の配当も受けています。選考過程について、私は辿れていないんですけれども。

村山　そこを辿れると面白そうですね。

金　つながっているんですね、三人の話が。統制と指導を同時にしなくてはいけない、推薦するテクストが必ずある。

尾崎　おすすめの本がね。

金　読むなという統制と同時にこれはおすすめというのが同時進行していく。

村山　それもやはり一九三〇年代後半からですよね。それまではそういう制度は一切なくて、要するに検閲して出すな、だけだったのが。

金　日中戦争の後の話ですかね。

村山　多分そうだと思いますね。

逆井　そういう意味でいくと、GHQの書籍ではないんですけれども映画だったら、「GHQ推薦映画」ってありますね。

村山　『青い山脈』(石坂洋次郎原作。一九四九年から五回映画化されている)とかがそうなんじゃないですか。

逆井　あ、そうですね。『青い山脈』、あとは『東京五人男』(斎藤寅次郎監督、一九四六年一月公開)というのが、要するに民主的選挙みたいなものを、あるいは組合とか生協の設立を促した作品として当時のデビッド・コンデという人の御墨付を得て、推薦されている。

尾崎　デビッド・コンデというのは、CIEの人間でしょうか。

逆井　CIEの映画・演劇課長。

村山　推薦となるとプロパガンダの意味合いがより強くなってきますよね。推薦図書よりもそういう意味合いが強いと思います。結局、指示要綱の具体的な目論見の一つに、推薦制度を作ることによって売れる本を作ってあげて、出版社の財務状況をよくしてあげようということもあったので、そういう意味では直接金を落としたわけではないですが、金が落ちる仕組みを作ってあげるという形ですよね。そうするとみんな嬉しくてそれに乗ってしまうというような。

逆井　今はどうなんですか。最新の映画じゃないですけれども『ビルマの竪琴』(竹山道雄原作。映画は一九五六年公開版と一九八五年公開版がある。一九八五年版は「文部省特選」

作品〉は、いわゆる戦後文部省の御墨付で推薦されているじゃないですか。

村山　少し前はそれこそ映画はたくさんありますよね。たとえば『南極物語』（一九八三年公開）とか。

逆井　ブロックバスター系の大作映画はそうですかね。

村山　そういうところがありますよね。「子供に見せたい映画！」みたいな感じで興業と道徳的な問題をうまく関連させる性格が。

牧　出版物だったら帯に「推薦」と書いたりすることがありますね。

尾崎　表紙に金色の丸いシールが貼ってありましたよね。あれは今もあるのでしょうか。

牧　「青少年読書感想文全国コンクール」の課題図書には、かつてシールが貼られていましたが、今は帯などに刷り込まれているようです。

金　韓国にもありましたね。その時期その時期の「推薦図書」が学校のクラス内の書棚に必ず置いてあって。

村山　あれは教室の先生方の意向が相当反映されますよね。私の小学校にもありました。そういう意味で言うと、「一九三〇年代にそういう制度をとってみたところ、わりとうまくいった」というちょっとした成功体験があるから、その後もずっと続いていくということも当然あるんでしょうね。その一方で、ＧＨＱがやったものに関して言うと、プロパガンダ性のようなものが考えられていったり……。そういう意味で戦後民主主義をいかに構築して、〈より良い国〉を作っていくのかという統制のかけ方としては、この「推薦制度」というものはすごく長く機能してくれたと思いますよね。

金　統制という言葉の中にはどっちも入っている気がしますね。

尾崎　だから抑えつける、禁じるという方法と……。

金　「こういうのを推奨する」というのも統制することの一部なんですよね。

村山　方向づけするという形ですね。

牧　こういったことは、当時の新聞記事などもよく見る必要もあります。『弘前図書館六十年の歩み』という本の中で出てきた言葉なのですが、文部省が推薦図書をぼんぼん発表するけれども、基本的に推薦図書は売れないという声が本屋さんからあった、という記事が引用されていた。出版社にしてみると、お墨付きを貰って売れると見込んでいるのだけれども、実際には……。

金　売れないんだ（笑）

牧　読者が手に取るかどうかは、全く別問題です。

尾崎　その状況は容易に想像できます。

金　それなら逆に言えば、尾崎さんの論文の、検閲されたから逆に家にあった本棚からもう一回取り出して読んでみたり、どこが削除されているのかを確かめたりといった、検閲による再読のケースも考えられる。禁止されるものは……。

尾崎 興味を……。

村山 掻き立てられますよね。

金 一方で推薦される方は、経済的な補助も受けているのに売れないという。

牧 推薦図書というのは、読み物として特に面白い本ではない。

村山 分かりやすくて、ストーリーが典型的になってしまうのでしょうかね、どうしたって。

牧 生活の役には立つかも知れないけれども、娯楽ではない。

逆井 でも岩波文庫の中で推薦が選別されたものは既成のものですよね。

尾崎 そうです。既に刊行されているものの中から慰問袋に入れるためのものを……。

金 いくつか選んで?

尾崎 そうです。その中にフランス文学作品が多く含まれています。メリメ『コロンバ』、バルザック『知られざる傑作』、ドーデ『陽気なタルタラン』、サンド『愛の妖精』、フローベール『三つの物語』がそれです。

12 遡及的・事後的検閲

金 岩波文庫の話で一番面白かったのは、遡及的、事後的検閲のところです。作者も死んでいて、内務省検閲でもとうに初版でOKと通っているのに今更というような検閲なんですよね。この時差のことは皆さんの論文でも共通して言及されていたと思いますが。

尾崎 そもそも、なぜ今検閲について研究するのかと問うた時に、一次資料が新しく出てくるということもモチベーションの一つとしてありますが、今までの検閲関係の証言をその一次資料によって洗い直せる可能性に投企している部分があります。

もちろん関係者の証言は重要なのですが、一方で当然ながら証言だからこそ、あるいは記憶だからこそ、論拠とすることにためらいがある。一方で、『出版警察報』を見れば分かるかと思ったんですけれども、それが内務省検閲の全てを記録しているわけではなく、むしろ書かれていないことの方が多い。逆井さんが先ほどおっしゃっていましたが、皆さんそれぞれ少しずつそういう要素があると思うんですが、状況証拠しかないわけです。

それで、遡及的な処分に関して言うと、難しいですよね。問いの立て方も難しく、「なぜ?」という問い方があまり有効ではない気がします。なぜ遡及的に処分されたかを問うても……。

金　私の論文でいえば、徳冨蘆花の『謀叛論』は、全然違う文脈で三十年以上も経過してから検閲の対象になっている。遡及的な検閲を可能にするのは、常に「読む現在」と関わるということなんですよね。「読む現在」において、この箇所がどう読めてしまうのか。

尾崎　そうですよね。普通に考えて無理なことだとわかりますが、例えばこの箇所は絶対に五年後に問題になるだろう、だから今処分しておくのだというような、予防措置は施せない。その場その場の判断でしかないということを、まざまざと見せつけられました。

牧　尾崎さんの論文の中で「次版改訂処分」が出てきます。この次版改訂、僕もよく分からない処分だったのですが、やはり文庫で一番効力を発揮するのだと思います。長期間出続けて版を重ねているものにしか、この処分は意味がないはず。まず、次版改訂になった書目を作ってみたら面白いのかも知れない。その中で実際に版を重ねたものがいくつあったとか。

尾崎　実際にその処分を受けた内容を次版にきちんと反映しているかどうかを見ることも、無意味だとは思えません。

牧　次版改訂処分を受けて実際に改訂したものは少ないと思う。でも岩波文庫はそうではない。次版改訂できちんと改訂されるわけです。ただ、それが自主的かどうかというと、区別がつかない。芥川の『侏儒の言葉』などもそう。

尾崎　そうなんです。岩波文庫への処分に関しては、『出版警察報』の中ではほぼ全てが分かりませんでした。もちろん見落としの可能性もありますが、ちょうど『出版警察報』自体が刊行されていない、あるいは現存しない時期……。

牧　一九三九年。

尾崎　その時期が今回考察の対象にした時期と重なっていることもあって、跡付けができませんでした。

逆井　次版改訂する時というのは、完全に出版社任せですか？

尾崎　そうです。だから処分を受けたとされている日以降の新版と旧版とを比較していくしかないという地道な作業が必要でした。

牧　そこに「改訂」の文字があるかどうか。あまり書いていないと思います。

尾崎　奥付に改版と表記されるでしょうか。

牧　正しく表記されることはあまりないと思います。ほとんど、分からないようにやっている。

逆井　ガルシン『紅い花』ってどうでしたっけ？

尾崎　それは、しれっとやっているんです。

逆井　あ、そっか。じゃあ書いてないんですね。

牧 奥付はそのまま版を重ねていますよね。文庫を考えるのには面白いトピックだと思いました。

逆井 すごく矛盾していますよね。だってこの文庫がもっと売れるという想定の下で次版改訂と言っているんですよね。

牧 売れるというか、売る時には気をつけなさいということ。売れるかどうかだけでは判断しないと思います。

金 でも次版は出るはずという予想がないと。

牧 予想しなくても、それは処分として言えます。

村山 もし作るのなら、ということですよね。

尾崎 削除処分のものが版を重ねる時、削除した部分はそのままの状態にされますよね。それは次版改訂とどう差異化できるのか分からない。

牧 部数や、タイミングによるのかも知れない。だから、他の次版改訂処分の事例も見てみたいと思いました。

尾崎 そうですね。

13 リアル『図書館戦争』

村山 次版改訂のものについては回収をしましたか？ していないですよね。そのまま書店に並んだらそのままだし、図書館の場合は次版改訂処分を受けたものをずっと置いておくと多分まずいから……。

牧 いや、基本的にはそのままになっているはずです。中には、職員がページを切る場合もありましたが、それも削除処分になったものがほとんどです。図書館へは禁止か削除かの通知だけで、次版改訂の通知は、基本的に来ていなかったようです。

村山 となると、この処分は実質的には相当ゆるいということか。

牧 意味があまりなかったかも知れない。

村山 効力を発揮していないようなものでしたね。

尾崎 そうなんです。

金 それなら、削除処分された場合は図書館に置いてはいけない？

牧 既に図書館が購入したものであれば、それは図書館のものだからそのままです。

金 だから気になる人は、削除処分されたものを自分の本棚から出して、当然読み比べますよね。検閲されて、逆に話題になって読みたくなる。図書館でもそれが調べられたわけで、公共の場でも確認できたわけですね。

尾崎 どれどれ、どこがだめかなと見たくなりますよね。

金 新聞に掲載でもされたら、削除されたとなるとみんな探し出したくなる。

牧 でもそこで、敏感な大阪憲兵とか長野の伊那警察署員らは図書館に入って、そういったものをチェックするんですよ。その結果を、陸軍省を通じて内務省に通知したり。

尾崎　騒ぎ立てるというか、掘り返して発見するような。

牧　それが彼らの仕事だった。

逆井　真面目ですよね。牧さんの最後のところに書いてあった、「やらなくてもいい仕事をわざわざやっている」。

村山　だからできるだけ自己検閲して欲しくなるんでしょうね。「自主的に判断して、俺たちの手を煩わせないでくれよ」という状況を作りたいのは分かりますけれどもね。

牧　僕の論文の中で取り上げた図書館のリストに、県立葵文庫の「自粛禁止図書目録」と、埼玉県立熊谷図書館の「準没収図書」のリストがあります。この二つは、意味が異なるものです。前者は、今後禁止になるであろう出版物を予測したリストであるのに対し、後者は、今後ＧＨＱからどういう処分が来るのか見えてこないから、とりあえず引き上げておこうというもののリストです。

金　それはすごいですね（笑）。

牧　ただ、図書館として没収図書を保管していたら、どういう扱いを受けるのかが全く分からなかった。ある意味、恐怖心から作られたのが「準没収図書」です。だから、このリストはすごく丁寧に作られています。

金　規範の中身がよく分からなかったＧＨＱの検閲者が、何がどうなるか分からないから全部訳して「ここところは問題になるんじゃない？」という過剰な読みをしている部分とやはり重なるんですよね。

逆井　そういう時は内務省検閲の時の資料と照らし合わせているんでしょうか。つまり内務省の検閲の時の指令書と全く逆のことをやればいいと思っているとか。

金　何を根拠にでしょうか。

牧　「準没収図書」の場合は、推薦図書のリストを元にしてピックアップしたようです。

逆井　やはりそうなんですね。

村山　今度は推薦図書が！

尾崎　翻弄されていますね。

金　真っ先に国が指定した本が。

牧　敗戦前後の図書館は、基本的には開館できないので、戦地に行かなかった図書館職員たちが細々と作業をしていた。しかも空襲の恐怖に怯えながら、図書を疎開させるかどうかを悩ましく思っていた中で、今度はＧＨＱから禁止の指令が来るかもしれない、だからとりあえずピックアップしておくか、というような流れです。

その作業は、書架を眺めながらやらなきゃいけない。その図書館が持っていないものをリストに書いても意味がないから、持っているものだけまずピックアップする。だから、例えば五冊くらい抜いて、机に置いてリストを作ってまた戻して、ということをやっていた。戻さずにどこかに溜めておくのかも知れないですが。相当面倒な作業です。

僕が今回各図書館の歴史を見ていて面白かったのは、図書館によって対応がさまざまだったこと。没収される前に人にあげてしまうところがあったり、こっそりまた図書館に持ち帰ってきたりと。気仙沼市立図書館で司書を長くやっていた菅野青顔も、そういうことをした人です。宮澤賢治を、その死後の翌年に新聞記事で紹介して、かなり早くに評価した人です。そんな人が図書館の職員をやっていた。面白い人です、この人は。

尾崎　図書館員として結構いろいろな人が働いていましたからね。久生十蘭とか。面白いですよね。

牧　『大造じいさんとガン』を書いた椋鳩十（一九〇五―八七年。小説家、児童文学作家。一九四七年から一九六六年まで鹿児島県立図書館長を務める）が、図書館の人だったことは、今回の発表を準備する中で知りました。

金　『図書館戦争』（有川浩原作。アニメ映画は二〇一二年公開、実写映画は二〇一三年、二〇一五年公開）の世界ですよね。

牧　椋鳩十は没収に対して、嫌だ、県立図書館であるうちは出さないと言い放ちました。それならいいよ、という答えが来たらしい。僕が今回考えたかったのは、検閲制度の末端にいた人々のことです。末端にいる人たちは、検閲にどう対応したのだろう。その一つは、図書館の職員たちでした。遡及的な処分について考えるのは、かなり難しかったです。図書館に関するしくみや、当時何がどう問題になったのかが分からないと見えてこない。

尾崎　そう、辿れないいんですよね。

14　著作権との関係

逆井　この検閲の時差という問題と一緒に考えられるんですけれども、結局自己検閲とか自主規制を考え始めてしまうと、それなら内務省検閲が何年から何年まであったとか、GHQ検閲は何年から何年まであったというような制度の期間と全然射程が違い、範囲が異なってくる。それこそ、最初に話したようにいつ研究したかによってどの資料が出てくるのかということも結局関係してくる。検閲ということを考えていたのに、自己検閲まで入れると、現在までの問題としてつながってくる。だからこそ自己検閲には、今までの研究が踏み込めなかった理由があると思うんです。

尾崎　ああ、なるほど。例えば私は授業で検閲をテーマにすることもあるのですが、いつも「〈検閲〉」と表記するか、「言論統制」として文学裁判なども含めて扱うか迷います。制度としての検閲だけが検閲なのではない、という話をどうしてもしたくなってしまうんですよね。内務省とかGHQ／SCAPで終わりではなくて、もう少し広がりを持って話したいなと思うと、果てしなくなってしまう。例えば『風流夢譚』（深沢七郎（一九一四―一九八七年）の短編小説。

「中央公論」一九六〇年一二月号掲載。皇室への冒瀆的内容・表現を含み、右翼により中央公論社社長宅の家政婦が殺害された嶋中事件にまで発展した）も講義に組み込みますし。

金　そうですよね。タブーの問題が絶対に入ってくる。

尾崎　入ってきます。著作権だって入ります。

村山　それこそ佐伯が関わっていた内務省検閲の中で出てくる問題であった文芸懇話会のことも含めて一九三五年周辺に大きくクローズアップされた時がありましたけれども、あの時の文芸懇話会の参考資料を見ると、著作権審査会などの話をしているんですよね。

検閲と同時に著作権の問題も相当考えていて、要するに著作権というのは、その作家が死んだ後、遺族にどれだけお金を払うかという話にもなってくる。遺族やその作家の周辺の家族たちの生活保障の問題もあるから、ということで。検閲をする側の内務省の図書課の人たちが、作家たちとの協議の中で挙げていることも踏まえると、今尾崎さんが「〈検閲〉」とか、検閲というものを文芸統制とか言論統制とかの話でしか授業できないとおっしゃいましたが、現実には著作権も検閲の派生事項として関わってくる問題としてある。

そういう意味では、岩波文庫のように事後検閲によって出版を差し止められてしまうと、それによって今度は遺族が著作権継承の問題とか、また収入を断たれるという問題も出てきたりする。それをどういうふうに処断するのかということを踏まえても、そういったことをどの程度考えていたのか検証はもっと必要だと思います。

牧　著作権の所管は内務省？　司法省ですか？　議論の出だしはどこなのだろう？

村山　少なくとも一九三五年の六月頃に内務省警保局図書課の課長（おそらく内藤寛一）が小林尋次と一緒に島崎藤村の家に行って、著作権審査会の委員になって下さいと言って会を立ち上げています。

牧　それは日本ペンクラブと一緒ですか？

村山　いや、日本ペンクラブとは違うと思いますよ。著作権審査会という呼称みたいですから。

牧　委員会のメンバーとしてペンクラブの会長が顔を出してくれ、という意味ではない？

村山　そういうことかどうかはちょっとわかりません。とにかく徳田秋聲と島崎藤村の二人を呼ぶんですよ。一九三五年。

尾崎　それは内務省の？

村山　内務省の人たちが呼んでいるってあって。

尾崎　なにせ内務省は巨大な官庁でしたからね。

牧　小林尋次は旧著作権法（一八九九―一九七〇年）の一部改正で中心にいた人物だけれど、議会で権利の範囲が議論された際には、司法省の民事局長が政府委員として答弁しています。内務省がどこまで制度の構築に関与していたのか、今ふと疑問に思いました。

村山　どうやら著作権審査会というのを一九三六年までやったらしいんです。佐伯の日記などによれば。彼、ここにも書記で参加しているので。これに関して、「内務大臣ノ監督ニ属シ著作権法ノ規定ニ依ル登録」など「著作ニ関スル一般的事項ニ付内務大臣ノ諮問ニ応」じる機関だったことがわかりました（昭和十年勅令第百九十一号参照）。設置期間は一九三五年七月四日から、少なくとも一九四四年一二月二三日まではあったことが確認できます。ちなみに、公文書館の「著作権審査会委員及幹事賞与ノ件」（纂02128100）を見ると、委員のなかに「徳田末雄」（徳田秋聲）と「島崎春樹」（島崎藤村）、書記に「佐伯慎一」の名前（それぞれ本名）がありました。

尾崎　それ以後どうなったのでしょうか。

村山　今の段階では、これ以上は追えていません。

尾崎　分からないですね。検閲に限らず、言論統制をめぐっては調べること、考えられることが山ほどありますね。

15　検閲がテクストに何を残したのか

金　次に、検閲がテクストに何を残したのかという話をしたいと思います。尾崎さんの論文の「その他（おそらく自主規制）」のところですが。

尾崎　ガルシン『紅い花』のところですよね。

金　『紅い花』の「あとがき」で、削除されている作品（「四日間」）に触れている。

尾崎　載っていない作品の解説を読める。

金　そう。作品はないのに解説は読める、変な歪みを書籍に残してしまったんですよね。もう一つは在日朝鮮人作家の金達寿のあの細かい苦労話。「私はすごい大変だった、大変だった」と言うけれども、自分が書いたものは実際に検閲されていないのではないか、というような疑問が出てくるんです。でも彼としては、ものを書く上でも編集をする上でも、ものすごく検閲を意識して表現をしていたし、その抑圧された体験を語りたくて回顧録などを残す。歪みという形で。

私の論じた内容で言うと、実は敗戦直後の日本で植民地問題に対する様々な感情や考えがあったはずだけれども、その多くが検閲で削除され、読めなくなっている。そういうテクストの空白が、戦後日本を考える上で大きな欠落になっているということになりますね。

それで『赤い鳥』についてですが、『赤い鳥』は大正デモクラシーの中では推奨されて時代にふさわしい、理想的なテクストであったけれども、戦時中にはやはり合わないと言われたんですよね。

村山　そうですね、イデオロギーが合わない。自由主義的で。

金　そうすると、やはり作られた伝統……とは違うわけですよね。

村山　『赤い鳥』自体はそもそも大正期には、全く違うものとしてあったわけです。ただしその『赤い鳥』が子どもたちに自由主義的なものを獲得させていく過程でやっていた教育的プロセスのようなものは、まだまだ有効である。その教育的プロセスを通して何が達成されるのかというところで、その達成目的を自由主義的色彩から、今度は少国民の錬成という形に換えていったわけです。国家とその要請にどれだけ寄与できる子どもたちを作るか、要するに自発的にそこに流れ込んでいくように作っていこうとする。

　そうやって目的を書き換えることによって、昭和にそれが一旦廃れかかってはいたけれども、大正期からの流れとしてあるような山かっこ付きの伝統的な〈児童〉、かつての〈古き良き児童文化〉のようなものを再興、再建していくんだというふうな意識が保たれてきた。それが多分復古運動とか復権運動というように、後世に言われ続けることの一因だと思います。復古・復権はしているけれども、その復古・復権したものが全く違う目的を持ったものに変わっているというのが、『赤い鳥』の変容なのかなと。

金　そうですよね、それで検閲が残したものとして『赤い鳥』が残ってきたと……。

村山　解釈のしかたが変更されて作られた伝統になった、ということだと思います。

金　というふうに考えていいんですよね。

村山　そうですね。最初の方の話に戻っていきますが、やはり検閲というのは、解釈の問題から起こっているので。自己検閲が起こるのも解釈が変わったから起こっているわけですよね。『赤い鳥』的な童話をどう読むのかというのも、解釈の形が変わってしまえば意味内容もまるで違うものになっているはずなのに、その変化をあえてかどうかはわかりませんが、無視している。とはいえ、方法論や形式は引き継いでいるから、それが日本人の〈伝統性〉を持ったものになってしまう。その結果、伝統的日本人を作り上げるためにも今『赤い鳥』が必要なんだ、というように何か美しいものとして、もう一度それを再び称揚していくような流れというのがあるのかと思います。

金　それは作られてしまったんですよね？

村山　作られていったと考えています。そのあたりが多分尾崎さんがなさったような、岩波文庫の教養の問題にも関わるのではないかと思います。例えば、さっき岩波文庫に陸軍が五千部要求したという話が出ましたが、陸軍としてこういうものが望ましいという形での新たな教養の枠組みを制定している。今まで岩波文庫が出している本は、古くから出ているものですがそれがその当時の形に合うような形でアップデートされて教養化される。人々に読まれるような流通の枠組みに乗せられるという形で歪んでいく問題というのが関わるのではないかと思っていたところではあります。

16 岩波文庫がもつ特異性

尾崎 今日のキーワードだと思いますが、規範という点で言うと、岩波文庫自体が戦前の昭和一桁時代の〈教養〉を体現しているわけですよね。それが一九四〇年代に入って何か別の内実を具えた。何かしらの規範は常に更新されていくという。

牧 岩波文庫が教養のシリーズだという意識は、戦前からあったのですか?

尾崎 岩波文庫は刊行の目的がとても明確で、「円本とは違う」という意識を前提に、東西の古典、クラシックを保存しつつ頒布するという戦略があったようです。営業戦略が前提にありますが、東西の古典をという標語についても、売り文句というだけではなくどこか本音として真面目に頒布しようとやっているから、広告も大きく打つわけで、それを受容する側は「これを読んでおけばいっぱしの」と思えて安心するという意識は醸成されたのでは。

牧 現代でこそ、岩波文庫のラインナップの特異性とか、独特な買い切り制などの特徴は知られていますが、それがいつ頃から出てきたのかと考えた時、戦前において岩波文庫はそれほど目立つ存在だったのでしょうか。

村山 岩波ってやはり独特なんですかね。それこそ岩波新書だって、確か矢内原忠雄がシリーズ一冊目ですよね。東京帝大の本当の知識人の中の知識人が書いて、大学生を中心に「教養を身につけたい人はみんな読んでね」みたいな形で岩波が出していくという文脈に新書があるのならば、文庫もやはり同じように教養として古典を再編していくでしょう。しかも、三木清が元々書いた文章を使ってやっているということを考えると……。

尾崎 アイディアは岩波茂雄ですが、支えたのは三木ですよね。

牧 その一方で、岩波書店は少し過激な印象もあります。特に『日本資本主義発達史講座』(全七巻、一九三二―三三年。マルクス主義理論家を結集して発刊された日本の資本主義の歴史・経済・社会・文化の総合的研究)は、常に検閲とのせめぎ合いの中で刊行されていたことが語られていますし。

尾崎 岩波書店は本当に興味深い。別件にはなりますが、吉田松陰全集も積極的に出すんです。基本的に岩波茂雄のセンスで動いている点は特異だと思います。

牧 例えば、当時の改造文庫とかと比べてみると……。

尾崎　改造社は売れるものを作るところだから。
牧　確かに、アカデミックらしさは岩波の方が引き立っている感じがします。
尾崎　成り立ちがそもそも円本の向こうを張って出てきた点から見ると、確かに「高尚な何かを指し示してくれる、しかもハンディに」というのが岩波文庫だと思いますし、戦前のリベラリズムや教養主義とかエリート層の教育を支えたことは確かです。
一方で、岩波書店側は「読者からこれだけ手紙が届いた」と言って、その手紙をどんどん紹介するんです。「私の全教養を岩波文庫に預ける」というような手紙が、二十何歳の人から届いた！　というメッセージを発するために、今度は逆に広告で使っていくという循環構造が形成されたようです。
金　自分で教養を代表させているんですよね。岩波自身が。それが結構うまく定着して、今も続いていますね。
村山　岩波読めば安心だというような意識って、やはりありますね。
金　今でもありますよね。岩波を持っていると、ちょっと優越感みたいなものを感じたり。
村山　文庫本も同じ作家の同じ内容のものだったとしても、岩波文庫のものの方がちょっと格が上のような趣きがありますよね、やはり。
牧　そういう中で『サーニン』が出て禁止になったことは、衝撃だったのでしょうね。
尾崎　そうなんだと思います。やはり『サーニン』が風俗壊乱のかどで禁止になったというのは、岩波書店内部にはかなりのインパクトだったと思われます。津田左右吉の著作を巡る裁判（津田事件。『日本書紀』中の聖徳太子に関する記述をめぐる考察が不敬罪にあたるとされ、一九四〇年二月一〇日に『古事記及び日本書紀の研究』『神代史の研究』『日本上代史研究』『上代日本の社会及思想』の四冊が発売禁止処分。出版元の岩波茂雄もともに起訴され、執行猶予付の判決を受けた）の時にも、岩波茂雄自身が法廷でも強調するんです。『サーニン』で処分を受けたことがあるから、それ以来ずっとうちの社では気を付けてきた、という主旨の発言をしていました。
村山　でも『サーニン』は、アルツィバーシェフの作ですよね。だから引っかかるのは予想できたと思うんですけどね。
尾崎　そうです。なぜこれを刊行したんだろう。背景はまだ分かりません。

17　図式に捉われない検閲研究へ

逆井　ただ一番最初の話に戻るかもしれないですけれど、

不安感の中でやらなくてはならないのは、やはり固定的な図式にもう頼れないという意識の存在があるからですよね。

尾崎　そうですね、不安定感というか。不安感でもあります。

逆井　もちろん当然、検閲が行ってきた暴力というのは、分かっています。だからそれを「そんなことはありませんでした、検閲は意外といい制度でした」なんて言うつもりはさらさら無い。でもそれ（＝固定された図式）だけで見てきたから、全然見えなかった部分があるのではないか？と言いたい。ただ、そう言ったときに自分がどういう立ち位置になってしまうのか、そこに不安感があるんです。

尾崎　そうなんです。割り切れなさばかりが見えてくるんです、極言してしまうと。

金　すべてそれが最後に出てきていませんか？　村山さんの論考でも指導だとか教育だとか言っているけれど、やはり統制だったということを言わなくてはという苦しさが出てくる。私もGHQの検閲を肯定するつもりではないけど、検閲に関わっていた日本人もいて、彼らなりに戦後とは何か、それまでと違うものを作ろうとする積極的な面もあったということを出したかった。でも検閲者がすごいとは言っていないよ、と繰り返してしまって。図書館の人々がすごく手間をかけて目録を作ったということも……。

牧　一種の愛情が出ていますね。

逆井　二〇〇〇年代後半くらいまでの検閲研究が抜き出そうとしてきたのは、検閲制度の構造ですよね。その構造を抜き出す時に削除された人間性みたいな。

牧　制度の中で動いた人たちですね。

逆井　そうですね、現場性とでも言うべきか。それを見なくてはいけないというのが共通理解ではあるんですよね。だから制度の中で関わる人間が何をやったのか、その時々にどう葛藤していたのかが対象になる。そして、その葛藤を分かりやすい形では裁断できない。それを論じる自分たちだって時代の中で生きているのだから、ということになってくる。

金　日本人の検閲者は、自分ではこの箇所がこう読めるということを、GHQに、最終的にマッカーサーにまで理解できる言葉で説明しなければならないという格闘が、文章に出てくるんですよね。その際に個々人の顔が浮かび上がってくる。

逆井　例えば在日文学の検閲研究で言えば、そもそも在日朝鮮人問題が戦後を通してずっとあったにも関わらず、一般的に認識されてこなかった。それが一九九〇年代になって、慰安婦やポストコロニアルの問題が出てきたことによって、ようやく注目を集めてきた。じゃあ資料として出していかなくてはいけないとなった時に、やはり基本的には抑圧されてきた者たちの声を聞かなくてはいけないという責任感の上で資料を出していくから、それを当時の人たちが「いや、曖昧だったよ」と言っていたとしても、なんとか図式化する必要がある。分かりやすい図式が無いと、せっかく集まった注目も失ってしまうかもしれない、議論が始まらないかもしれない。だから検閲研究の中でもその抑圧された者として出していかなければならないという意識がすごく強かったと思います。でもそれは戦略としては必要だったのは確かですし、そしてもちろん現在の私たちが論じる際にも検閲が抑圧的であったことは忘れてはいけない。ただ、その「曖昧さ」も俎上に載せなくちゃいけない。

尾崎　簡単に割り切れてしまうと非常に不安になります。

村山　尾崎さんは今、状況証拠でしか我々は語れないところが相当あるから結論が出にくいというような形ですか。ちょっと違いますか。

尾崎　どうしても歯切れが悪くなる、明晰にはならないという意味で「状況証拠」の件は話しました。

村山　いや、それは本当にその通りだし、どうしようもないところもあるかなとは思うんですよね。だとすればそれ以前の検閲研究が状況証拠ではなくて確定的な物的証拠に基づいてやっていたかというと違うんですよね。

尾崎　そうですね。

村山　それ以前は、検閲は悪いものだという、抑圧と被抑圧の二項対立という図式があったから、状況証拠はその図式に乗るような形でうまく適合させて、「はい、これでうまくきれいに説明できました」という論の立て方をしているものが多かったから、しっかりしたことが言えているような感じになっているんですが、結局我々がやっているのは……。

尾崎　軽々には図式を作らない。

村山　そうなんですよね。それで、細かな所に目を向けてみると、実際にどのように運用されていたか、GHQにせよ内務省にせよ、今回みなさんがそれぞれ見つけた新しい資料を見ていくと、制度の運用として怪しげな所が出てくる。制度設計自体も怪しい。それを運用している人たちも悩んで右往左往しながらやっている。そんな形でうまくまとまらない。そのうまくまとまらない状況というのが見えるようになっただけでも相当な進歩なのかと思います。まあ、ポジティブに考え過ぎかもしれませんが（笑）。

金　そろそろ時間になります。今日口を切ったので、最後にまとめる責任がある気がします。繰り返しになりますが、これまで検閲は次のように捉えられることが多かった。

検閲する側と検閲される側が対立する。前者が抑圧する側で後者が抑圧される側である。抑圧する側は戦時中だったら内務省であり、戦後だったらＧＨＱ／ＳＣＡＰである。

抑圧する者としての検閲官は、あらかじめある規範を内面化して検閲を行う。それは、テクストの一部を削除したり、発売を禁止したりといった破壊的行為である。

このような検閲に対する偏見、といいますか、とてもわかりやすい図式を再検討してきました。最初に検閲研究の環境が変わってきていることを共通の背景として話しました。そして検閲制度を含み、言論が厳しく統制されていた時代に、それに何らかの形でかかわっている人々に寄り添ってみることで、それらの行為が極めて複雑に行われていたことを確認したわけです。議論の最後の方では、何かを禁ずる、抑圧することがかえってそれを乗り越え、避けるための工夫、新しい表現を創出したりもするという話も出ました。また、検閲制度がない時代であってもタブーは依然として存在しており、それらは倫理の名において正当化されたりもする。議論は、戦時中の内務省検閲や戦後のGHQ／SCAP検閲をはるかに超えて、現代にまで及んできました。

「しかし、それにもかかわらず」で今回のラウンド・テーブルは終わっているという印象です。抑圧が新たな表現を産むかもしれないし、ときにはある言葉や表現への禁止／統制がより良い社会のために必要ではないかと思えてくる。しかし、検閲制度の複雑さを強調することがそれを肯定するためのものではなかったのです。残る問題は、言論の自由を保障するということ、その範囲が、状況によって、便宜的に決められて良いのかということです。これからも過去にあった複雑な検閲のプロセスを丁寧に追っていく作業を行うつもりですが、その一方で、姿形を変えながら持続する言論統制という観点、現代的な視点から自分らの仕事を位置づける必要がある、というところでいかがでしょうか。

Effects of the Police Publication Program on Libraries before and during the War: The Application of the Censorship System according to Nagano and Shizuoka Prefectural Library Documentation

牧 義之 MAKI Yoshiyuki

Censorship conducted during the pre-war period affected not only publications themselves, but also public libraries throughout the country. Information concerning censorship penalties was distributed to libraries via the police, and books were subsequently removed from collections. With the implementation of the centralized library system in 1933, however, information management and control began to be conducted in private amongst the libraries themselves.

This chapter uses prefectural library documentation from Nagano and Shizuoka to analyze how this information was delivered to the libraries, as well as how library staff responded to it. As a result, it becomes clear how censorship measures calling for retroactive publication bans issued beginning in 1940 in particular led to great changes in the composition of library collections.

After the defeat, documentation related to the war was preserved and remains in these libraries, providing insight into the operational conditions of the pre-war censorship system. By linking these documents to accounts in library institutional histories compiled in different regions, we can get a concrete picture of one aspect of the regulation of free speech during that period.

Influence of Public "Nationalization" on the Wartime Control of Children's Culture: Saeki Ikurō and the "Guidelines for the Improvement of Juvenile Reading Materials"

村山 龍 MURAYAMA Ryū

This chapter focuses on the role the Home Ministry of Police Affairs Bureau Library Division's October 1938 issuance of "Guidelines for the Improvement of

Juvenile Reading Materials" played in wartime cultural control. First, I organize the documentation left by Home Ministry Inspector Saeki Ikurō concerning the process of formulating the guidelines. Then, I compare the four stages of guideline revisions to show how the children's writers and the bureau reconciled their differing expectations.

As a result of this process of negotiation, the individualistic bent of the popular magazine *Red Bird* [Akai Tori] was rejected for a more "characteristically Japanese" instructional philosophy appropriate to contemporary children, and through such an education reformulated them as "children-for-the-nation" or "little citizens." I conclude that the supposedly good intentions of gifting the youth with a high-quality children's culture actually resulted in a form of cultural control robbing the people of their freedom.

The Execution of Censorship Measures against Iwanami Bunko

尾崎 名津子 OZAKI Natsuko

There is a wide variety of extant discourse on the execution of censorship measures against the publisher Iwanami Bunko, and yet this research lacks details on the precise conditions of the censorship process. Relying only on documentation from the Home Ministry, it is difficult to ascertain specific corrections or indications of problematic areas, particularly in the case of censorship by demand for revisions in future edition [*jihan kaitei*] and censorship by deletion [*sakujo*]. This chapter presents a systematic analysis of 46 purportedly censored Iwanami Bunko publications, dividing them into categories of (1) prohibition of sales and distribution (2) revised future edition (3) deletion, and (4) other. Among the analyzed works, I focus on four frequently reprinted commercial paperback publications [*bunko-bon*], comparing, over time, what parts of which books were modified in what way, versus the number of printings, in order to investigate the actual effects of applied censorship measures. The results of my analysis show that alterations of book contents between Iwanami Bunko printings were not the result of Home Ministry censorship, but rather, in many instances, were based on decisions made on the

publishing side—including those of the writers themselves.

Examiner Reading Practices during the Occupation Period: The Tokyo Trial's Discourse on Censorship

金ヨンロン KIM Younglong

This chapter explores GHQ/SCAP censorship during the occupation period, with particular focus on examiners' acts of reading. The people who carried out censorship examination naturally read in a unique way which differed significantly from typical reading practices. I examine this reading process and its characteristics through texts connected to the Tokyo Trial (International Military Tribunal for the Far East), including Nakayama Gishū's novel *Labyrinth* [*Meiro*]. Evidence left during the reading process by the many people involved in various stages of the censorship system exposes the fact that the censorship activities exceeded the mere application of GHQ/SCAP standards. The examiners were forced to read in an extremely complex and dynamic manner, imagining/personifying the reading practices of wartime reading communities while simultaneously calculating/interpreting the occupiers' standards (Press Code for Japan, Key Logs, etc.) and objectives. By pursuing the details of this reading process, we can catch a glimpse at how Japan negotiated its entrance into the early postwar period.

Zainichi Koreans and Self-Censorship: The Struggle of Kim Tal-su, Editor, Caught between GHQ Censorship and the Zainichi Community

逆井 聡人 SAKASAI Akito

The *zainichi* Korean [*chōsenjin*] writer Kim Tal-su was a prolific novelist and magazine editor during the Allied Occupation period. In particular, he notably founded and functioned as head editor of the periodical *Democratic Korea* [Kor. *minju*

choson, Jp. *minshu chōsen*], which was intended to communicate the everyday reality of *zainichi* Koreans to a Japanese reading audience. In his memoirs, Kim repeatedly mentions the difficulties and conflicts he experienced due to GHQ/SCAP censorship during this period. In fact, *Democratic Korea* was branded a "far left" publication by the occupation army and was subjected to heavy monitoring until the end of the censorship program, including multiple orders to cease printing. At the same time, however, Kim's publications during this period—which exceeded fifty novels and essays—were miraculously not targeted by a single publication ban or instance of censorship by deletion.

With this in mind, one wonders how he managed to escape censorship penalties, and how to explain the seeming contradiction between his publication history and the complaints recorded in his memoirs. Was he lying? And, if so, for whose benefit? This chapter uses Kim Tal-su's stated positions on censorship along with multiple drafts of his novels to analyze this conflict at a time when he played up his image to the *zainichi* Korean community as a loyal resistor.

Translated by Joshua Lee SOLOMON

【編者および執筆者紹介】

金ヨンロン（きむ よんろん）＊編者

1984年生。東京大学大学院総合文化研究科博士課程修了。博士（学術）。

現在、早稲田大学高等研究所講師。

著書・論文　『小説と〈歴史的時間〉－井伏鱒二・中野重治・小林多喜二・太宰治－』（世織書房、2018年）、「治安維持法体制下における中野重治の転向五部作と伏字問題ー「小説の書けぬ小説家」を中心にー」（『日本文学』64巻11号、2015年11月）、「「××が始まつてから」ー小林多喜二『党生活者』論」（『昭和文学研究』第72集、2016年3月）、「法と文法－井上ひさし『夢の痂《かさぶた》』を中心にー」（『社会文学』48号、2018年8月）、「戦争裁判が甦る契機－木下順二『神と人とのあいだ』を手掛かりにー」（『日本文学研究ジャーナル』第9号、2019年3月）など。

尾崎名津子（おざき なつこ）＊編者

1981年生。慶應義塾大学大学院文学研究科後期博士課程修了。博士（文学）。

現在、弘前大学人文社会科学部講師。

著書・論文　『織田作之助論　〈大阪〉表象という戦略』（和泉書院、2016年）、『織田作之助女性小説セレクション　怖るべき女』（編著、春陽堂書店、2019年）、「待たれる「乞食学生」―『若草』読者共同体と太宰治」（小平麻衣子編『文芸雑誌『若草』　私たちは文芸を愛好している』翰林書房、2018年）、「木村友祐「イサの氾濫」の改稿―フラットな破局の後を生きる生―」（『日本文学研究ジャーナル』第9号、2019年3月）など。

十重田裕一（とえだ ひろかず）＊編者

1964年生。早稲田大学大学院文学研究科博士後期課程修了。博士（文学）。

現在、早稲田大学文学学術院教授。

著書　『岩波茂雄　低く暮らし、高く想ふ』（ミネルヴァ書房、2013年）、『占領期雑誌資料大系　文学編』全5巻（共編著、岩波書店、2009〜10年）、『検閲・メディア・文学　江戸から戦後まで』（共編著、新曜社、2012年）、*Literature Among the Ruins, 1945-1955: Postwar Japanese Literary Criticism*（共編著、Lexington Books、2018年）、『東京百年物語』全3冊（共編著、岩波書店、2018年）など。

牧 義之（まき よしゆき）

1983年生。名古屋大学大学院文学研究科博士後期課程修了。博士（文学）。

現在、長野県須坂看護専門学校非常勤講師、立教大学日本学研究所研究員。

著書・論文　『伏字の文化史―検閲・文学・出版』（森話社、2014年）、「削られた"銃後の母"―宮本百合子「その年」内閲原稿が語る言論状況」（『日本文学』64巻11号、2015年11月）、「占領期・東海地区で発行された雑誌に関する考察―カストリ雑誌化する『テラス』を中心に」（『中京大学文学会論叢』第4号、2018年3月）など。

村山 龍（むらやま りゅう）

1984年生。慶應義塾大学大学院文学研究科後期博士課程修了。博士（文学）。

現在、法政大学文学部日本文学科助教。

著書・論文　『〈宮澤賢治〉という現象　戦時へ向かう一九三〇年代の文学運動』（花鳥社、2019年）、「〈禁止〉と〈改善〉―文藝懇話会をめぐる考察」（『三田國文』60号、2015年12月）、「〈検閲官・佐伯郁郎〉を通して見る文化統制」（『Intelligence』19号、2019年3月）、「言語論的転回にもとづく詩的精神への言及―保田與重郎の初期批評における詩の問題をめぐって」（『藝文研究』116号、2019年6月）など。

逆井聡人（さかさい あきと）

1986年生。東京大学大学院総合文化研究科博士課程修了。博士（学術）。

現在、東京外国語大学講師。

著書・論文　『〈焼跡〉の戦後空間論』（青弓社、2018年）、「金達寿「八・一五以後」における「異郷」の空間表象」（『Juncture：超域的日本文化研究』第5号、2014年3月）、'Fight for the Right to Live: Kim Tal-su's Novels and "Third Country National" Discourse,' *Literary Intervention and Political Culture in South Asia,* Toshie Awaya edt., FINDAS TUFS, Feb. 2018 など。


【訳者紹介】

ソロモン・ジョシュア・リー
（Joshua Lee SOLOMON）

1985年生。米国シカゴ大学大学院東アジア言語及び文明研究科後期博士課程修了。博士（東アジア言語及び文明）。

現在、弘前大学教育推進機構教養教育開発実践センター講師。

論文「幻の蝶を追いかけて―高木恭造・満洲・マイナー文学」『青森文学世界』（弘前大学出版部、2019年）、"Fantastic Placeness: Fukushi Kōjirō's Regionalism and the Vernacular Poetry of Takagi Kyōzō." In Japanese Studies, Vol. 39 No. 1 (30 Apr 2019): 95–113.

「言論統制」の近代を問いなおす
検閲が文学と出版にもたらしたもの

二〇一九年九月二十五日　初版第一刷発行

著者……金ヨンロン・尾崎名津子・十重田裕一

装幀……芦澤泰偉
発行者……橋本 孝
発行所……株式会社花鳥社
https://kachosha.com/
〒一五三-〇〇六四 東京都目黒区下目黒四-十一-十八-四一〇
電話〇三-六三〇三-二五〇五
ファクス〇三-三七九二-二三二三
ISBN978-4-909832-11-5
組版……ステラ
印刷・製本……モリモト印刷

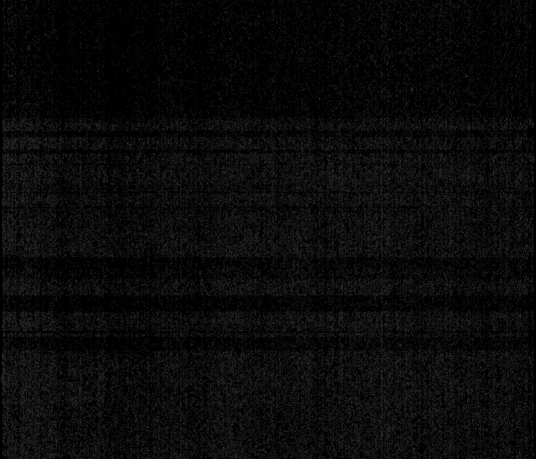